부안 동학농민혁명과 문화콘텐츠

부안 동학농민혁명과 문화콘텐츠

초판 1쇄 인쇄 2022년 1월 15일
초판 1쇄 발행 2022년 1월 30일

편   자 동학학회
저   자 윤석산·우수영·김정희·길종길·전찬일·박대길·임형진·성주현·성강현

발행인 윤관백
발행처 도서출판 선인

디자인 박애리
편   집 이경남 · 박애리 · 이진호 · 임현지 · 김민정 · 주상미
영   업 김현주

등   록 제5-77호(1998. 11. 4)
주   소 서울시 마포구 마포대로4다길 4 곳마루 B/D 1층
전   화 02)718-6252/6257
팩   스 02)718-6253
E-mail sunin72@chol.com

정   가 20,000원
ISBN 979-11-6068-705-7 93910

부안 동학농민혁명과 문화콘텐츠

동학학회 편

머리말

　1998년 창립된 동학학회는 그동안 50회에 걸친 학술대회를 진행해 오면서 올바른 동학의 역사와 동학정신을 확산시키는 데 역할을 다하여 왔습니다. 이 과정에서 많은 전문학자들의 열정적인 참여로 동학연구는 이제 명실상부하게 우리 학계에서 하나의 독립된 학문영역으로 자리잡게 되었습니다. 더욱이 동학학회는 처음 출범할 때부터 견지한 학제적 연구를 원칙으로 삼아 역사학에서부터 철학, 문학, 정치학, 사회학, 종교학, 자연과학 그리고 예술 전반의 문화 분야로까지 그 연구 영역을 계속 확대시켜 왔습니다. 그럼으로써 동학학회는 한국사에서의 동학 정체성 확립에 기여함은 물론 한국 근대사상과 한국문화 전반에 대한 깊이있는 연구를 거듭해 오고 있습니다. 또한 이러한 연구를 바탕으로 동서고금의 사상과 비교되는 광의의 동학으로 확대하고 있다고 자부합니다.

　동학학회는 지난해까지 총 19차례에 걸친 지역에서의 학술대회를 개최함으로써 진정한 동학의 세계화와 지역화를 합친 글로컬리제이션(Glocalization)을 완성해 오고 있었습니다. 이는 동학정신과 사상의 세계화와 동시에 지역에서 전개된 동학사의 소중함을 잘 알기에 이 어느 것 하나 소중치 않은 것이 없다는 두 가지를 모두 다 아우르는 조어(造語)입니다.

　금번의 전라북도 부안에서의 학술대회는 동학학회가 추진한 글로컬리제인션의 20번째 학술대회입니다. 부안은 동학과 매우 밀접한 관계를 가지고 있는 지역입니다. 우리는 흔히 부안과 동학을 이야기하면 백산대회를 거론하지만 이미 그보다 훨씬 이전부터 부안지역에는 동학이 정착하고 있었습니다. 이는 부안지역의 개혁성이 동학의 이념과 정신에 부합되었기 때문일 것입니다. 그래서인지 동학의 2대 교주인 해월 최시형은 부안에 오셔서 "부안에서 꽃이 피니 부안에서 결실을 보리라(開花於扶安(개화어부안) '結實於扶安(결실어부안))"하고 예언하셨습니다. 그것은 동학농민혁명의 정점이 백산대회로 비로소 결실을 맺은 것이라고 판단됩니다.

동학농민혁명에서 부안이 차지한 비중은 아무리 강조해도 지나치지 않습니다. 1894년 갑오년 당시 백산은 녹두장군 전봉준에 의하여 두 차례에 걸쳐서 본부가 차려질 정도로 중요한 지역이었습니다. 특히 두 번째 점거에서는 동학을 하는 농민들이 비로소 혁명군으로 거듭나는 장소이기도 했습니다. 이곳에서 군대식 편제를 갖추고 집행부를 구성하고 혁명의 명분인 4대 명의와 12개조 기율을 반포한 장소입니다. 이렇게 형성된 동학농민군은 혁명의 기치를 높이들고 조선을 변혁시키고자 진격의 출발을 한 곳이 바로 이곳 백산입니다.

그러나 동학사에 있어서 이러한 부안의 위상은 아직 제대로 정립되지도 평가되지도 못했습니다. 특히 지난 2019년에 확정된 동학농민혁명 국가기념일 제정에서 부안지역은 상대적으로 주목을 받지를 못했습니다. 이렇게 된 데에는 동학학회에 참여하는 연구자들을 비롯해 지역의 위정자들 역시 그 책임으로부터 자유로울 수 없습니다. 그러나 아무리 주목을 덜 받더라도 그 역사적 가치는 결코 훼손되지 않습니다. 아니 금번의 권익현 부안군수님의 리더십 하에 이곳 백산을 더욱 빛내는 기념관 건립을 구상한다는 점은 지난 아픔을 상쇄하고도 남을 쾌거입니다. 앞으로 건립될 백산의 동학기념관은 부안동학의 역사와 의의 그리고 그 정체성과 가치가 선양되는 최고의 장소가 될 것입니다. 다만 기념관이 다른 지역과는 어떤 콘텐츠의 차이가 있느냐가 과제일 것입니다.

이번 학술대회의 주제는 그 점에 주목해서 동학의 문화 콘텐츠를 중심으로 잡은 이유는 여기에 있습니다. 어쩌면 전국에 많이 건립된 동학기념관들 중에서 문화 콘텐츠 관련 기념관이 없다는 점에서 금번 학술대회의 주제는 많은 시사점을 줄 것이라고 사료됩니다. 아직도 갈 길은 멀지만 그래도 동학학회가 작은 기여를 하고자 하는 심정으로 기획을 하였습니다. 그 결과를 이 책에서 해월 최시형의 "결실어부안"이 이루어지기를 간절한 마음을 담았으며 발표자들 역시 그동안 선행연구가 없는 분야를 각고의 노력 끝에 완성해 발표한 글들로 보태어 주었습니다.

이 책에는 총괄적 차원에서 기조강연을 해주신 윤석산 교수님의 글과 우수영, 김정희, 김종길, 전찬일 그리고 박대길 교수님 모두 옥고를 보내 주셔서 완성될 수 있었습니다. 또한 보론 차원에서 그동안 부안 동학에 대해 깊이 있는 연구를 해오고 계셨던 성주현, 성강현 교수님과 저의 글을 포함해서 총 9편의 연구 논문이 담겨 있습니다. 하나같이 소중하고 타 분야에서 연구되지 않은 원고이기에 그 가치가 높다고 사료됩니다. 부디 앞으로 건립될 부안 백산의 동학농민혁명기념관에 귀중한 참고 자료가 되기를 기대합니다.

본 고가 발행되기까지는 많은 분들의 도움이 있었기에 가능했습니다. 특히 동학학회가 60호에 이르는 동학학보와 다수의 단행본을 발행할 수 있기까지 천도교단의 지원은 아무리 감사의 뜻을 표해도 지나치지 않을 것입니다. 천도교단은 처음부터 학회 창립을 주도하였음에도 일체의 간섭과 관여를 해오지 않았습니다. 그리고 이후에도 교단적 차원에서 물심양면에서 지원을 아끼지 않으면서도 그 원칙은 고수해오고 있습니다. 지금도 천도교단은 동학학회 후원회(회장 김명환)를 구성해 지원을 계속해서 해주고 있습니다. 아울러 오늘의 학회가 자리잡을 수 있도록 헌신해 주신 전임 회장님들과 임원진에게도 감사의 인사를 드립니다. 특별히 동학학회의 고문으로 맡고 계시며 부안동학의 산증인이신 이정희 전 천도교 교령님께 고마움을 전합니다.

또한 부안군의 권익현 군수님에게 특별히 감사의 인사를 드립니다. 전 세계적 팬데믹 사태임에도 불구하고 재정적 지원뿐 아니라 장소와 기자재 등 연구자들에게 아낌없이 지원을 해 주셨습니다. 거듭 감사드리며 김종택 부군수님 이하 관계 공직자 여러분과 문찬기 의회 의장님 그리고 부안동학농민혁명기념사업회의 배의명 이사장님, 부안동학농혁명기념사업회 정하영 운영위원장님께도 감사의 안사를 드립니다. 그리고 어려운 가운데에도 불구하고 본 도서의 출판을 허락해 주신 도서출판 선인의 관계자 분들께도 감사말씀 드립니다.

2022년 1월

동학학회 회장 임형진

차례

부안 동학 문화콘텐츠 활용의 의의와 전망

윤석산(한양대 명예교수)

부안 동학 문화콘텐츠 활용의
의의와 전망

1. 글을 열며

부안은 호남 지역 중에서 동학혁명에 관하여 매우 남 다른 면을 지닌 지역이다. 부안은 동학 2세 교조인 해월 최시형에 의하여 포덕이 되고 또 해월의 가르침을 가장 잘 받아들인 지역이기도 하다.

해월이 초기에 포덕 활동을 편 지역은 강원도와 충청도, 경상도의 산간 마을들이다. 이들 지역들은 태백산맥과 소백산맥이 어우러지는 험준한 산간으로, 경상도 영양과 강원도 영월, 또 정선이 그렇고, 또 충청도 단양, 옥천, 보은 등 험준한 산맥으로 서로 이어진 지역들이다. 따라서 초기에 있어 해월의 주 활동 지역은 이들 강원도와 충청도, 경상도로 이어지는 산간 마을들이었다.

호남 지역은 어느 의미에서 이와 같은 지형적 특성의 면에서 다소 떨어진 지역이 된다. 해월의 호남 포덕이 강원도나 충청도, 그리고 경상도에 비하여 다소 늦은 것은 이러한 지역적인 특성이 많이 작용을 했을 것으로 생각이 된다. 즉 1860년대부터 포덕이 되기 시작한 경상도 일원과 강원도, 그리고 충청도에 비하여 호남은 1880년대에 들어서서 포덕이 되었다.[1]

---

[1] 수운 선생이 1861년 겨울과 1862년 봄 사이 남원에 머물며 그 일대를 포덕한 것으로 되어 있다. 그러나 수운 선생 순도 이후 이 지역과 동학교단은 실질적으로 교류가 되지를 않았다. 현

그러나 포덕은 늦었지만, 가장 맹렬하게 동학이 퍼져나갔고, 마침내는 동학혁명의 불씨를 지핀 곳이 다름 아닌 호남 지역이다. 따라서 오늘 동학이라고 하면 으레 전라도를 떠올리는 이유가 바로 이에 있다.

본 글은 해월 최시형이 호남 지역과 어떻게 연관을 맺었고 또 동학을 포덕하였는가를 살펴보고, 이러함을 바탕으로 부안 지역의 동학이 지닌 특성을 찾아보고, 부안의 동학이 지닌 특성과 함께, 부안의 동학 문화콘텐츠로서의 활용과 의의, 그 전망 등을 살피는 데에 목적을 둔다.

부안의 동학은 크게 둘로 나눌 수가 있다. 하나는 백산대회이고 다른 하나는 부안의 동학지도자들이 지녔던 의식이다. 백산대회는 잘 알려진 바와 같이 동학군이 혁명군으로서 그 체제를 갖춘다는 의미를 지닌다. 그러므로 그 이후 전개되는 동학군의 활동상과 매우 밀접한 관련을 지닌다. 그만큼이나 1894년 동학혁명에서의 백산대회는 중요하다.

또한 부안 지역이 지닌 동학의 또 하나의 모습은 부안 지역의 동학 지도자들이다. 앞에서 언급한 바와 같이, 호남의 동학은 모두 해월에 의하여 포덕이 된 것이지만, 동학혁명 당시 호남의 동학 지도자들과 해월과의 관계가 원활하지 않았던 점이 있었고, 그러므로 해월과는 다른 노선을 가고자 한 동학의 지도자들이 호남을 중심으로 활동을 했다는 사실들이 있기 때문이다. 그런가 하면, 이러한 호남의 지역 중에서도 부안의 동학은 다른 양상을 보였다. 즉 부안 동학의 지도자인 김낙철, 김낙봉 형제, 그리고 이

과 박래홍이 쓴 「전라행」(『천도교회월보』, 통권 167호, 1924. 8.)에 의하면, 1924년 당시 77세의 양형숙(梁亨淑)이라는 사람을 만나 서로 대화를 나눈 기록이 나온다. 양형숙의 증언에 의하며, 양형숙이 임술년(1862년) 3월 용담으로 직접 수운 선생을 찾아뵙고는 입도를 하였고, 용담에 12일 간 머물렀다고 한다. 12일 간 머무는 동안, 용담에 도착한 그 날 저녁부터 돌아오던 날 아침까지 해월과 함께 겸상을 하여 밥을 먹었다고 한다. 그러나 그 이후 해월과는 전혀 연락이 없었고, 살았는지 죽었는지 알지 못한다고 증언을 하고 있다. 이러한 사실로 보아 남원 일대인 동학교단이 전라도 지역과 교류가 끊어진 것으로 추정된다.

들의 종제들은 해월과 같은 노선을 견지하며, 호남의 다른 지도자들과는 일정한 거리를 유지하며 동학을 펼쳤다는 사실이 매우 특이한 일이 되기도 한다.

이와 같은 부안에서 보여주었던 특성, 곧 백산대회와 부안 동학 지도자들의 의식은 서로 상반되는 듯 보이지만, 동학혁명이 지닌 또 다른 성격을 찾아낼 수 있는 단서가 되기도 한다. 동학혁명은 동학사상이 지닌 '상생과 조화'라는 점과는 다른 모습으로 해석됨이 일반이다. 그러나 부안에서의 동학혁명이 보여준 모습은 동학사상의 정수인 상생과 조화의 모습이었다. 따라서 부안의 동학에 관한 고찰은 지금까지 일괄적인 시선으로 보아왔던 동학혁명의 성격을 또 다른 차원으로 바라볼 수 있게 하는 단서가 될 수가 있다.

본 글은 이와 같은 점에 주목하여 부안의 동학, 특히 동학혁명 당시의 부안의 동학에 관심을 지니고 이러함과 문화 콘텐츠와의 관계를 모색해나가고자 한다.

2. 해월의 호남 포덕과 신앙 활동

해월이 호남 지역으로 그 교세를 넓혀간 것은 1884 년경으로 추정을 한다. 해월이 전북 익산(益山)의 미륵산 중에 자리하고 있는 사자암(獅子庵)에 들어가 4개월을 머물던 때가 바로 이 때이기 때문에 이 시기를 호남 포덕의 시작으로 추정한다.

1880년대 초에는 임오군란과 이어서 일어난 갑신정변 등으로 우리나라는 국정의 혼란과 일본과 청나라의 내정과 외교 등에 적극적인 간섭, 이로 인한 압력 등으로 많은 어려움을 겪게 되었다. 따라서 많은 인사들이 새로

운 개혁의 필요성을 절감하고, 대거 동학에 입도를 하였다. 특히 호서지역
인 충주, 청풍, 괴산, 연풍, 목천, 진천, 청주, 공주, 연기 등지에서 많은
사람들이 입도를 하였다.[2]

이들 입도자들 중에는 동학혁명과 그 이후 동학교단을 대표하는 인물들
이 많다. 특히 손병희와 손천민은 동학혁명에 참여를 했고, 또 김연국(金
演局)과 더불어 해월로부터 훗날을 위임받는, 일컫는 바 삼암(三菴) 중의 두
사람으로 훗날 동학 천도교의 중요한 지도자가 되는 인물들이다. 또한 박
인호는 동학혁명에 대접주로 참여를 하였을 뿐만 아니라, 훗날 천도교의
4세 대도주(大道主)로 천도교를 맡아 이끄는 인물이 되기도 했다. 또한 서
인주, 황하일은 교조신원운동을 비롯하여, 동학혁명 등에서 지도자로 혁
혁한 활동을 한 인물들이다.

이후 해월이 호남 지역을 방문하는 일이 많아졌다. 특히 해월은 포덕
과 함께 특별 수련 등 종교적 수행을 많이 했다. 1887년에는 해월이 전라
도 익산군 남이면 남참의리(南參議里) 남계천(南啓天), 김정운(金正運), 김집
중(金集仲) 등의 집에서 수도연성으로 포덕을 하여 다수의 교인들을 입교시
켰고, 또한 1888년 1월에는 전라도 전주 서문 밖에 있는 박공일(朴公日)의
집에서 각지의 두목들을 오게 하여 특별 기도를 시행하기도 하였다.[3] 전주
에서 특별 기도를 행한 이후에 도제(徒弟) 10여 인과 더불어 삼례(參禮)에
있는 이몽로(李夢老)의 집을 순회하였다.[4] 즉 해월이 주관이 되어 특별 수

---

2 『시천교종역사』 계미년조, 是時靡風入敎者 如忠州 淸風 槐山 延豊 木川 鎭川 淸州 公州 燕岐
 等郡之人居多. 이때 입도한 사람들에 관한 기록은 다음과 같다. 『시천교종역사』 계미년조, 有
 日孫天民 安敎善 金榮植 金相浩 金殷卿 安益明 尹相五 李一元 呂圭德 呂圭信 柳敬順 李聖模等
 爲諸郡投敎之嚆矢也. 또한 『천도교회사초고』 계미 3월. 孫秉熙 孫天民 朴寅浩 黃河一 徐仁周
 安敎善 吳圭德 金殷卿 劉敬順 李聖模 李一元 呂圭信 金榮植 金相浩 安益明 尹相五 等이 次第
 로 神師께 拜謁한데
3 「연혁」, 『천도교회월보』, 1924년 9월 15일
4 『천도교서』, 무자년조

련, 특별기도 등의 종교적 수행을 행하였고, 이를 통하여 호남의 인사들에게 포덕을 했던 것이다.

이외에도 1889년 전라도 남원, 임실 등지에서 해월이 방문을 하여 널리 포덕을 하였고,[5] 익산군의 고제정(高濟貞), 강영달(姜永達), 강수환(姜水煥) 등의 집에서 찾아오는 사람들에게 포덕을 하였다.[6] 1889년 1월에는 전라도 장흥군 출신의 이인환(李仁煥), 이방언(李芳彦), 문남택(文南澤) 등이 입도를 하여, 장흥, 보성, 강진, 완도 등지에서 포덕을 시작하게 되었고, 이때 입도한 교인들이 수만 명에 달하였다고 한다.[7] 해월이 나서서 본격적인 포덕을 하게 되자 호남 지역 일대의 동학교도들의 수가 많게는 수만에 이르게 되었던 것이다.

또한 1889년 5월에는 해월이 부안의 김영조(金永祚)의 집에 머물면서 고부군(古阜郡)을 순회하였고,[8] 이어서 김낙삼(金洛三)의 집으로 옮겨가 이에 머물며 육임(六任)을 선임하는 업무를 보기도 했다.[9] 이어서 같은 해 6월에는 해월이 전라도 태인 김기범(金基範, 김개남의 먼저 이름)의 집에 머물고 있는데, 김덕명(金德明)이 여름옷 다섯 벌을 지어 해월에게 바치고, 또 집주인인 김개남 역시 여름옷 다섯 벌을 지어 바쳤다.[10]

즉 이와 같이 해월은 수시로 호남 지역을 순회하며 특별기도 등의 종교적 수행을 실시하므로 호남 지역의 교도들의 신앙심을 고취시키는 한편 이를 통해 대대적인 포덕을 벌리기도 했던 것이다.

또한 1891년 7월에 해월이 김연국(金演局), 장백원(蔣伯元), 장희용(張喜

---

5 「동학농민혁명연표」
6 「익산종리원연혁」, 『천도교회월보』, 통권 189호, 1927. 9.
7 「연혁」, 『천도교회월보』, 163호, 1924년 4월 15일
8 『천도교회사 초고』·「지통」
9 『천도교회사 초고』·「지통」
10 『천도교회사 초고』·「지통」

用), 최덕기(崔德基) 등과 함께 부안(扶安)의 신리(新里)에 있는 윤상오의 소실
(小室) 집을 방문하였다. 이때 호남의 교도 수백 명이 모여들었다. 해월은
부안 신리에서 다음 날에는 옹정(甕井)에 있는 김영조의 집으로 갔고, 또
다음 날에는 태인(泰仁)의 동곡(洞谷)에 있는 김낙삼의 집으로 갔다. 이곳에
서는 "부안에서 꽃이 피고 부안에서 열매가 맺힐 것이다."라는 법설을 하
기도 했다. 이렇듯 호남 지역을 순회하며 법설과 포덕을 함께 하므로, 호
남의 교세가 날로 늘어나게 되었다. 또한 임진년(壬辰年, 1892년)과 계사년
(癸巳年, 1893년) 사이에 포덕을 하여 교도 수가 몇 만 명에 이르게 되었다.[11]

해월이 1884년 익산 사자암에 와서 머문 이후, 많은 호남의 인사들이
해월이 거처하는 곳으로 찾아와 동학에 입교를 하였고, 또 해월은 거의 매
해 몇 차례씩 호남 지역을 순회하였다. 이러한 순회를 통해 동학의 종교적
의례를 호남의 교도들과 함께 행하는 한편, 이러한 종교의례를 통해 호남
의 인사들에게 동학을 전파하였던 것이다. 그러므로 마침내 1890년대에
이르러서는 호남 지역에만 동학교도들이 수 만 명에 이르게 되었다.

호남의 동학을 대표할 수 있는 전봉준(全琫準), 김개남(金開南), 손화중(孫
化中), 김덕명(金德明), 김낙철(金洛喆), 김낙봉(金洛鳳) 등의 인물들이 동학에
입도를 한 것도 이때쯤이 된다.

특히 부안의 동학 지도자로 활동을 한 김낙철, 김낙봉은 형제지간으로,
1890년 6월 해월이 공주군 신평리에 주재하고 있다는 말을 듣고 찾아와
입도를 한 사람들이다.[12]

1880년대 중후반에서부터 1890년대 초반까지 호남 지역의 대표적인
동학의 지도자들이 대거 입도를 하였다. 이들 호남의 인물들보다 다소 앞

---

11 金洛喆 歷史
12 『천도교회사 초고』

서 입도를 한 서인주는 앞에서 이야기한 바와 같이 1884년 충청도 일대에서 해월이 포덕에 열중하던 때에 황하일과 함께 해월을 찾아와 입도를 한 인물이다. 입도 후 해월과 친밀한 관계가 되었고, 해월의 아들인 덕기(德基)와는 동서지간이 되기도 하였다.[13]

그러나 1889년 서울에 갔다가 관가에 잡히는 몸이 되어 금갑도로 유배되었다. 서인주의 구금에 해월은 온 정성을 다 하여 아침저녁으로 밥을 먹을 때마다 심고(心告)로서 서인주의 안위를 걱정하였고, 마침내는 많은 돈을 들여 풀어나게 하였다. 그 만큼이나 서인주는 해월의 아낌을 받았던 해월의 측근이었다.

그러나 유배에서 풀려나온 서인주는 강경노선을 걷기 시작하였다. 특히 함께 입도를 한 동지인 황하일과 함께 호남의 지도자들인 손화중, 김덕명, 최경선, 김개남 등과 친밀하게 지내며,[14] 해월과는 일정한 거리를 유지한 채 독자적인 노선을 걸으며 일컫는바 '남접(南接)'을 구축하게 되었다.[15] 황현(黃玹)의 『오하기문(梧下記聞)』에 의하면, 해월을 따르는 동학 조직을 법포(法布)라 하고, 서인주 등을 따르는 동학 조직을 서포(徐布)라고 했다고 한다. 이러한 황현의 기록은 서인주가 해월과는 일정한 거리를 두고 남접을 구축한 한 증거가 된다. 또한 부안의 유생인 김방선(金邦善, 1843-1901)의 『임하유고(林下遺稿)』에도 이와 같은 기록이 있는 것[16]으로 보아, 이 당시 동학교단에는 법포와 서포가 있다느니 하는 등의 이야기가 호남과 그 인근에 설왕설래하였음을 알 수가 있다.

---

13 서인주는 청주 栗峰에 사는 陰善長의 첫째 사위이고, 해월의 아들 德基는 서인주의 중매로 陰善長의 둘째딸과 혼인을 하여 同壻之間이 되었다.
14 오지영, 『동학사』, 영창서관, 1940. 쪽
15 이이화, 『발굴 동학농민전쟁』, 한겨레신문사, 1994. 45쪽
16 金邦善, 『林下遺稿』, '全羅道 以徐長(章)玉爲首 忠淸道 以崔時亨爲首 皆濟愚之弟子也'

　면면을 살펴본 바와 같이, 이들 새로 입도를 한 인물들 중에는 나라를 걱정하고 또 현실에 대한 비판과 함께 보다 급진적인 생각을 지닌 사람들이 많았다. 교조신원운동에 있어서도, 서병학이나 서인주 등이 해월을 찾아와 교조신원운동을 일으킬 것을 건의하기도 한다. 이렇듯 이들은 보다 적극적으로 대외적인 활동을 펼쳐나가고자 시도를 했던 인물들이다. 또한 전봉준, 김덕명, 김개남, 손화중 등은 서로 친분관계를 이루고 있는 사이였다. 김개남은 전봉준과 태인 동곡리 지금실마을에서 동네 친구로 지내던 사이였다. 또한 손화중은 전봉준이 집안 조카인 손여옥(孫如玉)과 친한 관계로 교유를 하게 되었고, 김덕명과는 이미 20대부터 교분을 쌓은 사이였다.[17]

　1880년대 중후반에 이르러 동학에 입도를 하는 인사들이 늘어나게 되고, 이미 1890년대에 이르게 되면, 이들 새롭게 입도를 한 인사들이 동학의 중간 지도자로서 자리를 잡아갔다. 이들 새로 입도한 인사들은 김연국과 같이 현실개혁보다는 개인적인 수행을 중시여기는 중간 지도자가 있었는가 하면, 서병학이나 서인주와도 같이 급진적인 성향의 인물들이 있었다. 그런가 하면, 손병희, 박인호와 같이 중도적 입장을 견지한 인물도 있었다.[18]

　그러나 시대적인 상황과 함께 서병학, 서인주, 전봉준 등을 비롯하여 당시 시대적 상황에 불만을 지니고, 새로운 활로를 모색하던 사람들에 의하여 동학운동은 교단 내적인 문제에서 대사회적인 문제로 그 방향이 서서히 바뀌어가게 되었다.

　호남 지역을 중심으로 하는 동학 인사들의 방향 선회에 관하여 해월은

---

17 우윤, 『전봉준과 갑오농민전쟁』, 창작과 비평사, 1993. 39-41쪽 참조
18 김지하, 『동학 이야기』, 솔, 1985. 111쪽 참조

특별한 관심을 기우리고 있었다. 특히 호남 지역을 순회하고 돌아온 해월은 "도를 알려고 하는 이가 적다."라는 우려의 말을 남기기도 했다.[19] 이와 같은 해월의 언급에는 여러 의미가 담겨져 있다. 특히 새로 입도한 급진적인 사람들이 먼저 수도를 통한 자신에 대한 신앙적인 입지를 확립한 후에 개혁의 길을 가야하는데, 자신에 대한 수련보다 개혁만을 먼저 앞세우는 모습을 우려한 것으로 생각된다.

이때에 이르러 동학을 사회운동의 근거지로 삼고자 입도를 한 사람들도 또한 많았으며, 이들은 동학의 종교적인 수행보다는 동학이 지닌 이념을 대사회적으로 펼치려는 데에 그 목적이 있었던 것이다. 특히 해월에게 교조신원을 제기했던 한 사람인 서병학과 같은 인물은 동학에 입도를 한 목적이 투쟁적인 방법에 의한 현실 개혁에 있었다. 그러므로 동학을 통하여 정치를 하려던 욕망이 좌절이 되고 동학이 기울기 시작하자 관군에 빌붙어 동학교도의 소탕 작전의 주구(走狗)가 되어 암약하기도 했다.[20] 바로 이와 같은 사람들이 동학에 들어와 현실개혁 등을 앞세우므로 해서 먼저 이루어야 할 도심(道心)을 상하게 할 것이 해월에게는 심히 걱정이 되었던 것이다. 이와 같은 해월의 우려가 가시적으로 드러나기 시작한 것은 1893년 여름부터이다. 이때에 이르러 호남지방에서는 전봉준과 김개남이 관내 도인들을 가끔씩 불러 모아 조직을 다져나가고 있었다.[21]

1880년대 후반과 1890년대 초반에 이르러, 전국적인 조직으로 발전한 동학교단은 방대해진 조직과 함께 현실의 문제를 보다 다른 시각에서 바라보는 인사들의 입도로 인하여, 동학의 신앙운동은 그 방향의 타를 서서히 바꾸어가고 있었다. 이러한 새로운 물결의 중심에는 전봉준, 손화중, 김

---

19 『海月先生文集』, '知道者鮮矣'
20 이이화, 「동학인물열전 – 서병학」, 『한겨레신문』, 1993. 9. 1.
21 『侍天敎宗繹史』, '是時 全琫準 金開南 於湖南地方 自領敎衆 或聚或散 敎人之會集'

개남 등 호남지역의 동학 지도자들이 자리하고 있었다.

3. 해월의 가르침과 부안의 동학

부안의 동학을 이끌던 중심적인 인물들은 김낙철, 김낙봉, 그리고 이들의 종형제 등이었다. 이들 부안의 동학 지도자들이 지녔던 성향과 부안 동학의 특성은 매우 밀접한 관계를 지닌다. 따라서 이들 부안 동학 지도자들에 관한 고찰이 우선되어야 한다.

김낙철과 김낙봉은 형제 사이이고, 다른 사람들은 종형제가 된다. 따라서 이들은 모두 가까운 인척의 관계이다. 삼형제 중에서 장남인 김낙철과 차남인 김낙봉이 먼저 동학에 입도를 하였고, 막내인 김낙주, 그리고 종제인 김낙정, 김낙용 등이 이어서 동학에 입도를 한 온 가족이 동학교도가 된 집안이다.

부자이며 양반인 김낙철 형제가 모두 동학에 입도를 한 것은 많은 의미를 지닌다. 부자이며 양반이지만, 당시 시대적인 상황, 다시 말해서 일컫는바 지배계층이 보였던 횡포와 부조리를 방관할 수 없었기 때문으로 생각된다. 비록 양반이고 부자이지만, 이들은 부조화와 불균형의 세상을 혁신시키고자 일어난 동학을 매우 의미 있는 집단으로 받아들였고, 이에 동조를 했던 것이다. 따라서 김낙철 형제의 동학 입도는 정치적이거나 사회적인 성향이었다기보다는 보다 종교적이고 신앙적이었다고 평가가 된다. 따라서 투쟁을 통한 변혁이 아닌 신앙적인 방법을 통해 상생과 조화를 추구하므로 이룩하는 새로운 삶으로의 변혁을 이들 김낙철 형제들은 추구를 하였다. 다음과 같은 김낙철의 술회는 이들이 지닌 신앙의 모습이 어떠했는가를 잘 드러내 준다.

계사년 3월에 대선생님 신원을 하러 동생 낙봉이 김영조와 교도 몇 백 명과 함께 서
울에 갔으나 대선생님의 억울함을 풀어드리지 못하고 돌아왔다. 그때 나는 도내의
도도집(都道執)을 맡아 있었다. 이때부터 각 도와 각 읍에서 지목이 크게 일어나 붙
잡힌 자와 죽음을 당한 자가 이루 셀 수가 없었다. 그러나 나는 그들의 지목을 두려
워하지 않고 중문을 열어 선약(仙藥)으로 병을 구제하는 일을 하며 3-4년 동안 별
탈 없이 포교를 하였다.[22]

이 일화는 동학의 영부(靈符)에 관한 것으로, 언뜻 듣기에는 비이성적인
미신과도 같이 생각할 수 있는 대목이다. 그러나 이러함을 진정으로 믿을
수 있는 것에서부터 신앙은 비롯된다. 이성적인 것만을 가지고 따지는 곳
에는 신앙이 자리할 틈이 없다. 즉 이 일화는 얼마만큼이나 김낙철이 동학
이라는 신앙에 심취를 했는가를 말해주는 대목이라고 할 수가 있다.

그러나 이에서 보다 중요한 것은 김낙철 등의 부안 동학 지도자들이 다
만 종교적 수행만을 일삼고, 현실의 문제는 도외시하지 않았다는 사실이
다. 현실의 문제에 있어서도 매우 적극적이었다. 다만 그 방법에 있어서
투쟁적이기보다는 상생과 조화라는 평화적인 방법을 택했다는 점이 다른
점이다.

따라서 이들은 이러한 입장을 고수하므로, 김낙철은 무력으로 부안관아
를 점령하지 않고 군수와 유생들의 요청을 받아 도소(都所)를 설치하기도
했다. 이러한 모습은 급진적인 사회변혁보다는 종교적 신념에 따른 점진
적인 변혁을 위한 조치였던 것이다.[23] 그러므로 동학혁명 기간 내내 부안
에서는 관과 유생, 그리고 동학의 관민상화(官民相和) 내지 민중자치(民衆自

---

22 金洛喆 歷史
23 「기획연재 정재철의 부안사람들」, 『부안 21』, 2006.

治)가 가능했었다.[24]

전봉준이 손화중과 연대하여 4월 3일 동학군 4천여 명을 이끌고 부안으로 들어와서는 군수 이철화를 처형하고자 했다. 이때 김낙철이 나서서 손화중을 달래서 부안군수 이철화는 화를 모면하였다는 일화[25]는 부안의 동학을 이야기할 때 빼놓을 수 없는 유명한 이야기이다. 이철화가 비록 동학군과는 대척관계에 있는 당시 부안의 관아를 맡아 있는 군수이지만, 사람을 죽이는 살생에 동학의 본래 정신이 있는 것이 아니라는 점을 분명히 했고, 또 이를 실천적으로 보여준 것이다. 또한 김낙철은 손화중에게 부안을 자신에게 맡겨줄 것을 요구하였다.

김낙철, 김낙봉 형제가 나주 관아에 잡혀 있을 때, 김낙철 등이 베풀었던 선행으로 인하여 이들 모두가 무사히 풀려난 일화는 이들이 어떠한 생각과 정신으로 동학을 신앙하였는가를 잘 말해주는 대목이라고 하겠다.

> 제주도가 계사년(1893년)과 갑오년(1894년) 이태 동안 큰 흉년을 만나 경내의 몇만 명 목숨이 거의 죽을 지경에 이르러 어곽(魚藿, 해산물) 등의 물건을 배에 싣고 전라도 각 군 포구에 와서 곡식을 살 때에 다른 포구에서는 탁란군(濁亂軍)에게 실은 물건을 모두 빼앗겼는데, 유독 부안의 각 포구에선 탁란군에게 혹시라도 빼앗긴 것이 있으면 김 아무개가 바로 사람을 보내 돌려주었습니다. 그래서 한 홉의 쌀도 잃어버리지 않아 제주 경내의 인민이 부안군의 조맥(粗麥)으로 모두 목숨을 보전하였습니다. 이것은 김 아무개 형제의 덕분이 아닙니까? 만약 김낙철·낙봉 형제를 죽이실 터이면 소인들을 죽이고 김 아무개 형제의 목숨을 살려주시기 바랍니다.[26]

동학혁명 당시 김낙철 형제가 보여주었던 이러한 일화는 김낙철을 비롯한 부안의 동학이 어떠하였는가를 말해주고 있는 대목이 아닐 수 없다. 그

---

24 성주현, 「용암 김낙철과 부안지역 동학」, 『동학농민혁명과 부안』, 부안문화원 2011. 151쪽 참조
25 金洛喆 歷史
26 金洛喆 歷史

러나 김낙철 등의 형제, 종형제들이 동학혁명에 직접적으로 참여를 하지 않은 것은 아니다. 김낙철 형제는 전봉준, 손화중 등과 함께 고부로 진출을 하여 황토현 전투에 참가를 하였고, 해월이 9월 18일 총기포령을 내리자 김낙철은 김석윤, 신명언, 강봉희, 신윤덕, 이준서, 신규석 등 동학지도자들과 함께 부안에서 기포를 하였다. 그러나 김낙철 등은 호남과 호서 지역의 동학군이 연합전선을 형성하는 논산으로는 가지 않고 독자적으로 부안에 남아서 집강소를 설치하고 패정개혁을 단행하는 등[27] 현실 개혁에 앞장을 섰었다.

김낙철 형제로 대표할 수 있는 부안의 동학이 이와 같이 상생과 조화의 정신에 의하여 펼쳐졌던 데에는 해월의 가르침과 중요한 맥락을 맺고 있다고 할 수가 있다. 김낙철, 김낙봉 형제 역시 다른 사람들과 마찬가지로 해월을 찾아가 동학에 입도를 하였다. 입도 이후 해월이 거처를 하고 있는 공주(公州) 보평(洑平)으로 여러 번 찾아뵈며 가르침을 받았다. 해월의 말씀 중에서 이들 형제를 가장 감명 깊게 한 것은 "천심(天心)을 잃지 않고 식도(食道)를 미리 갖추고 기(氣)를 바르게 하는 것이 가장 어렵다. 또한 한울로서 먹는다."[28]라는 가르침이었다.

'천심(天心)을 잃지 않는다.'는 것은 동학의 근본이 되는 가르침인 '시천주(侍天主)'의 실천을 의미한다. 모든 존재가 한울님을 모셨다는 시천주를 깊이 자각하므로, 한울님의 마음을 회복하여 한울님 삶을 실천하는 것을 의미한다. 또한 '식도(食道)를 미리 갖추라.'는 말은 항상 밥을 먹을 때 천지부모(한울님)께 감사하는 마음으로 식고(食告)를 드리는 것을 잊지 말라는 가르침이다.

---

27 성주현, 「용암 김낙철과 부안지역 동학」, 『동학농민혁명과 부안』, 부안문화원 2011, 151쪽 참조
28 金洛喆 歷史

또한 '한울로서 먹는다.(食以天)'는 말씀은 해월의 중요한 법설인 '이천식천(以天食天)', 곧 '한울님이 한울님을 먹는다.'는 가르침의 말씀이다. 모든 존재가 한울님을 모시고 있다는 시천주를 근간으로 하여, 모든 만유는 한울님 모신 존재로 서로 유기적인 관련을 맺고, 서로의 기화작용(氣化作用)을 통해 살아가며, 또한 종족을 퍼뜨린다는 것이다.

즉 지금까지 인류를 지배해온, 먹히고 먹는 약육강식(弱肉强食)의 법칙을 해월은 그 인식을 달리하여, '이천식천(以天食天)'이라는 '공생과 상생(相生)', 즉 '균형과 조화'로서 설파하였다.

이와 같은 해월의 가르침은 '일마다 한울님'이라는 사사천(事事天), 그리고 '물건마다 한울님'이라는 물물천(物物天)을 근거로 하고 있으며, 그 실천적인 면에서 경천(敬天). 경인(敬人), 경물(敬物)의 삼경사상, 나아가 사인여천(事人如天)의 근거가 되는 대인접물(待人接物)로 펼쳐진다.

해월의 가르침인 사인여천의 근거가 되고, 또 대인접물, 삼경 등의 중요한 정신이 되는 '섬김'은 시천주가 지닌 한울님 마음과 기운을 회복하고, 또 이를 변치 않는 '모심'의 사회적 실천이 된다. 따라서 이 만유에의 '섬김'에는 오늘 우리 현대 속에서 가장 절실하게 필요한 '상대에 대한 존중과 배려의 문제'가 담겨져 있다.

'사사천(事事天)', '물물천(物物天)'을 강조하였으며, '경천(敬天), 경인(敬人), 경물(敬物)'의 삼경(三敬) 등이 지닌 '상대에 대한 존중과 배려'는 사람과 사람과의 관계, 나아가 사물, 또는 신에까지 이르고 있다. 즉 신이나 사람만을 공경해야 한다는 기존의 많은 가르침과는 다르게 이 우주에 편만(遍滿)되어 있는 만유(萬有) 역시 이와 똑같이 공경하고 존중해야 한다는 것이 해월의 가르침이다.

이러한 해월의 가르침은 곧 신이 우주의 중심이라는 신 중심의 사상이나 인간이 우주의 중심이라는 인간 중심의 사상에 일대 변혁을 촉구하는, 즉 '우주공동체'로서 그 인식을 바꾸어 나가는 사상이라고 할 수가 있다. 다시 말해서 '우주는 한 생명'이므로 어느 하나가 그 중심이 되는 것이 아니라, 모두가 중심이며 동시에 모두가 부분이기도 하는, 중심과 부분으로 나뉘는 이분법적 사유를 뛰어넘는 곳에 해월의 사유가 있는 것이다. 나아가 이러한 인간 중심, 혹은 신 중심이라는 지배와 억압을 근간으로 하는 위계적인 사고에서 벗어나, 이들 모두를 하나의 유기적 공동체인 '한 생명'으로 인식하고, 이들을 유기적인 관계 위에서 '서로 균형을 이루고 조화를 이루어', 진정한 공동체로서의 삶을 이룩해야 한다는, 의식의 대전환이기도 하다.

이와 같은 가르침을 해월로부터 받은 김낙철 등의 부안 동학 지도자들은 상생과 조화의 공동체적인 삶을 이루는 곳에 동학의 진정한 뜻이 있음을 깊이 절감하고, 이를 동학혁명 당시에도 그대로 실천하려고 노력했던 것이다. 그러므로 불필요한 살생을 금하였는가 하면, 동학의 관민상화(官民相和)를 부안 지역에서 이루기도 했던 것이다. 또한 곡물을 사러온 제주도민들에게 곡물 하나도 빼앗지 못하게 하므로, 흉년이 든 제주도민들에게 살길을 열어준 일화는 상생과 공생이라는 동학 정신의 발로라고 하겠다.

또한 동학혁명의 실패와 함께 해월이 관의 지목으로 쫓김을 당하고 있다는 긴박함 속에서도 해월을 찾아가 가르침을 받고는 했던 것이다. 해월이 상주(尙州) 지역에 숨어 있을 때, 김학종이라는 동학도인과 함께 찾아뵙고는 '은밀히 숨어 수도하라.'는 가르침을 받고 오기도 하였다. 또한 동생 낙봉과 함께 자주 찾아가 뵙고, 동학의 중요한 경전인『동경대전』과『용담유사』를 몇 권씩 필사를 하여 오기도 하였다.[29] 이렇듯 긴박한 상황 속에서도

---

29 김낙철 역사

부안 동학지도자들이 해월로부터 가르침을 받은 사실은 다만 김낙철에만 국한되지 않고 그의 아우 김낙봉에게도 또한 마찬가지의 일이었다. 해월이 원주 전거론에 숨어 지내던 1897년에도 김낙봉 등은 찾아뵙고는 『동경대전』 중에 있는 「논학문」의 구절이나, 「팔절」의 구절들에 관하여 가르침을 받고는 했었다.[30]

김낙철 등의 부안 동학지도자들은 해월의 지도를 철저히 실천하려고 노력을 하므로 투쟁만이 우선이 아니라는 정신을 실천하고자 했었다. 김낙철 등의 부안의 동학지도자들이 온건하며 평화적인 노선을 걷게 된 데에는 해월의 가르침을 보다 구체적으로 종교적인 면에서 실천하는 모습이라고 생각된다.

4. 백산대회의 의의

백산대회는 잘 알려진 바와 같이, 동학군이 혁명군으로서 그 전열을 다듬고 혁명에 본격적으로 진입한, 중요한 의의를 지닌 대회이다. 이 대회에서 전봉준이 '동도대장(東徒大將)'으로 추대되었다는 사실은 또한 잘 알려진 일이다.

전봉준은 동학의 가르침인 '수심경천(守心敬天)과 보국안민(輔國安民)'이 좋아 동학에 입도를 한 인물이다.[31] 동학의 이 가르침은 전봉준으로 하여금 세상에 대한 새로운 인식과 함께 자기 자신이 지닌 삶과 생명, 나아가 만유에 지녔던 생각을 새롭게 전환시키고 또 일깨워주는 계기를 마련해 주었다. 그러므로 만유가 우주적 공동체의 삶을 살아야 한다는 신성한 평등성

---

30 김낙봉 이력
31 전봉준 공초

과 자주성을 저버린 사회정치 상황에 분개하며, 또 이러한 현실을 변혁시켜 민족의 자주성을 회복하고자, 동학혁명의 횃불을 들게 하였다고 생각된다.

이와 같은 의미를 지닌 동학혁명의 정신에는 다만 죽이고 죽는 전쟁의 개념이 아니라, 살리고 함께 살아야 한다는 상생의 정신이 담겨져 있다. 이와 같은 동학혁명의 근간을 이루는 정신이 박맹수 교수가 발굴한 자료의 하나인, 일본 외무성 외교사료실 소장의 『조선국 동학당 동정에 관한 제국공사관 보고일건』의 기록에도 나타난다.

이를 재인용해 보면, 동도대장인 전봉준이 각 부대장에게 명령을 내려, 첫째 매번 적을 상대할 때 우리 동학군은 칼에 피를 묻히지 아니하고 이기는 것을 으뜸의 공으로 삼을 것. 둘째 비록 어쩔 수 없이 싸우더라도 사람의 목숨만은 해치지 않는 것을 귀하게 여겨야 할 것. 셋째 매번 행진하며 지나갈 때에는 절대 다른 사람의 물건을 해치지 말 것. 넷째 부모에게 효도하고 형제간에 우애하며 나라에 충성하고 사람들 사이에 신망이 두터운 사람이 사는 동네 십리 안에는 절대로 주둔하지 말 것. 등을 약속하였다고 한다.

이러함이 극명하게 드러난 것은 백산대회 현장이다. 백산대회에서 제정한 것으로 알려진, 동학혁명군이 동학군들이 지켜야 할 기율로 제정한 12개조의 군율에서 이러한 모습을 발견할 수가 있다.

1. 항복하는 사람은 사랑으로 대한다.(降者愛對)
2. 곤궁한 사람은 구제한다.(困者救濟)
3. 탐학한 관리는 쫓아낸다.(貪官逐之)
4. 따르는 사람은 공경하여 승복하게 한다.(順者敬服)
5. 굶주린 사람은 먹여준다.(飢者饋之)

6. 간사하고 교활한 사람은 그러한 행동을 못하게 한다.(姦猾息之)

7. 도주하는 사람은 쫓지 않는다.(走者勿迫)

8. 가난한 사람은 진휼한다.(貧者賑恤)

9. 불충한 사람은 제거한다.(不忠除之)

10. 거역하는 사람은 효유한다.(逆者曉喩)

11. 병든 사람에게는 약을 준다.(病者給藥)

12. 불효하는 사람은 형벌로 다스린다.(不孝刑之)

이와 같은 군율이나 전봉준과 각부대장들과의 약속은, 말 그대로 동학의 가르침인 시천주와 사인여천, 나아가 삼경, 이천식천 등의 가르침을 실천하는 길이었다. 그러므로 보국안민의 정신에 의하여 수탈과 억압, 그리고 외세의 침탈로 인하여 무너지고 균형을 잃은, 따라서 부당하게 죽어가는 생령이 올바른 길에서 올바르게 살아갈 수 있는 길을 찾고 또 제시하고자 펼친 생명운동이었다. 나아가 지금까지 인류를 지배해온 죽이고 죽는 삶을 서로가 서로를 살리는 상생이라는 새로운 차원의 삶으로 이끌고자 했던 개벽 운동이었다.

그러므로 항복하는 사람을 다만 포로로 대하는 것이 아니라, '사랑으로 대하라.(愛對)'라고 하는가 하면, 따르는 사람에 대해서는 '공경하여 승복하게(敬服)'한다거나, 도망을 하는 사람은 '□지 않는다.(勿迫)'라든가, 거역하는 사람은 '효유한다.(曉喩)' 는 등의 상대의 처지와 입장에 서서 상대를 배려하므로, 진정한 삶의 길이 어디에 있는가를 말하고자 하는 대목은 바로 사인여천의 진정한 실천이 아닐 수 없다.

또한 백산대회에서의 「격문」과 함께 나온 「강령」, 곧 '4대 명의' 역시 이와 매우 유사한 정신이 담겨져 있음을 볼 수가 있다.

첫째, 사람을 죽이지 않고 물건을 함부로 없애지 않는다.(不殺人 不殺物)

둘째, 충과 효를 함께 온전히 하며 세상을 구하고 백성을 편안하게 한다.(忠孝雙全
濟世安民)
셋째, 일본 오랑캐를 쫓아내 없애고 성스러운 도를 맑고 깨끗하게 한다.(逐滅倭夷
澄淸聖道)
넷째, 군대를 몰고 서울로 들어가 권세가와 귀족을 모두 없앤다.(驅兵入京 盡滅權
貴)

'4대 명의'인 「강령」에는 동학의 가르침과 세계관, 그리고 보다 구체적인
행동 강령이 담겨져 있다. '사람을 죽이지 않고 물건을 함부로 없애지 않
는다.'는 첫째는 동학의 생명존중 사상이 그대로 나타나고 있는 부분이다.
그런가 하면, '일본 오랑캐를 쫓아내고 성스러운 도를 맑고 깨끗하게 한
다.'는 셋째는 다만 척왜(斥倭)의 문제만이 아니라, 척왜양(斥倭洋)이 궁극적
인 보국안민임을 강조한 수운 선생의 가르침을 그대로 떠올리게 하는 대목
이다. 서양의 침공으로 인하여 보국안민의 계책이 없음을 한탄하는 모습
과 일치한다. 따라서 침략을 하는 왜이(倭夷)를 쫓아내어 성도(聖道)를 맑고
깨끗하게 한다는 것은 다름 아닌, 수운 선생이 펼친 한울님의 성스러운 도
를 세상에 맑고 바르게 편다는 의미로 해석이 된다.

비록 '구병입경(驅兵入京)과 진멸권귀(盡滅權貴)'라는, 조정의 관료들이 간
담이 서늘해지는 넷째 대목인 '군대를 몰고 서울로 들어가 권세가와 귀족
을 모두 없앤다.'는 부분에 이르러서는 조선조 조정과의 일전을 불사한다
는 의지를 읽을 수 있다.

이와 같이 백산대회가 지닌 정신은 어느 의미에서 지금까지 연구되고 또
알려진 동학혁명의 성격과는 다르며 부안의 동학 정신과 통하는 것이라
고 하겠다. 부안의 동학 정신은 백산대회의 정신과 함께, 보국(輔國)을 통
해 무너진 질서를 바르게 잡고, 무너진 질서 속에서 잃어가는 생명을 구하

고, 억압과 다툼이 아닌, '상생과 조화'라는 새로운 차원에서 백성들로 하여금 편안한 삶[安民]을 이룩할 수 있는 길을 마련하는 데에 있다고 하겠다. 즉 백산대회와 함께 부안의 동학 정신은 새롭게 조명되어야 할 줄로 믿는다. 나아가 진정한 동학의 정신, 동학혁명의 의의가 무엇인가를 알 수 있는 대목이기도 하다.

5. 부안 동학의 문화콘텐츠 활용 방안

수운 선생이 펼친 핵심적인 가르침은 '시천주(侍天主)'이다. 모든 존재가 한울님을 모시고 있다는 이 시천주에 의하여, 수운 선생은 당시 시대적 위기를 극복할 수 있는 주체는 특정 계층만이 아니라, 지배계층과 피지배계층 '모두'에게 있다는 가르침을 펼쳤다. 따라서 소외되고, 또 현실 문제에 대하여 수동적이었던 피지배계층 역시 시대적 위기를 극복할 수 있는 힘의 소재임을 스스로 깨닫게 하였고, 이들로 하여금 주체로 나서게 하였다.

그러므로 당시 부당한 힘에 억압을 당하고 있던 많은 사람들이 동학에 모여들 수 있었고, 이러함이 이들로 하여금 부당한 억압을 향해 일어날 수가 있었던 것이다. 다시 말해서 '의식화된 농민'으로 거듭 태어나게 한 것이 바로 동학이었다. 즉 동학혁명은 궁극적으로 농민들이 지니고 있던 불만이 동학의 가르침을 만나 더욱 확고하고 견실하게 되었고, 또 구체적인 실천으로 현현된 것이라고 하겠다. 또한 이러한 실천은 동학이 지닌 조직력과 함께 전국적으로 확대가 될 수 있었다.

또한 동학의 '다시 개벽'이란 자신이 발 딛고 있는 현실에 새로운 차원의 삶, 새로운 차원의 세상을 이룩하는 것을 말한다. '새로운 차원의 삶, 새로운 차원의 세상'이란 다름 아닌 인류가 겪고 있는 '죽임의 삶을 살림의 삶'으로, '부조화와 불균형의 삶을 조화와 균형의 삶'으로 바꾸는 것을 의미한다. 따라서 동학이 지향하는 세계관, 동학이 이룩하고자 하는 세계란 바로 조화와 균형 속에서 이룩하는 살림의 삶이 된다. 즉 지금까지 인류가 지내온 '죽임의 삶을 살림의 삶'이라는 새로운 차원으로 바꾸는 것이 바로 동학의 다시 개벽이다.

동학혁명은 관군을, 또는 일본군을 죽이고 죽이므로 동학군이나 지도부가 현실적인 권력을 쟁취하려 하지 않았다. 다만 불균형의 삶을, 부조화의 세상을 조화와 균형의 삶과 세상으로 바꾸고, 이를 바탕으로 '종교적 정의로운 삶'을 이룩하는 데에 궁극적인 목적이 있었다.

임술민란(1862년) 이후 많은 민란이 전국 각지에서 오랜 세월 동안 지속적으로 일어났다. 그러나 동학혁명 이전의 민란은 단발성이 대부분이었고, 조직이나 규모에 있어 전국적이지를 못했음이 대부분이다. 이러한 민란에 비하여 동학혁명은 여러 면에서 차별을 갖는다. 다양한 격문과 창의문, 그리고 조직의 면, 광범위한 지역의 면 등, 여느 민란과는 비교될 수 없는 규모임에 틀림이 없다. 다양한 격문과 창의문을 통해 동학혁명이 지향하는 바의 세계를 세상에 공표를 하였고, 동학의 조직망을 통해 대대적인 전투를 벌였는가 하면, 이러함은 다만 전라도 일원에 머물지 않고, 삼남(三南)은 물론, 강원도, 그 이북 지역에까지 확산이 되었다. 이와 같이 될 수 있었던 가장 구체적인 원인은 다름 아닌 동학의 가르침에 의하여 민중들이 의식화되었고, 동학적인 세계관을 향해 동학의 조직을 통해 이끌어 갔기 때문이다. 따라서 동학혁명은 다만 동학이 '외피'로서 자리했던 것이 아니라, 동학이 주체가 되었으며, 또 중요한 본질로 작용을 했음을 알 수가 있다.

모든 '존재가 한울님을 모셨다.'는 동학의 시천주 가르침이 억압받는 민중들의 의식을 일깨웠고, 동학의 '다시 개벽'이라는 개혁의 의지는 민중의 열망을 고취시켜 민중들로 하여금 전면에 나서게 했던 것이다. 따라서 일반적으로 불리는 '동학농민혁명'이라는 이름은 '동학'이라는 어휘가 그 다음으로 나오는 단어인 '농민'을 직접 규정하는 지시적 형용사로, 농민군의 정체성을 규정하는 말이 된다. 즉 동학의 정신과 세계관에 의한 농민들의 혁명이 바로 갑오동학농민혁명인 것이며, 동학이 지향하는 '다시 개벽'을 향한 개벽운동이었다.

오늘 우리가 살고 있는 '현대'라는 사회는 어느 시대에도 도달하지 못한 크나큰 발전과 변화를 이룩한 시대이다. 그러나 과학과 산업의 발달에 따른 물질적 풍요에도 불구하고, 현대 사회의 이면에는 계층 간 상대적 불평등의 심화와 이에 따른 상대적 박탈감 등이 내재되어 있다. 산업화에 따른 소외의 문제, 과학화, 도시화로 인한 생태계 파괴 등, 지난 어느 세기에도 경험하지 못했던 매우 심각한 문제들을 현대사회는 안고 있다.

이와 같은 현대사회가 지니고 있는 문제는 궁극적으로 인간과 인간, 자연과 인간이 지니고 있는 유기적 균형이 깨지므로 야기되는 모습이다. 나아가 이러함은 곧 법칙을 거슬리는 일이요, 천리(天理)를 역행하는 일이라고 하겠다.

동학혁명은 동학사상의 사회적 실천이었다. 동학사상은 우주의 법칙을 거슬리는 삶을 우주의 법칙에 따라 사는 삶으로, 그러므로 공존과 균형과 조화의 삶을 이룩하려는 데에 그 근본이 있다. 오늘이라는 현대사회가 안고 있는 문제를 새롭게 혁신시키고 새로운 차원의 삶을 이룩하는 데에 또한 동학사상이 매우 적절하고 필요한 것으로 판단된다. 따라서 어느 의미에서 동학혁명은 오늘도 끝나지 않고, 오늘이라는 현대사회 속에서 지속되어야 하는 혁명이다.

이와 같은 동학의 정신이 가장 구체적으로 나타난 곳이 바로 부안 지역이다. 부안 백산에서 대회이고, 또 부안 동학지도자들이 보여준 모습에서이다. 부안의 동학은 앞에서 이야기한 바와 같이 '백산대회'와 '부안의 동학지도자들이 지닌 모습'이다. 이 양자는 서로 상통하는 것으로 지금까지 알려진 일반적인 동학혁명과는 일정한 차별을 지닌다. 따라서 이러한 면이 부안 동학이 지닌 변별성과 함께 그 특성을 지닌다고 하겠다.

지역문화콘텐츠는 첫째 그 지역을 대표하는 인물이나, 그들이 사는 이야기가 쌓여서 만든 생활문화가 원천이 될 가능성이 매우 높다. 부안은 동학혁명과 함께 백산대회가 지닌 역사성, 나아가 이에 따른 이야기, 또한 부안 동학지도자들이 살아가며 보였던 여러 모습 등은 부안이라는 지역문화콘텐츠의 원천이 되기에 충분하다고 하겠다.

그러므로 이러한 과정에서 지역문화콘텐츠는, 이와 같은 우리들 삶의 이야기에서 공감과 감동, 위로를 얻을 수 있다. 또한 백산대회와 부안 동학지도자들이 보여준 부안 동학의 정신을 바탕으로 한 문화콘텐츠는 지역민들에게 자긍심을 심어주고 지역사회통합의 구심점을 마련 해주는 매우 중요한 매체가 될 수 있다. 오늘과 같이 분열과 갈등이 심화된 현실에서 백산대회가 주는 교훈이나, 부안지도자들이 보여준 교훈은 부안 지역민들에게 자긍심을 심어주기에 충분하며, 나아가 부안 지역민들의 구심점을 만들어 주는 중요한 계기가 될 수 있다.

백산대회와 부안 동학지도자들에 대한 문화콘텐츠는 지역의 역사와 문화에 대한 교육적인 기능을 지닌다. 백산대회라는 역사를 통해, 또는 부안 지역을 살았던 동학지도자들이 보여주었던 '상생과 관용의 정신'은 매우 중요한 역사 교육의 자료가 되어, 내일을 열어갈 부안의 청소년이나 부안을 찾는 사람들에게 고귀한 교훈이 될 수가 있다.

또한 이러한 역사적 사실에 대한 문화콘텐츠로의 활용은 단순한 역사 교육 자료에 머물지 않고, 문화가치 창출과 문화역량 증진을 통한 지역문화 자생력을 높이는데 일정한 기여를 할 것으로 생각된다.

백산대회의 정신이 되었던 '동학의 가르침인 시천주와 사인여천, 나아가 삼경, 이천식천 등의 가르침을 실천하는 길'과 '부안의 동학지도자인 김낙철 형제들의 상생과 조화의 정신' 등은 어느 의미에서 부안 지역이 보존해야 할 소중하고 또 고유한 정신이라고 생각된다. 따라서 이러한 정신이 들어날 수 있는 부안의 동학에 관한 문화콘텐츠는 많은 사람들이 공유하고 향유할 수 있도록 전달해야 할 사회적 기능인 것이다.

나아가 이러한 부안 동학의 문화콘텐츠는 전라도 일원의 동학혁명을 일으킨 다른 지역들과의 소통을 통해 커뮤니티를 형성하고 서로의 지역문화 균형을 이룰 수 있을 것으로 판단된다. 나아가 이와 같은 기능을 바탕으로 국민생활문화시대를 구현하는 비전을 보여줄 수 있다고 판단이 된다.

부안 지역 동학이 지닌 '조화와 균형', '상생과 관용'의 정신은 오늘이라는 현대에 그 무엇보다 절박하게 필요한 것이 아닐 수 없다. 따라서 부안 지역의 동학의 문화콘텐츠 활용은 그 정신이 잘 살아나고 또 보존될 수 있는 방향으로 진행이 되어야 할 줄로 믿는다.

또한 이러한 부안 지역의 동학을 문화콘텐츠로 활용하므로, 다만 지역문화를 보존하고 교육하는 차원에만 머물지 않고, 이와 같은 지역문화콘텐츠의 유통과 소비를 통해 경제적 이익을 발생하고 지역브랜드 홍보에 도움이 되어 지역브랜드 인지도를 높일 수 있을 것으로 기대된다. 그러므로 이 지역으로의 투자 유치와 관광객 유치 등의 효과로 이어지는, 경제적인 효과를 지닐 수 있을 것으로 생각된다.[32]

---

32 이승미 등, 『All about 문화콘텐츠』, (나무자전거, 2021.) 109 쪽 참조

6. 글을 닫으며

해월의 호남 지역 동학 포덕은 강원도나 경상도, 또는 충청도에 비하여 다소 늦은 시기에 시작이 되었다. 이렇듯 늦은 시기에 시작이 된 데에는 첫째 해월이 스승인 수운 선생의 순도 이후 관의 지목을 피해 숨어들어간 곳이 경상도 북부 산악지역이었고, 이후 이필제의 난으로 시작된 두 번째 지목이 시작되자 숨어들어간 곳은 강원도 영월, 정선 일대의 산간마을이었다. 그 이후 강원도 영월과 정선 일대에서 포덕 활동을 하다가, 다시 몸을 피해 옮긴 곳이 충청도 단양의 산간마을이었다. 해월은 관의 지목을 피해 태백산맥과 소백산맥이 어우러지는 경상도, 강원도, 충청도의 깊은 산간마을로 숨어 지내며 동학교단의 재건을 위하여 포덕 활동을 했던 것이다. 이때가 1865년부터 1880년 초반까지의 시기이다.

이들 산간 지역에서 어느 정도 그 교세를 확장시킨 이후 해월은 호남 지역으로 그 교세를 넓혀가기 시작하였다. 다시 말해서 산간 지역에서 평야지대로 그 포덕의 발판을 넓혀간 것이라고 하겠다. 지금까지는 산간을 전전하며 숨어서만 지내던 동학교도들이 이제는 보다 커진 교세와 함께 산간 지역을 벗어나 호남과 같이 평야 지역으로 나서게 된 것이다.

특히 이 시점에 이르러 임오군란과 갑신정변 등으로 세상은 혼란해졌고, 특히 우리나라의 내정에 보다 구체적으로 일본과 청(淸)이라는 외세가 간섭을 하며 그 침략의 의도를 구체적으로 드러내던 때였다. 이러한 국가적 현실을 우려하고 또 개혁해야 한다는 의식을 지닌 많은 인사들이 동학에 입도를 하게 되었고, 이들에 의하여 동학교단은 현실의 문제에서도 새로운 혁신의 필요성이 제기되기도 하였다.

호남의 포덕은 바로 이와 같은 때와 그 시기적으로 맞물리고 있다. 잘 알려진 바와 같이 호남을 넓은 뜰과 함께 곡창지대로 당시 탐관오리들의 주요 관리 대상이 되었던 지역이다. 고부군수인 조병갑이 부정한 일로 인하여 다른 지역으로 좌천이 되었어도 다시 돌아와 고부군수가 되었다는 사실이 바로 이와 같은 것을 입증해주는 한 모습이라고 하겠다. 따라서 이 지역은 탐관오리와 탐관오리들과 결탁한 지주들의 횡포로 백성들이 억압을 받고 또 수탈을 받던 곳이었다. 전봉준을 비롯한 동학혁명의 발발 역시 어려운 민중들과 탐관오관들과의 문제, 나아가 지주와 소작인 간의 문제가 그 도화선이 되었다는 사실이 이와 같은 것을 잘 말해주고 있다.

그러므로 호남에서의 동학 세력은 보다 급진적인 개혁과 함께 보다 폭력적인 성향이었음을 알 수가 있다. 그러나 이러한 호남 내에서도 부안의 동학은 비폭력적이며 그 개혁의 노선에 있어서도 여타 호남의 동학과는 다른 노선에 있었음을 알 수가 있다. 즉 정신적 수행을 통하여 새로운 삶의 길을 가고자 했던 모습이 많았다.

이러한 부안이 지녔던 모습은 다름 아니라, 당시 동학의 교주인 해월의 가르침을 보다 구체적으로 받아들였고, 또 이를 삶에서 실천하려는 모습에서 비롯된 것이라고 하겠다. 이의 가장 대표적인 인물이 김낙철, 김낙봉, 김낙주의 형제와 그들의 종형제 김낙정, 김낙용 등이다.

그런가 하면, 백산대회에서 보여 주었던 '12개조의 군율'과 「격문」과 함께 나온 「강령」, 곧 '4대 명의'는 동학혁명의 또 다른 면모를 볼 수 있는 것이 아닐 수 없다. 따라서 백산대회는 부안 동학의 정신과 일치하며, 부안의 동학을 새롭게 조명할 수 있는 매우 중요한 자료가 된다.

바로 이와 같은 모습에서 부안 동학의 특징을 찾을 수 있다. 그러므로 백산대회와 부안 동학지도자들의 모습은 부안 동학의 지역문화콘텐츠 활용의 원천이 되기에 충분하다. 그러므로 이러한 문화콘텐츠는 우리에게 공감과 감동, 위로를 주게 되고, 지역민들에게 자긍심을 심어주고 지역사회통합의 구심점을 마련 해주는 매우 중요한 매체가 될 수 있을 것으로 기대된다.

또한 이러한 역사적 사실과 인물에 대한 문화콘텐츠는 21 세기라는 새로운 시대를 이끌 청소년을 비롯한 많은 사람들의 교육적 자료로 응용될 수 있다. 나아가 부안 지역을 홍보하고 나아가 많은 사람들로 하여금 부안 지역을 찾게 하는 요소로 떠오를 수 있다. 이러한 것은 부안의 관광과 함께 경제적인 면이 될 것으로 기대된다. 이러함의 근거가 되는 것은 부안의 동학인 백산대회와 부안 동학지도자들의 모습은 지금까지의 동학혁명, 나아가 다른 지역의 동학과는 변별력을 지니며, 부안 나름대로의 특성을 지니고 있기 때문이다.

나아가 부안의 동학, 부안 동학 문화콘텐츠 활용을 통해, 동학혁명이 지닌 성격을 보다 폭 넓게 조명할 수 있는 그 근거를 마련할 수가 있을 것이다. 즉 동학혁명은 다만 투쟁적이고 또 무력적인 것만이 아니라, 동학의 궁극적 가르침인 상생과 조화의 정신이 실천적으로 나타난 그러한 장이었음을 알 수가 있다. 따라서 이러한 문화콘텐츠를 바탕으로 새롭게 동학혁명을 조명할뿐더러, 오늘과 같은 갈등과 분열이 심화되고 있는 시대에 새로운 삶을 제시하고 또 이끌 수 있는 중요한 자료가 될 것으로 기대된다. '상생과 조화'라는 오늘이라는 현대에 가장 절실한 정신을 부안의 동학, 나아가 부안 동학의 문화콘텐츠에서 찾을 수 있을 것으로 기대된다.

참고 문헌

『동경대전』

『해월신사법설』

『破閑集』

이중환, 『택리지』

金邦善, 『林下遺稿』

『海月先生文集』

「天宗列賢錄」·『구약종보』, 1914. 7.

「익산종리원 연혁」, 『천도교회월보』, 통권 189호, 1927. 9.

「천도교전주종리원」, 『천도교회월보』, 통권 168호, 1924. 9.

현파, 「전라행」, 『천도교회월보』, 통권 167호, 1924. 8.

장도빈, 「갑오동학난과 전봉준」, (덕흥서림, 1926.)

『시천교종역사』

「연혁」, 『천도교회월보』, 1924년 9월 15일

『천도교서』

『천도교회사 초고』

이돈화, 『천도교창건사』 제2편(천도교중앙종리원, 1933.)

『金洛喆 歷史』

『김낙봉 이력』

오지영, 『동학사』, (영창서관, 1940.)

김상기, 『동학과 동학난』, (대성출판사, 1947.)

『鶴山丁甲秀先生傳記』

조경달, 「甲午農民戰爭指導者 = 全琫準 研究」, 『朝鮮史叢』7, 1983.

최현식, 『갑오동학혁명사』, 향토문화사, 1983.

김지하, 『동학 이야기』, 솔, 1985.

이이화, 「동학인물열전 – 서병학」, 『한겨레신문』, 1993. 9. 1.

우윤, 『전봉준과 갑오농민전쟁』, 창작과 비평사, 1993.

이이화, 『발굴 동학농민전쟁』, 한겨레신문사, 1994.

「기획연재 정재철의 부안사람들」, 『부안 21』, 2006.

성주현, 「용암 김낙철과 부안지역 동학」, 『동학농민혁명과 부안』, 부안문화원 2011

윤석산, 「천도교의 수도법 수심정기에 관하여」, 『동학학보』 7호, 동학학회, 2004. 6.

윤석산, 『동학 천도교의 어제와 오늘』, 한양대출판부, 2013.

윤석산, 『일 하는 한울님, 해월 최시형의 삶과 사상』, 모시는 사람들, 2014.

이승미 등, 『All about 문화콘텐츠』, 나무자전거, 2021.

동학농민혁명과 관련된 문화콘텐츠의 연구동향 분석과 앞으로의 과제

우수영(경북대학교)

동학농민혁명과 관련된 문화콘텐츠의 연구동향 분석과 앞으로의 과제

1. 서론

본 논문은 부안 동학농민혁명 공간 콘텐츠 개발을 위한 문학 콘텐츠 양상과 동향에 대한 연구이다.

최수운의 동학 창제에서부터 1894년 동학농민혁명까지 이어진 민중의 힘은 여전히 각 지역마다 면면히 이어지고 있다. 그중 구체적인 예로, 1984년은 동학농민혁명 백 주년의 해였다. 이를 기념하기 위해 각 지역의 전적지가 이루어졌고 여러 관련 행사가 개최되었다. 이후 부족한 사료와 기금에도 불구하고 강연 및 학술대회, 전시회, 공연 등이 활발하게 시도되었다.[1] 이와 관련하여 박태원의 『갑오농민전쟁』, 송기숙의 『녹두장군』, 한승원의 『동학제』, 신동엽의 『금강』 등의 빛나는 성과들이 한국 문학에서도 결실을 보았다.

이러한 기념 행사와 그 결실은 전문가 및 관련자 입장에 치우친 감이 있다. 그러므로 동학의 정신 아래 동학농민혁명의 콘텐츠가 민중의 영역으로 들어오기 위한 고민이 필요하다고 할 수 있다. 그 과정에서 동학농민혁명의 콘텐츠가 현대 한국인의 현실문화가 되어야, 동학농민혁명의 정신이 공유되고 체험되어 그 지속성과 생명력을 확보하게 될 것이다. 본 논문에

---

1 이이화, 「백 주년을 되돌아보며」, 김은정 외, 『동학농민혁명 백주년 기념사업 백서』, 동학농민혁명기념사업단체협의회, 1995,

서는 한국 자생 문화인 동학이 역사적 사료나 기념적 사건이라는 기억의 과거 공간에 머물지 않고 21세기 한국인이 공감하고 체험하는 공간 콘텐츠로 전환될 수 있는 과정을 제시하는 데 그 목적을 둔다.

그 첫 번째 단계로는 동학농민혁명 관련 문화 콘텐츠의 범주와 양상에 대한 기존 연구 동향을 살피고자 한다. 이어 문화 콘텐츠의 원형 즉 한국 문학에 초점을 두면서 한국 문학에서 보인 동학농민혁명을 재현한 문학적 성과 및 전망을 살필 것이다. 도출된 논의 결과를 바탕으로 하여 부안 백산이라는 구체적 공간 콘텐츠로 구현되는 과정을 제안하고자 한다.

2. 문화 콘텐츠의 범주와 양상에 대한 연구 동향

콘텐트(content)는 '내용'을 의미하는 용어이다. 이 용어는 현재 상품화 및 산업화의 생산, 유통, 소비과정에 기여하는 내용들이라는 콘텐츠(contents)라는 복수 형태로 부각 되기 시작했다. 그 계기는 1997년 한국에 닥친 IMF 상황을 맞이하여 노동력 및 원자재를 경감하는 새로운 산업을 요구하던 시대적 상황에서 출발한다. 한국콘텐츠진흥원(Korea Creative Content Agency)은 대한민국 콘텐츠산업 진흥 총괄 기관으로 다양한 콘텐츠 사업안의 성장을 위해 기획, 연구개발, 지원 사업, 정책연구 등을 수행하는 기관이다. 2001년 한국문화진흥원이 개원하게 되면서 '문화적 내용들'을 의미하는 '문화 콘텐츠'라는 용어가 학계뿐만 아니라 지역사회 나아가 산업 영역에서도 그 영향력을 확장해가기 시작했다.[2]

---

2 2001년 설립된 한국문화콘텐츠진흥원은 문화콘텐츠산업 진흥을 위한 정책 개발과 관련 지원 사업을 수행하던 문화체육관광부 산하기관이다. 이후 한국문화콘텐츠진흥원은 한국방송영상산업진흥원·한국게임산업진흥원·문화콘텐츠센터·한국소프트웨어진흥원·디지털콘텐츠사업단과 함께 한국콘텐츠진흥원으로 2009년 5월 7일에 통합되었다.

콘텐츠산업 진흥법(시행 2020.03.04. 법률 제16694호, 2019.12.03., 일부개정) 제2조 정의를 보면, '콘텐츠'의 정의는 다음과 같다. 즉 "콘텐츠"란 부호·문자·도형·색채·음성·음향·이미지 및 영상 등(이들의 복합체를 포함한다)의 자료 또는 정보를 말한다. 이어 문화산업진흥 기본법 (시행 2021.06.09. 법률 제17584호, 2020.12.08., 일부개정) 제2조 정의 4항을 보면, '문화콘텐츠'의 정의는 다음과 같다. 즉 "문화콘텐츠"란 문화적 요소가 체화된 콘텐츠를 말한다.[3] 본 논의에서는 문화콘텐츠의 정의를 문화산업진흥 관련 법류에서 규정하는 의도에 따르고자 한다. 이는 문화콘텐츠가 학계의 논의나 종위 위에서 머무는 추상적인 것이 아니고 현실에서 누구가의 지원 아래 실행되어야하는 구체적 영역이기 때문이다. 실행의 결과 문화콘텐츠의 가치 역시 발휘될 수 있기 때문이다.

문화콘텐츠는 다양한 영역에서 문화적 요소를 드러낸다. 그 영역과 과정에 따라 문화콘텐츠의 양상과 기획 구성이 달라진다. 그 결과 현실 영향력도 차별적이다. 과거 농업혁명, 산업혁명을 거쳐 이제 디지털혁명에 바탕하여 다양한 문화콘텐츠를 접하고 있는 현대인들은 문화콘텐츠의 예술성과 산업성에 주목한다. 문화콘텐츠는 다양한 영역에서 생산되고 있으며, 현대인들은 이해와 선택의 과정을 거쳐 문화콘텐츠를 수용하고 소비하고 있다.

2021년 현재 문화콘텐츠는 중요한 연구 분야로 인식되면서 다양한 학제적 논의가 진행되고 있다. 또한 각 분과 학문에서 고유의 학문적 기반을 가지고 문화콘텐츠의 연구 지평이 점차 확장되고 있다. 기존 논의에서 문

---

3 법제처 https://www.law.go.kr/LSW/lsSc.do?section=&menuId=1&subMenuId=15&tabMenuId=81&eventGubun=060101&query=%EC%BD%98%ED%85%90%EC%B8%A0, 국가법령정보센터, 2021.11.07.

화콘텐츠의 세부 영역은 다음과 같이 논의된다.[4]

〈표 1〉 문화콘텐츠 세부영역

	상위 영역		하위 영역
논의되는 문화콘텐츠	문화콘텐츠 산업 일반	21개	문화콘텐츠산업, 만화/웹툰, 한류, 디지털 콘텐츠, 테마파크, 영화, DB, 문화마케팅, 인쇄/전자출판, 게임, 문화원형, 전시/박물관, 관광, 방송콘텐츠, 드라마, 광고, 애니메이션, 축제/이벤트, 다큐멘터리, 연극/공연, 대중음악 (21개 영역)
	문화 일반	6개	문화 예술, 문화 유산, 문화 이론, 문화 원형, 영상/이미지 도시/공간
	문화콘텐츠 교육	2개	문화콘텐츠학, 디지털 인문학
	문화 정책	3개	해외문화정책, 문화정책 분석 및 제언, 문화정책 평가 및 개발
	문화 기술	3개	융합, 활용, 평가

위 표에서 제시된 것처럼, 문화콘텐츠는 5개의 영역 즉, 문화 콘텐츠 산업, 문화 일반, 교육, 정책, 기술로 구분되어 논의되고 있으며 문화 일반이 문화콘텐츠 산업 일반의 바탕이 됨을 하위 영역을 통해 파악할 수 있다. 위 권지혁의 논의에서 주목되는 부분은 문화콘텐츠의 영역으로 분류된 문화 기술 영역이다. 그는 원형 콘텐츠가 문화콘텐츠로 실현되는 과정에 기여하는 기술적인 측면의 논의가 그 중요성에도 불구하고 논문 생산이 부족함을 지적한다. 그는 연구자들이 문화콘텐츠의 구현보다 해석에 치중하고 있는 점을 그 원인으로 꼽았다. 현 상황의 이러한 문제와 지적을 통해 문화콘텐츠 연구는 그 방향을 좀더 확장할 필요가 있어 보인다. 즉 문화콘텐츠의 생성과 해석도 중요한 논의이지만 그에 대한 기술의 융합과 활용도 시대적인 주요 요청이라는 것을 주지해야 할 것이다.

---

4 콘텐츠 분야의 주요 학회인 인문콘텐츠학회의 학술지를 대상으로, 인문콘텐츠 분야 연구와 경향을 분석한 권지혁 등이 도출한 문화콘텐츠의 영역 분류이다. 권지혁 외, 「인문콘텐츠분야 연구사의 경향성 분석」, 『인문콘텐츠』51, 인문콘텐츠학회, 2018, 15쪽.

이러한 문화콘텐츠는 연구자들의 주목 대상이 되어 학술 연구 결과물로 재생산되고 있다. RISS(http://www.riss.or.kr/index.do, 2021.11.13.) 사이트에서 키워드 '문화콘텐츠'로 검색하면 총 자료가 60,373편이 제공된다. 그 세부 내용은 학위논문 24,921편, 국내학술지논문 26,318편, 단행본 6,845권, 학술지 20권, 연구보고서 2,185편, 공개강의 84편으로 구성된다. 특히 학위논문과 국내학술지를 통해 그 연구 추이를 살펴보면 다음과 같다.

<도표 1> 문화콘텐츠 키워드의 국내학술지논문 생산 추이 (총 26,318편,
　　　　　2021~1962, Riss.)

위 도표1 문화콘텐츠를 키워드로 검색된 국내학술지 논문 26,318편을 통해 보면, 1962년에 문화콘텐츠를 논의한 논문이 처음 등장하면서 현재 2021년까지 꾸준히 연구가 진행되고 있다. 그 양적 추이를 보면, 처음 논문이 등장한 시기부터 40년 후인 2000년이 되면 100편의 논문이 생산되고 그 10년 후 2010년이 되면 1,269편의 논문이 생산되면서 바로 이전 10년 전보다 12배의 양적 증가를 보인다. 최근 2020년대 접어들면서 지난 10년보다 양적으로 2배 증가된 연구 논문의 결실을 보인다.

아래 도표2 문화콘텐츠를 키워드로 검색된 학위논문 24,921편을 통해 보면, 1965년에 문화콘텐츠를 논의한 논문이 처음 생산되었다. 그 뒤 1990년대 이후부터 문화콘텐츠에 대한 학위논문의 수가 눈에 띄게 증가한다. 이어 문화콘텐츠를 논의한 학위논문이 2000년에는 301편, 2010년 1,339편으로 꾸준하게 증가하였다. 현재 2021년 11월 문화콘텐츠를 논의한 학위논문 1,594편이 발표 생산되고 있다. 즉 2008년부터 문화콘텐츠에 대한 학위논문들이 1,000편 이상 꾸준하게 발표되어 왔으며 현재에도 대학에서 문화콘텐츠에 대한 학위논문의 양적 증가율이 꾸준하게 유지되고 있다는 것이다.

〈도표 2〉 문화콘텐츠 키워드의 학위논문 생산 추이 (총 24,921편, 2021~1965, Riss.)

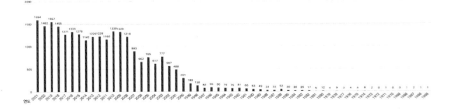

일반적으로 한 주제에 대한 학술지논문이 먼저 발표 생산되고 어느 정도 기간을 두고 같은 영역의 주제에 대한 학위논문이 생산된다. 즉 단편적인 주제를 가진 학술지논문들이 학위논문으로 구성 발전하는 경우가 많기 때문이다. 그런데 문화콘텐츠에 대해 연구한 국내학술지논문이나 학위논문은 그 증가 추이가 비슷하다. 공통적으로 문화콘텐츠라는 키워드를 가지고 있지만 논의의 초점은 문화콘텐츠의 원형에서 출발하여 원형과 기술과의 융합, 문화콘텐츠의 산업으로 활용되는 단계로 각각 나아가고 있음이다.

구체적으로는, 1960년대 초반부터 문화콘텐츠에 대한 소수의 학술지

논문이나 학위논문이 생산되기 시작했고, 꾸준하게 그 편수가 증대하면서 2000년대 후반부터는 폭발적으로 문화콘텐츠를 연구한 논문의 수가 증가함을 위 도표를 통해 알 수 있다. 이들 기존 논의에서 특히 눈에 띠는 점은 2015년에 접어들면서 문화콘텐츠의 입지 및 위상 그리고 방법론에 대한 논의가 자주 논의되고 있다는 것이다. 나아가 2010년대 후반에 갈수록 문화콘텐츠를 기술과 융합한 지역 사례들이 많이 등장하고 있음을 볼 수 있다. 특히 2000년대 후반에 생산된 동학농민혁명과 관련한 문화콘텐츠 연구는 지역 사례와 연관되어 논의되고 있다.

3. 동학농민혁명의 문화 콘텐츠에 대한 논의 양상

3장에서는 동학농민혁명의 콘텐츠에 대해 살피고 그 양상을 문화 콘텐츠에 초점을 맞추어 살펴보고자 한다.

현재 문화콘텐츠에서 동학에 초점을 맞춘 연구는 총 216편으로 기록되어 있다.(2021.11.21. Riss, http://www.riss.kr.libproxy.knu.ac.kr/index.do) 그 세부 구성은 국내학술지 논문 84편, 학위논문 64편, 단행본 51편, 연구보고서 17편이다.

아래 도표는 문화콘탠츠 동학이라는 키워드를 가진 국내학술지 논문과 학위논문의 연도별 발표 추이를 나타낸다.

〈도표 3〉 '문화콘텐츠 동학' 키워드의 국내학술지논문 84편 (2021~2000, Riss)

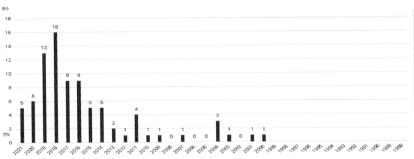

〈도표 4〉 '문화콘텐츠 동학' 키워드의 학위논문 64편 (2021~1988, Riss)

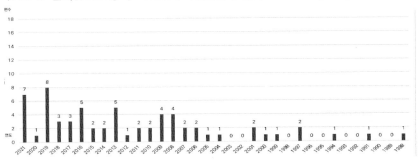

도표3) 문화콘텐츠 동학의 키워드를 가진 국내학술지 논문 84편을 통해 보면, 동학(농민혁명) 관련 문화콘텐츠 키워드의 논문은 2000년에 처음 발표되기 시작했다. 이후 별다른 증가를 보이지 않다가 2010년대 후반에 오면 논문 편수가 증가세를 보이고 있다. 그렇지만 매년 10편 내외 정도에 그치고 있다.

또한 도표4) 문화콘텐츠 동학의 키워드를 가진 학위 논문 64편을 통해 보면, 동학(농민혁명) 관련 문화콘텐츠 키워드의 학위논문은 1988년 처음 등장했다. 그러나 이 목록의 1988년, 1991년 논문은 동학(東學)과는 무관한 교육 영역의 논의이다. 엄밀하게 살피면 동학과 관련된 문화콘텐츠 키워드의 학위논문은 1994년에 처음 발표된 조대현의 박사학위 논문이다. 이를 시발로 현재까지 연구가 발표되고 있지만 두드러진 증가는 보이지 않는다. 최근 2~3년 사이 증가되기는 했지만 그 편수는 10편 미만이다.

위의 국내학술지 논문 84편과 학위논문 64편이 키워드 '문화콘텐츠와 동학'을 가진 논문으로 검색되고 있지만, 그 내용 모두가 문화콘텐츠 영역에서 동학이나 동학농민혁명을 논의하고 있지는 않다. 그중에서는 동학(東學)이나 동학농민혁명과는 실제 무관한 교육이나 움직임을 논의한 논문도 다수 존재한다. 위 논문 148편의 논문 중 동학농민혁명과 관련된 문화콘텐츠 논의로 주목할 만한 것은 채길순, 조극훈, 이경화, 박형모, 장성재, 홍성덕, 우수영의 논의다.[5]

채길순은 영동과 원주 지역 동학농민혁명에 관련된 기관 홈페이지 구축을 요청하며 동학농민혁명 체험 문화콘텐츠 제작을 보급하고 소개할 것을 제안한다. 조극훈은 글로벌 아닌 글로컬 담론을 강조하면서, 현 글로컬 시대 감성에 맞는 문화콘텐츠의 개발 방향을 제시한다. 그것은 동학사상과 동학 문화에 기반한 아젠다를 발굴 개발하고 플랫폼을 통한 동한 문화콘텐츠 보급이다.

---

5 채길순, 「영동 지역 동학농민혁명 전개 과정과 문화콘텐츠 활용 방안」, 『동학학보』48, 2018. 채길순, 「원주 동학농민혁명사 전개 과정과 문화 콘텐츠 활용 방안 연구」, 『동학학보』49, 동학학회, 2018. 조극훈, 「동학 문화 콘텐츠와 글로컬라이제이션」, 『동학학보』35, 동학학회, 2015. 조극훈, 「동학 문화콘텐츠 개발을 위한 인문학적 기반 연구 – 해월 최시형과 '영해 동학혁명'의 발자취를 중심으로」, 『동학학보』30, 동학학회, 2014. 박형모, 「박형모 장흥동학농민혁명의 기억의 장소 연구」, 전남대 석사학위논문, 2019. 신광철, 「동학 콘텐츠의 현황과 전망」, 『신종교연구』39, 한국신종교학회, 2018. 이경화, 「기념물을 통한 동학농민혁명의 기억과 전승」, 『인문콘텐츠』10, 인문콘텐츠학회, 2007. 장성재, 「동학사상 문화콘텐츠 기획–경주 해월생가 복원에 따른 공간구성과 그 활용방안」, 『동학학보』49, 동학학회, 2018. 홍성덕, 「고창 동학농민혁명의 문화콘텐츠와 문화산업화 방안」, 『동학학보』50, 동학학회, 2019. 우수영, 「서울 천도교중앙대교당(天道教 中央大教堂)의 건축 형태적 의미」, 『동학학보』59, 동학학회, 2021. 우수영, 「수운 최제우의 콘텐츠 활용에 대한 시론(試論) – 대구 지역을 중심으로」, 『동학학보』56, 동학학회, 2020.

우수영은 대구 지역에 소재한 동학 콘텐츠를 공간 콘텐츠로 활용할 것을 제안하였으며, 서울 천도교중앙대교당의 공간 조성 과정과 건축형태적 의미를 논의하였다. 그의 논의는 현존하는 동학(동학농민혁명) 콘텐츠를 공간 콘텐츠로 전환하고자 하는 시도뿐 아니라 동학(東學)의 공간 콘텐츠에 대한 정체성을 정립하고자 하는 논의의 시발점이기도 하다.

4. 동학농민혁명을 형상화한 한국문학의 성과 및 전망

현재 학술 논문사이트 RISS 학술 연구 자료 사이트에서 '문화콘텐츠 동학 문학'이라는 키워드로 검색을 실시하면, 총 40편의 연구 자료가 검색된다.(2021.11.21.) 이는 구체적으로 국내학술지논문 15편, 학위논문 9편, 단행본 12권, 연구보고서 4편이다. 키워드로 이 범주에서 검색되는 않은 자료들도 실제 그 논의 내용은 동학을 주제로 한 문학이 아닌 교육이나 보편 문학인 경우가 상당수이다. 이는 한국 문학에서 동학 문학이라는 분명한 범주가 아직은 설정되지 않았고 몇몇 동학 문학을 대표하는 논의라고 할지라도 문화 콘텐츠와 연계되는 방향으로 논의가 전개되지 못한 까닭이다.

문화콘텐츠는 문화산업과 긴말하게 연계되어 작동한다. 즉 한국문학이라는 텍스트에 머무는 것이 아니라, 문화콘텐츠로 전환 가능한 한국문학역시 문화산업의 가능성이 타진될 수밖에 없다. 그 과정은 부안 백산 역사공원이라는 공간이 한국문학에 바탕한 공간콘텐츠로 탄생하게 되는 작업이 될 것이다.

본 4장에서는 동학농민혁명이 형상화된 한국문학의 추이를 살펴보고, 그 대표 작품을 통해 부안 백산의 역사공원에 활용될 문화콘텐츠로서의 가능성을 타진하고자 한다. 동학(東學)의 경전은 민중의 이해와 공감을 염두에 둔 국문 시가이다. 그 자체가 문학 텍스트로서의 출발이라 할 수 있다. 이러한 출발에서부터 이어져 근대 문학 장르인 소설, 시, 희곡에서 여전히 동학은 재현되고 있다.

동학을 소재로 창작된 한국문학은 크게 동학사상과 동학농민혁명을 재현하고 있다고 할 수 있다. 사상·종교적 측면을 그리는 한국문학에서는 수운 최제우, 해월 최시형, 의암 손병희 등이 중심인물로, 혁명적 측면을 그리는 문학에서는 전봉준, 김개남, 손화중, 이방언 등이 주동인물로 그려진다. 특히 장편 대하소설과 장편 서사시에서 동학의 시대적 요청과 동학농민혁명의 전개 과정이 핍진하게 그려진다. 즉 하나의 인상적 장면을 각인시키는 시나 단편 소설보다 장편 작품들에서 '동학정신과 동학함'이 보다 구체적으로 서사화되고 있음을 볼 수 있다.

1960년대 시작된 경제개발정책이 1970년대와 80년대 성공적으로 수행됨으로써 한국 경제는 성장하였지만 한국사회의 이념적 사상적 혼란은 여전히 미해결의 상황이었다. 이러한 현실을 한국 문학계는 과거 탐색을 통한 정체성 정립으로 타결하고자 하였다. 즉 1970년대 들어 민중의식이 성장하고 현재를 이해하기 위한 전제로 과거를 탐구하려던 각 영역의 분위기에 힘입어 한국 문학계에서는 종래의 역사소설을 훨씬 넘어서는 작품들이 등장하기 시작하였다. 이후 동학 역시 한국 대하소설의 소재로 많이 선택되어 장편 대하소설을 통해 재현되었다.

본 글 후반부에서는 동학농민혁명을 소재로 했던 한국문학 작품 중 특히 부안 백산 지역의 동학농민혁명을 그린 작품과 더불어 동학의 현재성을 확인할 수 있는 작품을 대상으로 살피고 문화 콘텐츠로서의 공간화를 타진하고자 한다. 그 논의 대상 작품은 박태원의 역사 대하소설『갑오농민전쟁』,

송기숙의 『녹두장군』, 신동엽의 『금강』, 차범석의 『새야 새야 파랑새야』이다.

4-1. 『갑오농민전쟁』의 대서사에 공감하는 하나의 공동체

박태원(1909-1986)은 월북 후 역사소설 집필에 주력하였다. 건강 악화에도 불구하고 집필한 필생의 역작 『갑오농민전쟁』은 박태원에게 북한 최고 역사소설가라는 칭호를 가져다 준 작품이다. 박태원 『갑오농민전쟁』에 등장하는 동학농민군, 그들은 양반이면서 양반이지 못했던 사람들, 평민이면서도 평등을 보장받지 못했던 사람들 또한 사람이면서 사람대접을 받지 못했던 이들이다. 그들은 사람다운 사람이 사는 새로운 세상을 열고자 했으며, 새로운 세상의 열림을 억압하는 절대 존재에 대한 투쟁을 실천한 이들이다.[6] 이런 농민군의 모습은 백산으로의 결집 및 전주성 입성을 통해 구체적으로 형상화되고 있다.

> 이튿날 전봉준은 자리를 옮겨 고부 백산에다 호남창의소의 본부를 두었다.
> 백산은 고부읍에서 서쪽으로 십 리쯤 되는 곳에 있는 야산으로서 주위가 광활하고 교통이 편리하여 앞으로 거사할 때는 여기에 본거를 두리라 전봉준이 전부터 생각해 오던 곳이다.
> 호남창의소를 백산에 옮겨놓고 전봉준이 사람들을 시켜 앞으로 여러 사람이 모여 일을 의논할 큰 집 한채를 짓게 하였다.
> 그 곳에서 좀 떨어진 데다 《일심계》 두령 오수동은 자기네 사람들이 쓸 집을 따로 짓게 했다. 《일심계》원들 속에는 목수도 있고 미쟁이도 있어서 남의 손을 빌지 않고서도 집을 지을 수 있었다.
> 백산은 술렁거렸다. 톱질, 도끼질소리도 요란했지만 밀려드는 사람들로 몹시 붐비었다. 창의문과 격문이 한번 돌자 백성들의 마음은 백산으로 쏠리었다.

6 우수영, 「박태원의 『갑오농민전쟁』에서 나타난 동학농민군의 위상」, 『동학학보』27, 동학학회, 2013, 29쪽.

둘이 만나도 그 소리요, 셋만 모여도 그 이야기였다.

《백산에 숱한 사람이 모여든다며?》

《이젠 세상이 망할라나부오.》

《망할 놈의 세상은 어서 망해야지!》

《창의문, 격문이 모두 옳은 말들을 했습니다. 그런데 이놈의 세상이 망한 뒤에는 정말 태평한 좋은 세상이 올가?》

《그럼 오지, 왜놈, 양국되놈 다 몰아내고 량반놈들 다 죽이고 나라를 바로잡자는 것인데 그렇게 되지 않구…》

《호남창의소라 하고 전봉준, 손화중, 김개남 세 사람의 이름이 나왔는데 손화중이 무장포 대두령인 것만 알지 나머지 두 사람은 누군지 모르겠소》

《김개남이야 태인 대두령 아니요?》

《태인 대두령은 김기범인데…》

《김기범이가 김개남이라고 고쳤답니다.》

《전봉준이란 사람은 대두령도 아니고 그냥 접주라는군.》

《나도 보았는데 체소한 사람입니다. 그래서 별명도 녹두라는군.》

《일개 접주에 불과하고 또 채소는 해도 대단한 사람이랍디다.》

《비상한 인물이기에 나라를 바로 잡자고 일어났지?》

《그의 어른신네가 젊었을 때 흥덕 소요산에 가서 글을 읽다가 어느날 만장봉이 목구멍으로 들어오는 꿈을 꾸고 아들을 낳았는데 그가 곧 전봉준이라는군.》

《어쨌든 범상한 사람은 아니야. 그렇기에 〈척왜척양〉, 〈보국안민〉을 하겠다고 나서지?》

전봉준이 백산으로 자리를 옮기자 제일 먼저 무장에서 손화중의 령을 받아 천여 명이 달려오고, 다음에는 고창에서 칠백 명이 오고, 그 뒤로 또 흥덕, 김제, 김구 등지에서 사람들이 모여들었는데 그 가운데는 도인들도 있었으나 도인 아닌 사람들이 더 많았다.

병장기 마련들이 있을 리 없어 손에 가진 연장은 대개가 죽창들이요, 복색들은 입은 옷 그대로의 흰 고의적삼이다. 복색들도 초라하고 연장들도 죽창뿐이였으나 나라를 바로 잡아보겠다는 일념으로 떨쳐나선 사람들이라 기세가 아주 높았다. 더우기 총포대원, 창검대원들에게서 노래들을 배워 그 많은 사람들이 노래들을 부를 때는 백산이 곧 떠나갈 것만 같았다.

서면 백산이요 앉으면 죽산이라는 말이 생긴 것도 이때의 일이다. 흰 고의적삼들을

입은 수천명 사람들이 **빽빽**하게 모여섰으니 산이 온통 하얗게 보여 백산이라는 것이
요, 저마다 죽창을 세워들고 앉으면 온 산이 대나무숲 같아 죽산이라는 것이다.[7]

이 장면에서 전봉준이 본격적으로 소개되고 있다. 전봉준은 백산으로
농민군의 진을 옮기고 호남창의소의 본부를 두고자 했다. 『갑오농민전쟁』
에서 전봉준은 체소가 작지만 소요산 만장봉 높은 봉우리가 목구멍으로 들
어오는 태몽을 가진 범상하지 않은 인물로 그려진다. 그런 전봉준이 백산
에 주목했던 것이다. 그가 주체적으로 민의를 실천하는 호남창의소를 백
산으로 옮기고 그 뒤를 이어 많은 농민군이 백산으로 모여들고 있다. 농민
군 백산대회의 역사적 존재에 대해 의문이 제기되기도 했지만, 19세기 부
안 유생 기행현(奇幸鉉)의 일기 『홍재일기(鴻齋日記)』가 발굴됨으로써 백산대
회의 실체는 확인되었다.[8] 이와 같은 백산대회의 장면이 필력 좋은 박태원
의 소설에서 형상화되고 있다. 여기서 동리 야산이던 백산은 새로운 세상
을 가는 길목이 되어 백성의 눈길이 쏠리는 장소 즉 '서면 백산이요 앉으면
죽산'으로 그려진다.

『갑오농민전쟁』에서는 이처럼 농민군의 드높은 기개가 부각 되고 있지만
더불어 당시 조선 왕실의 무지함도 부각 되고 있다. 동학을 소재로 취한
다른 소설들보다 박태원은 조선 왕실을 부정적으로 그린다. 이는 사회주
의 북한 체제에 속해 있는 문인 박태원의 위치를 상기시킨다. 또한 『갑오
농민전쟁』에서는 동학 사상과 관계한 서사도 찾기 힘들다. 이것 역시 사상
이나 종교 등을 부정하는 사회주의 체제의 영향에서 작가가 벗어나기 힘든
이유일 것이다.

---

7 박태원, 『갑오농민전쟁』 제2부, 평양 문예출판사, 1980년, 287–289쪽.
8 김철배, 「전라도 부안사족 기행현의 홍재일기와 19세기 후반기 부안의 경제사정」, 『전북하학』
46, 전북사학회, 2015.

북한 평양출판사에서 발간된 박태원의『갑오농민전쟁』1-3권은 이후
『갑오농민전쟁』의 전사인『계명산천은 밝아 오느냐』1-2권(1965-1966)과
함께 1993년 한국 깊은샘에서『갑오농민전쟁』이라는 제목으로 총7권 전
집이 발간되었다. 정치체제가 다른 북한과 한국은 동일 민족이지만 민족
이 겪은 과거 역사를 이해하고 공감하는 부분에서는 많은 차이를 보인다.
그럼에도 불구하고 동학에 대한 부분에서 보이는 인정과 공감은 남북이 일
치한다. 북한 역시 동학농민혁명을 '전라도 지방 농민봉기가 도화선이 된
갑오농민전쟁은 당시 첨예화된 계급적 및 민족적 모순의 필연적 산물이며
거대한 역사적 사건'으로 평가하고 있다.[9] 이로써 박태원의『갑오농민전쟁』
은 남북이 하나 되어 공감하고 자부심 가진 역사적 사건인 동학을 성공적
으로 형상화한 작품이 되고 있는 것이다. 결국 박태원의『갑오농민전쟁』을
통해 동학농민혁명은 누구도 부정할 수 없는 민족의 역사적 대사건으로 자
리매김하고 있음을 파악할 수 있다.

4-2.『녹두장군』의 대서사에 등장하는 민중 주체의 힘

송기숙(1935-)은 문학을 통해 동학과 의병 운동에서 발휘된 농민의 힘과
올곧은 의식을 계승하고 발현하고자 한 작가이다.[10] 송기숙의『녹두장군』
은 동학농민혁명의 주체로 민중을 서사 중심에 위치시킨 작품이다.[11] 이
작품에서 전봉준은 잠재된 민중의 역량을 인정하고 발현시키는 인물로 그
려진다. 이러한 서사에서 백산은 중요한 역할을 하는 장소로 부각된다.

백산은 허허벌판 넓은 징게맹게 들판 한가운데 어쩌다가 하나 솟은 조그마한 회오리

---

9 「머리말」, 박태원·권영희,『갑오농민전쟁』제3부, 평양 문예출판사, 1986.

10 김윤식·정호웅,『한국소설사』, 문학동네, 2005, 426쪽.

11 우수영「송기숙『녹두장군』의 민중 역량 조직화 양상 고찰」,『동학학보』30, 동학학회, 2014,
363쪽.

봉으로 높이 2백자(57m)가 못 되는 낮은 산이었다. 그 북쪽으로 동진강이 흐르고 불과 2,3마장 거리에 화호나루가 있었다. 흥덕 쪽에서 올라오는 대도는 바로 이 백산 아래를 지나 화호나루로 이어졌다. 산간지대라면 산이랄 수도 없었으나, 허허벌판에 이 산 하나가 묘하게 우뚝 솟아노니 꼭 마당에다 바가지 엎어논 꼴로 우뚝해서 이 근방 사람들은 모두가 백산, 백산, 산 대접이 융숭했다. 북쪽에는 백룡사라는 조그마한 절까지 하나 있어 두루 산 구색을 갖추고 있었다. 사실, 이 산꼭대기에 올라서면 사방으로 무려 열 개에 가까운 고을이 보이니 백산, 백산 할 만도 했다. 정읍·금구·김제·만경·함열·임피·부안·흥덕·고부 등이었다. 전후 좌우로 빙 둘러서 이렇게 여러 고을이 손에 잡힐 듯이 가깝게 보였다. 이런 산은 우리 나라에서 이 백산밖에 없을 거라고 이 근방 사람들은 이 백산 자랑이 시퍼랬다.

다음날 아침, 백산으로 이진한다는 영이 떨어졌다.[12]

『녹두장군』에서 백산은 눈앞에 그리듯이 재현되고 있다. 넓은 평지에 바가지 엎어논 것 같은 낮은 야산이지만 주변을 내려다보는 지형으로 백산이 그려지고 있다. 이 작품에서 송기숙은 일해 서장옥을 신비의 인물로 그린다. 서장옥이 백산에 자리 잡은 전봉준을 찾아와서는 백산을 찾아낸 전봉준을 칭찬한다. 그는 백산이 드디어 제대로 된 임자를 만났다 한다. 서장옥은 전봉준에게 백산 위에 불을 피우라 한다. 백산의 불빛이 조선 만백성의 앞날을 밝힐 것이라 하고는 사라진다. 전봉준은 백산 꼭대기에 봉화대를 설치하고는 불을 피운다. 이러한 서사는 백산에서 시작된 농민군의 불길이 혁명의 전도를 밝게 비출 것이라는 의미를 부여한다.

농민군이 백산에 집결하자, 백산 농민군대회가 열린다. 그곳에서 두령들이 의논하여 전봉준을 농민군 총대장으로 추대하였다.

전봉준은 두루마리를 들고 단으로 올라갔다.

---

12 송기숙, 『녹두장군』6권, 창작과비평사, 253쪽.

"여러분, 너무도 반갑고 감격스럽습니다. 우리는 드디어 일어섰습니다. 기울어져가는 나라를 바로잡아 도탄에서 허덕이는 만백성을 구하고, 흉포한 외적을 물리쳐 나라를 건지기 위해서 우리는 이렇게 창과 총을 들고 일어섰습니다."

전봉준의 말소리는 카랑카랑했다. 군중들은 물을 뿌린 듯 조용히 듣고 있었다. 전봉준은 국내의 정세를 간단하게 말한 다음 말을 이었다.

"이 전쟁은 우리 두령들을 포함한 농민군 한 사람 한 사람이 얼마나 단단하게 뭉치느냐, 이것이 바로 승패를 가리는 가장 중요한 열쇠입니다. 요사이 이야기를 들어보면 마치 우리 두령들이 전쟁을 다할 것같이 세상이 떠들썩합니다. 그러나 우리 두령들도 여러분과 똑같이 농민군 가운데 한 사람들일 뿐이고 다만 앞장을 섰을 뿐입니다. 요사이 나에 대해서 세상에 나돌고 있는 소문을 나도 대충 듣고 있습니다.[13]

당시 백산대회의 구체적 행사 기록은 찾기 힘들다. 작가는 백산 농민군대회를 하늘을 찌르는 함성 소리와 풍물 소리 가득한 축제의 장으로 그리고 있다. 여기서 총대장으로 추대된 전봉준은 자신이 도력을 가진 신비의 인물이 아니고 농민군을 대표하는 영웅도 아님을 역설한다. 그는 자신도 농민군처럼 농사 짓고 아이들을 가르치던 평범한 마을사람 중 한 사람임을 선언한다. 나아가 그는 이 상황이 한 사람 한 사람이 뭉쳐서 싸우는 전쟁임을 농민군에게 각인시키고 있다. 영웅 한 사람이 지금의 세상을 뒤엎고 새로운 세상을 만드는 것이 아니라 한 사람 한 사람의 힘이 합쳐져 새로운 세상으로 나아가야 함을 말하고 있는 것이다.

『녹두장군』에서 인물 전봉준은 다양한 사건을 통해 자신은 농민군의 영웅이 아님을 해명한다. 이 작품에서 전봉준이 전면에 부각되는 서사가 진행되고 있지만, 전봉준은 자신을 농민군의 한 사람으로 인식하고 행동하는 인물이다. 그는 농민군 한 사람 한 사람의 힘이 모여야 혁명이 성공한다 생각하며, 백산 농민군대회를 통해 평범한 농민군 한 사람 한 사람의

---

13 송기숙, 『녹두장군』8권, 창작과비평사, 286쪽.

뭉쳐진 힘을 강조하는 농민군의 한 사람이다. 이러한 전봉준의 선언은 농민군의 불길이 타오르는 백산에서 행해지고 있다.

4-3. 『금강』을 통해 이야기되는 엄청난 역사

신동엽의 서사시 〈금강〉(1976)은 총 26장과 앞 2편, 뒤 2편의 시로 구성된 작품이다. 이 〈금강〉은 요절한 시인 신동엽이 많은 시간을 들여 생산한 작품이며 민족의 역사를 이야기로 풀어놓은 장편 서사시이다.

> 내가 지금부터 이야기하려는
> 그 가슴 두근거리는 큰 역사를
> 몸으로 겪은 사람들이 그땐
> 그 오포 부는 하늘 아래 더러 살고 있었단다.
>
> 앞마을 뒷동산 해만 뜨면
> 철없는 강아지처럼 뛰어다니는 기억 속에
> 그래서 그분들은 이따금
> 이야기의 씨를 심어주고 싶었던 것이리.[14]

이렇게 시인은 1960년, 1919년, 1894년 등의 시기에 겪었던 반도 농민의 수많은 이야기를 시작하고 있다. 이는 평범한 이야기 형식을 취하면서도 동학농민혁명의 역사를 바로 엊그제 또는 오늘의 일로 느끼는 시인의 정서가 전달되는 작품의 서두 부분이다.

> 고부성에는
> 崔慶善 인솔하는 팔백 명 남겨 두고
> 농민군 주력부대는
> 白山을 향해 진격했다,

---

14 신동엽, 『신동엽 전집』10, 창작과비평사, 1985, 122쪽.

서울 갈 稅米
수십만 석이
쌓여 있는 浦口,

농민군이 이르기 전
白山에서는 백 여명의 官兵들이
환영깃발 들고 십리 밖까지 나와
농민군을 영접했다,
꽃다발 쏟아지는
무혈入城

바닷가에 진을 치고
作戰計劃,
부대편성,
인원 점호했다,
전녹두, 김개남, 손화중, 김남지,
신하늬, 그리고
일만삼천 명,

용서……,
이 뒤,
全州城 입성까지의
상세한 영웅적인 전투 이야긴
다 기록할 수도 없지만
생략하는게 좋을 것 같다

다만,
며칠 뒤, 오늘 甲午東學革命記念塔 서 있는
황토현, 잔솔밭 언덕에서,
大砲 2문까지 끌고 온 全州官軍 3천명이
농민군의 대창과 쇠스랑에 전멸되고, 더러는 투항하고
칠팔십명만 살아 돌아갔다는 이야기,

서울에서 보낸 洪啓薰 휘하의 王兵 2천명이

대포 8문 끌고 군산항 상륙하여 뒤쫓아 왔지만
농민군의 의기와 전략에 지리멸렬
재티처럼 흩날렸다는 이야기,

전라땅 곳곳에 농민들, 말단관리들이 벌떼같이
일어나 관아를 점령하고 농민군 主力部隊에
합세하여 와, 한 달 후 全州城에 무혈입성할 때엔
농민군의 총수 12만 명이 되더라는 이야기,

그리고, 여기
처참한 黃土峴 싸움이 끝난 다음날
동학군이 각 고을에 내붙인
선언문 한 토막만 부기한다,

『官兵과의 접전에서 허다한 인명이
손상됨은 심히 유감된 일이다,

우리는 조금도 나라와 인명을 해코자 함이 아니노라,
나라와 인민을 가난과 시달림에서 구출하고
이 강토에 만민의 평등과 생존의 권리를
실현시키고자 함이 그 목적이리라,
안으로는 탐학하는 관리들을 베고 나라 밖으로는
횡포한 強敵의 무리를 쫓고자 함이니
官軍일지라고 兵卒은 물론이요 지휘관에 이르기까지
우리 義旗 아래 귀순하는 자에게는
조금도 해가 없을 것인즉,
안심하고 우리 百姓의 義擧에 동심 협력하라
東學農民革命軍 본부』[15]

고부에서부터 백산으로 진격하는 농민군 행렬, 길에 쌓여 있는 수십만
석의 세미, 환영 깃발을 들고 십 리 밖까지 나온 백산의 관군, 이어 전주

---

15 신동엽, 『신동엽 전집』10, 창작과비평사, 1985, 214-217쪽.

성의 무혈 입성, 그리고 황토현 전투의 이야기가 등장하고 있다. 이야기 속에서 당시 상황들이 풍경처럼 그려진다. 이들은 긴 역사 흐름에 있는 우리의 엄청난 이야기들이다. 이 장면에서는 부각된 백산이 이야기 되고 있다. 부안 백산은 동학군이 새로운 정비를 했고 혁명군으로서 그 위상을 갖춘 곳이다. 윤석산은 말목장터에서 백산으로 이동하게 된 동기를 우선 말목장터 인근은 민가가 많음으로 이곳에서 전투를 벌이면 발생할 민가의 막심한 피해에서 찾았다. 즉 농민군은 민가를 보호하기 위하여 백산으로 지휘소를 옮긴 것이라는 것이다. 그는 백산이라는 지형 요소가 관군과의 전투에서 유리하기 때문이기도 하지만 전투적 요인 이외 민가의 피해를 염두에 둔 동학군의 행보에서 동학 정신을 본 것이다.[16]

시인이 보여준 민중에 대한 연대감은 형성되었으나 세계 변혁 주체로 나아가는 전망 제시에서는 부족했다는 것이 신동엽 시세계의 한계로 지적되기도 한다.[17] 그러나 동학농민혁명을 3·1운동, 4·19혁명을 거쳐 오늘날에 이어지는 현재적 사건으로 파악하고 민중의 구체적 과제를 민족자주·민족해방으로 파악했다는 사실만으로 신동엽의 선진성을 파악할 수 있다.[18] 나아가 신동엽은 고부, 백산, 전주에서 펼쳐졌던 동학농민혁명의 이야기를 통해, 동학군이 보인 동학 정신과 혁명성을 내재한 엄청난 우리의 역사를 생생하게 전달하고 있다.

4-4. 『새야 새야 파랑새야』를 통해 울려 나가는 동학의 현재성

차범석(1924~2006)은 전남 목포 출생의 연극 연출가이며 극작가이다. 그는 대중예술과 고급예술을 경계 짓는 것을 우려한 작가이다. 「새야 새야

16 윤석산, 「동학의 정신과 부안」, 부안문화원 편, 『동학농민혁명과 부안』, 부안문화원, 2011, 44쪽.
17 신승엽, 「〈정신주의〉로부터 현실주의로」, 신동엽, 『껍데기는 가라』, 미래사, 1991, 154쪽
18 백낙청, 「서사시 『금강』을 새로 내며」, 신동엽, 『금강』, 창작과비평사, 1997, 251쪽.

파랑새야」는 작가 차범석이 연극의 대중화를 염두에 두고 창작하여 지방 순회공연을 한 희곡(1974)이다.

아래 장면은 오세정에게 위해를 가한 기천석이 사형을 구형 받는 「새야 새야 파랑새야」의 마지막 장면이다.

> 그는 마치 최면술에 걸린 사람처럼 서서히 읊조린다.
>
> **천석** 듣거라, 나는 죽지 아니한다. 나는 살아 있다. 너희가 살아 있는 곳에 나도 함께 살아 있겠다. 그러니 너희들은 어디건 가서 살아야 해. 그래서 한울님을 받들고 퍼지게 해라. 인내천 양천주라 했지. 너희들이 살아 있는 곳에 백성들도 천리를 깨닫게 될터이니 어서 떠나거라.
>
> 이때 환상적인 조명이 용태를 비춰 준다.
>
> **용태** (울음을 터뜨리며) 아버지!
> **천석** (태연하게 용태야. 울기는, 바보 녀석 같으니……. 나는 죽지 않는다고 했잖느냐? 수심하여충효로 본을 삼아 보국안민하기 위해 잠시 사라질 뿐이다. 맑은 물이 흐르듯 인정도 마르지 않은 세상이 바로 개벽이라고 말씀하신 녹두장군의 말을 내가 이루지 못하였을 뿐 네가 있 으니 슬프지 않다.
> **용태** 그렇지만 이미 우리에게는 나갈 길이 없습니다. 개울물에 빠져 흐를 수 있는 구멍 하나 없이 사방이 꽉 막혔습니다.
> **천석** 막힌 게 아니라 닫혔을 뿐이다! 닫혀진 문은 언젠가는 열린다!
> **용태** 밖에서 잠긴 문이 언제 어떻게 열립니까?
> **천석** 반드시 열린다!
> **용태** 무엇으로 연다는 말씀입니까?
> **천석** 믿음이다!
> **용태** 예?
> **천석** 믿음이 있으면 열리는 날이 온다. 나를 믿고, 자신을 아끼고, 남의 힘을 끌어들이는 간상배 가 없어지게 되면 반드시 문은 열린다!
> **용태** 언제입니까? 아버지 그게 언제인가 말입니다!
> **천석** 우리들의 노래가 살아 있는 동안은 반드시 열린다. 내가 못다 부른 노래는 네가 부를 것이며, 네가 미쳐 못다 부른 노래는 네 자식이 부를 테지. 강줄기가

흐르듯이 노래가 불리우는 한 그날은 온다. 우리는 모두 살아가는 거야. 아니, 모두 한 번은 죽어서 파랑새 되어 모두 노래하며 살아가는 거야. 용태야. 안 들리냐? 저 노랫소리가……. 저 소리가 살아 있는 한동학은 살아 있을 게다. 개벽은 올 것이다.

용태 아버지!

얼마 전부터 은은히 들려오던 주제가 차츰 울려 퍼진다.

새야 새야 파랑새야
녹두밭에 앉지 마라
녹두꽃이 떨어지며
청포장수 울고 간다.[19]

이 작품에서 기천석은 동학농민운동에 참여했고 전봉준의 '한울님을 받들고 퍼지게 하라'는 전봉준의 유언대로 살아가고자 한 인물이다. 오세정은 전봉준의 유언을 같은 자리에서 기천석과 함께 들은 인물이지만 시류에 합류하는 인물이다. 동학농민혁명, 한일합방, 독립운동이라는 역사적 격랑을 겪으면서 이들 두 인물은 각자 다른 길을 걷게 된다.

작가 차범석은 녹두장군의 죽음에서 작품을 시작하여 고독하고 박해받는 현재의 의인(義人)의 죽음으로 작품을 마무리하고 있다. 이로써 전봉준과 기천석이 겹쳐지면서 과거와 현재가 이어진다. 작가는 처음과 끝에 등장하는 두 인물의 삶의 여정을 통해 동학농민혁명이 여전히 영향력 있는 진행 중인 현재적 사건임을 드러내고 있다.

어느 시대나 선구자는 고독하고 박해받기 마련이지만 그 잊혀지는 인간의 역사가 축소판으로 씌어진 게 희곡 〈새야 새야 파랑새야〉였다.
이 작품은 1974년 11월 7일 명동에 있던 예술극장에서 공연된 데 이어, 전주, 군산, 정읍, 이리(지금 익산)에서 순회공연을 마쳤다. 관객들의 호응은 기대 이상이었

---

19 차범석, 『새야새야 파랑새야』, 범우사, 2005, 106-110쪽.

고 우리의 자부심도 그만큼 영글었다. (중략—인용자)

문화의 세계화가 지상명령으로 떠오르고 너도 나도 외국으로 나가야만 세계화가 이루어지고 있는 양 착각하는 사람들 앞에서 나는 늘 이렇게 역설한다.

세계화란 바깥세상으로 나가기 전에 자신의 뿌리를 되돌아보고 손질하고 그래서 확실하게 뿌리가 내리게 하는 데 있다. 겉으로만 아름답게 보이는 꽃이나 열매에 혹하기 이전에 그 뿌리가 어딘지부터 타진하는 길이 곧 세계화의 기본일진데 창작극을 살리자는 나의 주장은 지금도 유효하다고 우기는 편에 서 있다.

〈새야 새야 파랑새야〉는 그런 의미에서도 나의 연극운동 정신의 시발점에서 써졌던 작품으로 기억하고 싶다.[20]

차범석은 〈새야 새야 파랑새야〉를 우리 민족의 뿌리를 되돌아보는 세계화의 기본의 출발로 쓴 작품이라 고백한다. 그에게 동학농민혁명이란 과거에 묻히지 않고 현재 진행형이며 그 진행형에서 우리의 뿌리를 확인하고 손질하여 현재의 정체성을 더욱 굳건하게 하는 사건인 것이다. 이같은 차범석 희곡 〈새야 새야 파랑새야〉는 작가의 연극운동 정신이 뿌리내린 작품이며 동학의 현재성을 부각하는 작품이라 평가할 수 있다. 결국 이 작품은 동학 콘텐츠로서 한국인이 이해하고 향유할 만한 가치를 지닌 주목되는 한국문학의 수작이다.

이상으로 동학농민혁명과 관련된 부안 백산 공간 콘텐츠에 기여할 한국문학을 소설, 시, 희곡 영역에서 대표적으로 살펴 보았다. 현재 문학 콘텐츠를 공간 콘텐츠로 전환하는 논의는 거의 전무한 상황이다. 무엇보다 지역 콘텐츠와 한국문학 콘텐츠의 연계성을 살펴 현실화하는 방법을 도출하는 것이 필요하다. 이는 작품이 전시되고 공연될 수 있는 공간과 연계되어야 한다. 또한 이러한 문학 콘텐츠를 통해 지속적이고 생명력 있는 공간 콘텐츠가 탄생될 것이다.

---

20 차범석, 위의 책, 175쪽.

5. 결론을 대신하여
-동학농민혁명의 부안 백산 공간 콘텐츠에 기여하는 한국문학 콘텐츠

아래는 부안 백산의 현황을 파악하기 위한 위성 사진 및 지도이다.

부안 백산의 위성 사진　　　　　　　　　　전라북도 내 부안 위치

　동학농민혁명 종합지식정보시스템에 의하면, 2021년 11월 현재 전북 부안 백산에 소재한 동학농민혁명 관련 기념물 및 동학농민혁명 유적지는 ①김기병 행적비, ②동학농민혁명 산창의비, ③백산성, ④부안 관아 터, ⑤부안 도소(都所), ⑥성황산(城隍山) 등이다.

① 동학농민혁명군 대장 우재김기병 행적비
전북 부안군 상서면 감교리 산 116-1

② 동학혁명 백산창의비
전북 부안군 백산면 용계리 산8-1

③ 백산성
전북 부안군 백산면 용계리 산 8-1

④ 부안 관아 터(현 부안중앙교회)
전북 부안군 부안읍 서외리 239-2번지

⑤ 부안 도소(都所)
전라북도 부안군 행안면 역리 283

⑥ 성황산(城隍山)
전북 부안군 부안읍 동중리 산 4-1번지

    2021년 11월 현재 전북 부안군이 추진하고 있는 '부안 백산 성지 조성 및 세계시민혁명의 전당 기본계획'에 의하면 그 사업의 공간적 대상 범위는 부안군 일원이다. 그 핵심 구역은 부안군 백산면 용계리 산 14-1 백산 일원이며 그 확대 구역은 부안군 동학농민혁명 유적지, 인근[정읍시·고창군·김제시·전주시·완주군 등] 동학농민혁명 유적지이다. 그리고 사업의 기본 구상은 백산대회의 성격과 위상 및 지역 여건에 부합하는 역사공원과 문학관 등 건립 방향과 목적, 역할·기능·타당성 등 기본방향을 제시하는 것이다. 그중 역사공원에 초점을 두고 역사공원 내 공간을 용도 및 기능별로 영역화할 필요가 있다.

    기존 부안 동학농민혁명 유적지들과 더불어 위치할, 부안 백산 역사공

원을 구성하게 될 하위 영역의 공간은 다음과 같이 제안될 수 있다. 그 제
안 공간은 용도와 기능에 의한 체계적인 위계를 갖추어 조성되어야 할 것이
다. 그 공간은 6종류로 크게 구분될 수 있다. 이들 각 공간이 지역민과 관
광객을 중심으로 이원화된 동선 및 관리체제에 맞추어 운영된다면 더욱 효
과적인 용도와 기능을 기대할 수 있는 부안 백산의 역사공원이 될 것이다.

〈표 2〉 부안 백산 역사공원을 구성하는 하위 영역

분 류	용 도	기 능
교육 공간	동학 관련 자료를 이해하고 활용할 수 있다.	지역주민 대상 교육
		관광 방문객 대상 교육
전시 공간	동학 관련 자료들을 관람할 수 있다.	부안 백산 지역 자료 전시
		일반 동학 관련 자료 전시
공연 공간	동학 관련 공연을 감상할 수 있다.	문학 콘텐츠로 구성된 공연
		테마 이벤트 공연
체험 공간	동학 관련 유적 및 문학 창작을 체험할 수 있다.	유적지 체험
		동학 문학 창작 체험
소통 공간	부안 백산 역사공원 방문객이 휴식하고 소통할 수 있다. 각 공간을 매개하는 중앙에 위치한다.	야외 자연물과 더불어 휴식
		방문객을 상호 연계하는 소통
디지털 플랫폼	비대면 플랫폼 공간에 접속하여 원하는 동학 관련 정보를 제공 받거나 상호 소통할 수 있다.	자료 탐색 및 공유
		비대면 소통

〈도표 5〉 부안 백산 역사공원을 구성하는 하위 영역의 배치 관계

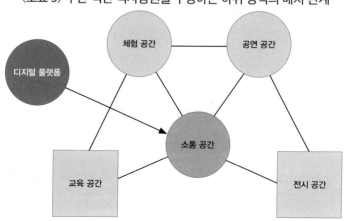

　위에서 제시된 하위 영역들이 부안 백산 역사공원 내 조성된다면 부안 백산 지역주민, 관광 방문객들 그리고 백산 디지털 플랫폼 방문자들이 한국 동학의 정신과 실천 과정을 이해하고 체험하고 소통할 수 있는 공간이 마련될 것이다. 특히 체험 공간에서 이루어지는 한국 동학 문학의 창작 체험(일반인 또는 전문 작가 대상)은 부족한 한국 동학 문학 콘텐츠를 생산 발굴하는 효과도 기대해 볼 수 있는 작업이 될 것이다.

참고 문헌

기본 자료
박태원, 『갑오농민전쟁』 제1부, 평양 문예출판사, 1977년.
박태원, 『갑오농민전쟁』 제2부, 평양 문예출판사, 1980년.
박태원·권영희, 『갑오농민전쟁』 제3부, 평양 문예출판사, 1986년.
송기숙, 『녹두장군』 1–12권, 창작과비평사, 1989–1994.
신동엽, 『금강』, 창작과비평사, 1997.
차범석, 『새야새야 파랑새야』, 범우사, 2005.

논문
곽수정, 「유휴(遊休)공간의 문화공간화를 위한 콘텐츠 연구」, 국민대 박사학위 논문, 2007.
권지혁 외, 「인문콘텐츠분야 연구사의 경향성 분석」, 『인문콘텐츠』 51, 인문콘텐츠학회, 2018.
김미영, 「장소성 형성을 위한 장소체험과 이미지 구현 연구―재생된 도시공원 사례를 중심으로」, 『Journal of the Iorean Society of Design Culture』 20–2, 한국디자인문화학회, 2014.
김승우, 「조선후기 부안·고창 지역 '서호(西湖)'유람의 문학적 형상화」, 『한국시가연구』 49, 2020.
김지훈, 「커뮤니티활성화를위한 고가하부 활용 공간 콘텐츠에 관한 연구」, 『한국공간디자인학회논문집』 10–5, 한국공간디자인학회, 2015.
김철배, 「『홍재일기』로 본 19세기말 부안의 사회상과 동학농민혁명」, 『부안의 동학사상과 동학농민혁명』, 동학농민혁명백산봉기기념사업회, 2016.

김철배, 「전라도 부안사족 기행현의 홍재일기와 19세기 후반기 부안의 경제사정」, 『전북사학』 46, 전북사학회, 2015.

문재원, 「한국문학연구에서 로컬리티 연구 성과와 과제」, 『우리말글』 76, 우리말글학회, 2018.

박준성, 「백산대회의 존재와 의의」, 부안문화원 편, 『동학농민혁명과 부안』, 부안문화원, 2011.

성주현, 「동학농민혁명운동 이후 고창지역 동학농민군의 동향」, 『숭실사학』 30, 숭실사학회, 2013.

성주현, 「동학농민혁명과 백산의 의의」, 부안문화원 편, 『동학농민혁명과 부안』, 부안문화원, 2011.

신광철, 「동학 콘텐츠의 현황과 전망」, 『신종교연구』 39, 한국신종교학회, 2018.

신진희, 「동학농민혁명 지역별 사례 연구의 성과와 전망」, 『역사연구』 27, 역사학연구소, 2014.

원도연, 「동학농민혁명 기념사업의 사회성과 기념공간 연구」, 『지방사와 지방문화』 10, 역사문화학회, 2007.

우수영, 「한국 현대 동학소설 연구」, 경북대 박사학위 논문, 2019.

우수영, 「수운 최제우의 콘텐츠 활용에 대한 시론 – 대구 지역을 중심으로」, 『동학학보』 56, 동학학회, 2020.

우수영, 「서울 천도교 중앙대교당의 건축 형태적 의미」, 『동학학보』 59, 동학학회, 2021.

윤석산, 「해월 최시형의 호남 포덕과 부안의 동학」, 『한국종교』 41, 원광대 종교문제연구소, 2017.

이병규, 「동학농민혁명 기념사업의 역사적 전개와 과제」, 『역사연구』 28, 역사학연구소, 2015.

이선아, 「19세기 부안 유생 기행현의 『홍재일기』와 동학농민혁명의 실상」, 『동학학보』 50, 동학학회, 2019.

이영주 외, 「지역 문화공간 설립을 위한 문화공간 콘텐츠 연구」, 『한국공간디자인학회논문집』 24-1(통권55), 2019.

이진욱 외, 「동학농민혁명 기념공원 설계공모에 나타난 메모리얼 설계 경향」, 『한국조경학회학회지』 45-3, 한국조경학회, 2017.

장성재, 「동학사상 문화콘텐츠 기획」, 『동학학보』 49, 동학학회, 2018.

조성운, 「부안지역의 동학농민운동과 백산대회」, 『역사와실학』 61, 역사실학회, 2016.

채길순, 「동학혁명의 소설화 과정 연구」, 청주대 박사학위 논문 1999.

최진욱, 「도시재생적 관점의 유휴공간 재생을 통한 지역 활성화 방안 연구」, 한양대 박사학위 논문, 2016.

홍성덕, 「고창 동학농민혁명의 문화콘텐츠와 문화산업화 방안」, 『동학학보』 50, 동학학회, 2019.

단행본

김영순 외, 『지역문화 콘텐츠와 스토리텔링』, 북코리아, 2011.
김영순 외, 『문화산업과 문화콘텐츠』, 북코리아, 2014.
김창수, 『테마파크의 이해』, 대왕사, 2007.
신응철, 『철학으로 보는 문학』, 살림, 2005.
윤석산, 『동학사상과 한국문학』, 한양대 출판부, 1999.
이영구 외, 『문화콘텐츠 기획론』, 한국외국어대 출판부, 2013.
태지호, 『공간형 콘텐츠』, 커뮤니케이션북스, 2014.
채지영, 『문화콘텐츠 활용 사례 연구』, 한국문화관광연구원, 2013.
최연구, 『문화콘텐츠란 무엇인가』, 살림, 2016.
홍순석, 『한국문화와 콘텐츠』, 한국문화사, 2016.
Charles Landry, The Creative City, Second edition first published by Earthscan in
     the UK and USA in 2008.

지역 자료

부안문화원 편, 『동학농민혁명과 부안』, 부안문화원, 2011.
부안문화원, 『부안군지 1권-부안의 역사』, 부안문화원, 2015.
부안문화원, 『부안군지 2권-부안 사람들의 삶』, 부안문화원, 2015.
부안문화원, 『부안군지 3권-부안 사회 현황』, 부안문화원, 2015.
부안문화원, 『부안군지 4권-부안의 자랑』, 부안문화원, 2015.
전라북도 동학농민혁명기념관, 『동학농민혁명과 전북』, 신아출판, 2006.
박대길, 『부안의 동학과 동학농민혁명-녹두꽃은 지지 않는다』, 부안군, 2019.

자료 출처 사이트

부안군청 문화관광과
https://www.buan.go.kr/tour/index.buan?menuCd=DOM_000003005005000000
부안 독립신문 기획 연재 http://www.ibuan.com/news/articleView.html?idxno=27769
전북 정읍 동학농민혁명관
https://map.naver.com/v5/entry/place/13118636?c=14118657.9970429,4249906.43102
     90,15,0,0,0,dh&placePath=%2Fphoto%3F
https://terms.naver.com/entry.naver?docId=1282401&cid=40942&categoryId=38813
동학농민혁명 종합지식정보시스템
http://www.e-donghak.or.kr/dirFrameSet.jsp?item=prh

동학농민혁명의 음악 양상과 문화콘텐츠로서의 잠재성

김정희(작곡가, 한국음악학박사, 한국예술종합학교 전통예술원 강사)

동학농민혁명의 음악 양상과
문화콘텐츠로서의 잠재성

1. 들어가며

동학은 1860년에 창도되었으며, 동학농민혁명(이하 '동학혁명')은 1894년에 발발하였다. 동학 창도 이후 최제우는 주문, 검가, 용담유사 가사 8편 등의 시가(詩歌)를 지었으며, 그 안에 동학의 교리를 비롯하여 득도의 기쁨과 포교의 내용, 그리고 당시의 혼란한 정세와 외세에 대한 비판 등 시대정신을 담았다. 이러한 내용은 그대로 동학혁명의 철학적 기반이 되었으며, 교인들은 이를 암송함으로써 교인으로서의 자세와 도리를 유지하고 용기와 희망을 일으킬 수 있었다.

동학 창도 후 교도들이 부르던 주문과 노래, 가사 등은 동학혁명 때 동학군에 의해 계승되어 불리었을 것이며, 새로운 노래들도 만들어졌을 것이다. 그뿐 아니라 동학군은 혁명 당시 취타나 풍물 등 기악의 양식도 적극적으로 활용했다는 기록이 여기저기에 보인다. 이처럼 동학농민혁명과 관련된 당시의 음악(이하 '동학음악')은 어떤 형태로든 이후에도 전승되고 퍼졌을 것이다.

그러나 현재 한국음악학계가 보유한 음원 자료 중 그 흔적을 추적할 수 있는 것은 극히 소수이며, 동학혁명에서 음악이 어떤 양상으로 전개되었으며, 어떤 역할을 하였는지에 대해서는 기록에 의지할 수밖에 없는 실정이다. 그러한 이유로 동학음악에 대한 연구는 주로 주문, 검가, 용담유사 등 『동경대전』에 수록된 내용과 천도교 내의 '천덕송'을 중심으로 전개되거나,[1] 문헌상의 기록을 토대로 논의되어왔다.[2]

그런데 천덕송은 대부분 동학혁명이 끝나고, 의암 손병희에 의해 동학이 '천도교'로 천명된 이후에 만들어진 노래들이다. 그러므로 이 노래들이 동학의 교리와 철학을 담고 있다 할지라도 이를 곧바로 '동학음악'이라 하기는 어렵다. 따라서 본고에서는 '동학음악'의 범위를 동학 창도 이후 천도교 공표 이전까지의 기간(1860-1905년)에 외세의 영향을 받지 않은 전통음악어법을 바탕으로 만들어진 것으로 추정되는 동학 관련 음악으로 한정하고자 하며, 이를 첫째 연구범위에 포함시키고자 한다.

둘째로는 토속민요 내에서 동학과의 연관성을 드러내는 노래들을 범위로 할 것이다. 토속민요는 집단 창작과 전승으로 오랜 세월 각 지역 주민에 의해 구전되어왔으며, 지역을 중심으로 공유되는 속성으로 인해 외부음악의 영향에서 비교적 벗어나 있는 자연 발생적인 노래이다. 따라서 토속민요에서 관찰되는 동학 관련 노래들은 그 연원을 동학혁명 당시까지로 추정하는 데 큰 무리가 없을 것으로 생각된다.

동학음악의 양상과 역할에 대해서는 문헌 기록에 의지할 수밖에 없으나, 소수라 할지라도 민요에는 희미하게나마 그 흔적들이 남아있다. 이러한 음악의 실체에 대해 살펴보고, 그것이 오늘날 어떤 의미를 가지며, 어떻게 새로운 생명을 부여받을 수 있을지에 대해 모색해보는 것 또한 중요한 일이다.

1 김광순, 「東學音樂의 歷史的 變遷에 관한 研究」, 부산: 동아대학교 교육대학원 석사학위논문, 1993; 최민국, 「東學音樂과 龍譚遺詞研究」, 부산: 동아대학교 교육대학원 석사학위논문, 1995.

2 노동은, 「동학의 음악」, 『역사연구』 제28집, 서울: 역사학연구소, 2015, 7-31쪽; 손태도, 「동학농민혁명과 광대집단의 활동 – 홍낙관, 홍계관을 중심으로」, 『역사민속학』 제53집, 서울: 한국역사민속학회, 2017, 229-305쪽.

따라서 본고에서는 동학음악의 양상과 역할을 살펴보고, 음악 요소와 문화적 활용성을 중심으로 그 실태를 고찰한 후, 오늘날 문화콘텐츠로서 동학음악이 활용될 수 있는 방안에 대해 모색해보도록 하겠다.

2. 기록에 나타난 동학음악의 양상과 역할

동학은 교리의 핵심인 '시천주(侍天主)', 즉 누구나 한울님을 모신 존재로서 평등하다는 것을 만방에 알리며, 계급적 차별 속에 고통받아온 백성들 속으로 번져갔다. 동학혁명 과정에서 수천 년 동안 지속되어 온 계급사회의 최약자층인 '천민'의 신분을 폐지시키는 역사적 성과를 거둠으로써 '천민'은 '평민'이 될 수 있었으며, 이들 중에는 당시의 음악인들도 포함되어 있었다. 먼저 그들의 활약을 전하는 여러 문헌 기록을 중심으로 동학음악의 양상을 살펴본 후, 기록에 남아있는 동학음악의 면면을 살펴보도록 하겠다.

1) 동학혁명에서 음악인들의 활동 양상

아래 인용문에는 음악인들이 입도하여 동학군에 참여한 계기와 그들의 구성, 대표적 음악인의 이름 등이 드러나 있다.

> 종과 주인이 모두 입도하면 또한 서로 접장이라고 불러 친구와 같이한다. 그런 때문에 모든 사노(私奴), 역인(驛人), 무부(巫夫), 수척(水尺) 등 모든 천인들이 가장 즐겨 여기에 따랐다.[3]
>
> 손화중은 전라우도 지방의 도한(屠漢)·재인(才人)·역부(驛夫)·야장(冶匠)·승도(僧

---

[3] 黃玹 저, 李民樹 譯, 『東學亂: 東匪紀略草藁』(서울: 乙酉文化社, 1985), 183쪽. 노동은, 앞의 논문 13쪽에서 재인용.

徒) 등 평일의 가장 천류(賤流)로만 한 접을 별도로 설치하였다. 이들은 사납고 악독하기가 비길데 없었기 때문에, 사람들은 이들을 가장 두려워하였다.[4]

화중은 도내의 광대를 뽑아 따로 한 부대를 만들었는데 홍낙관(洪洛寬)이 이들을 지휘하였다. 낙관은 고창의 광대인데 화중과 가깝게 지냈다.[5]

개남은 도내에서 광대 천여 명을 뽑아 따로 하나의 부대를 만들었다.[6]

처음에 손화중은 도내의 재인(才人)을 뽑아 1포를 조직하고 홍낙관(洪樂官)으로 하여금 이를 지휘하도록 하였다.홍 낙관은 고창의 재인으로서 손화중에 속하여 그 부하 수천인이 민첩하고 정예였으므로 손화중이 비록 전봉준, 김개남과 정족지세(鼎足之勢)에 있었다 할지라도 (실제로는 화중의 무리가) 최강이었다.[7] (이상 밑줄은 필자)

'무부'는 굿판에서 무당을 도와서 무가(巫歌)의 반주와 춤반주를 담당한 음악인으로, 재인·공인·광대·창부·화랑이 등으로도 불렀다. 이들은 조선 말기에 무부계(巫夫契)라는 조합을 조직하였으며, 그 기관을 지방에 따라 신청(神廳)·재인청(才人廳)·장악청(掌樂廳)·창부청(倡夫廳)·공인청(工人廳)·공인방(工人房)·풍류방(風流房) 등으로 불렀다.[8] '수척'은 '양수척(楊水尺)'이라고도 하며, 광대나 배우(俳優)의 별칭이다.[9] '재인'은 '광대'와 같은 말로, 조선후기 민간연예인을 말하며, 땅재주·줄타기·탈춤·꼭두각시 등의 민간 예능 종목을 전문적 직업으로 삼았던 사람이다. 전라도 무당의 남편인 무부의 별칭으로도 쓰이며, 특히 악기 연주에 뛰어난 재인을 '광대'라고 불렀다.[10]

4 黃玹 저, 김종익 역, 『번역 오하기문』(서울: 역사비평사, 1994), '二筆', 231쪽. 노동은, 같은 논문 13쪽 및 손태도 앞의 논문 233쪽에서 재인용.
5 黃玹, 앞의 책, '三筆', 282쪽. 노동은, 같은 논문 13쪽.
6 黃玹, 앞의 책, '三筆', 271쪽. 노동은, 같은 논문 13쪽.
7 黃玹, 앞의 책, '三筆', 318쪽. 손태도, 앞의 논문 259쪽.
8 송방송, 『한겨레음악대사전』(서울: 보고사, 2012) 제1권, 621쪽 참조.
9 송방송, 앞의 책, 1016쪽 참조.
10 송방송, 앞의 책, 제2권 1583쪽 참조.

조선후기 민간 예인들 중 연주와 연희에 뛰어난 음악인들이 대거 동학군에 참여하였으며, 이들로 구성된 특별부대가 운영되고 있었음을 알 수 있다. 이들이 동학군에 참여한 계기는 종과 주인이 차별 없이 평등하게 대우받으며, 동학군 활동을 통하여 천인 신분에서 벗어날 수 있다는 믿음 때문이었을 것이다. 이들은 음악적 재능뿐 아니라 살판[11] 등의 땅재주와 어름(줄타기)·탈춤·솟대타기 등 다양한 연희 종목으로 단련되어 동작이 매우 민첩하였으며, 바로 그러한 이유로 손화중과 김개남 등이 이들로 구성된 특별부대를 운영한 것으로 보인다.

인용문에 언급된 홍낙관은 고창에서 활동한 광대로, 손화중 휘하에서 지휘관으로서 눈부신 활동을 한 자이며, 홍맹철, 홍계관 등 홍낙관의 집안 사람 중 동학군에 합류한 자가 많다.[12] 사형(死刑)을 면한 홍낙관과 체포되지 않은 홍계관은 후일 1898년의 영학당(英學黨) 봉기에도 관계했으며, 이후 부안군 변산에 피신하여 살았다.[13]

음악인들의 활동을 좀 더 살펴보자.

갑오 삼월 무장현 신촌리 등지에서 각기 나누어 일어나 백산(白山), 황룡(黃龍), 전주성 전투 등을 하며 고부, 고창, 무장, 남평 등의 읍(邑)의 군기(軍器)들을 취했다. 그 기(旗)에는 '대성탈겁(大成脫劫…) 북해회운(北海回運)'이라 크게 썼다. 처음에는 창우(倡優)·무부(巫夫)들이 모두 그 당(黨)에 들어갔다. 또 도한배(屠漢

---

11 광대의 12가지 땅재주 가운데 몸을 날려 공중에서 회전한 뒤 바로 서는 전문인놀이. 광대놀이. 한국민족문화대백과 참조, https://bit.ly/3CNzh05, 접속일: 2021.11.15.

12 이이화, 「신분해방의 들불 댕긴 '큰 괴수' 홍낙관」, 『발굴 동학농민전쟁 인물열전』(서울: 한겨레신문사, 1994), 162-169쪽에는 홍낙관이 서울 말씨를 쓰는 재담꾼이며, 서울 출신이라 소개하고 있으며, 생활이 어려워 무당 아내를 얻었다 하였으나, 이러한 내용에 대한 근거는 제시되지 않았다. 그리고 고창문화원 이기화 원장은 무당의 남편인 홍인식의 부친이 홍낙관이라 하였으나, 홍인식의 부친은 홍경준(洪京俊, 1870-1931)이며, 생몰연대나 이름이 홍낙관과 일치하지 않는다. 손태도, 앞의 논문 278쪽 참조. 홍낙관의 가계에 대해서는 손태도, 같은 논문 256-258쪽 참조.

13 손태도, 앞의 논문 282쪽 참조.

輩)를 불러모아 중군(中軍)을 만들어 접(接)을 삼아 입명(立名)했다. 그 세가 커진 후에는 사류(士類)와 평민도 마구 몰아넣어 그 수가 십만을 넘었고, 정예병에다 무기들도 뛰어나 '여러 우두머리들 중에서도 으뜸'으로 불려졌다. 매번 적(賊) 손화중(孫化中)의 척후병(斥候兵)이 되었다.[14]

창우(倡優)는 가면놀이나 연극, 줄타기나 재주부리기 등을 하는 자들로서, 재인(才人) 혹은 광대(廣大)로도 불린,[15] 앞서 언급된 무부나 수척과 같은 무리이다. 당시 연희에 종사하며 생업을 이어가던 민간예인들이 동학군에 앞장서서 가담했음을 알 수 있다. 이들의 단련된 민첩함은 척후병으로서 활동하기에 안성맞춤이었을 것이다.

> 부동촌(釜洞村) 앞에 모여 있는 적도(賊徒) 중 담양 남응삼(南應三), 남원 관노(官奴) 김원석(金元錫) 등이 각 포(包)의 도당(徒黨)을 끌고 왔는데, 그 이른바 접주배들이 전후대(前後隊)를 이뤄 노비, 사령, 무부(巫夫)배들과 함께 기치(旗幟)를 벌여 세우고 크게 취타(吹打)를 하여 음악을 연주하며 거뜬히 산에 올라 (운봉) 지경(地境)을 넘어오고자 했는데, 그 기세가 창궐(猖獗)했다.[16]

여기서 취타는 '불고(吹) 치는(打) 음악'을 뜻한다. 이를 연주하는 취고수(吹鼓手)는 군영에서의 지휘와 통신을 비롯하여 각 궁궐과 도성의 입직(入直) 때 지휘와 통신을 기본적으로 수행했으며, 그 외 군대의 행진이나 행군 때 연주하였다. 왕의 거동행렬이나 통신사행렬에서도 행악을 연주하였으며, 중앙의 오군영이나 지방의 병영, 그리고 감영의 공식 잔치 등에서도 음악을 연주하였다. 편성은 대체로 호적·나발·바라·나각·북·징·장구·꽹과

14 규장각 소장, '첩보(牒報)'(奎 26300); 이진영, 「고창지역 동학농민혁명의 문헌자료와 농민군 지도자」, 『전라도고창지역 동학농민혁명 사료집』(고창: 고창문화원 편, 1998), 62쪽 참조. 손태도, 앞의 논문 234쪽에서 재인용.
15 한국고전용어사전 참조. https://bit.ly/3DPn2Bf, 접속일: 2021.11.15.
16 국사편찬위원회, 『東學亂記錄』 하(서울: 國史編纂委員會, 1971), 513쪽, 운봉군 전주서 박봉양 경력력. 손태도, 앞의 논문 260쪽에서 재인용.

리 등 관타(管打)악기이다.[17] 군대와 관련된 행사에서 늘 앞장서는 역할을
해온 취고수의 음악이 동학군 내에서도 그러한 역할을 한 것이다.

> 맨 앞에서 호적을 불고 다음은 仁자와 義자의 기가 한 쌍이요, 다음은 禮자와 智자
> 의 기가 한 쌍이요, 다음은 백기가 둘인데 하나는 보제(普濟)라고 쓰고, 또 하나에
> 는 안민창덕(安民昌德)이라 썼는데, 모두 전서(篆書)이다. 다음 황기 하나에는 해
> 서로 보제중생(普濟衆生)이라고 썼고 나머지 기에는 각각 읍명을 표하였다. 다음
> 은 갑주를 갖추고 말 타고 칼춤 추는 자가 하나요, 다음은 칼을 가지고 걸어가는 자
> 가 4, 5쌍이요, 다음은 크게 각(角)을 불고 북을 치는 붉은 단령(團領)을 입은 자가
> 두 명이요, 다음 두 명은 또 호적을 불고, 다음 한 사람은 절풍모(折風帽)를 쓰고 우
> 산을 받고서 말을 타고 돌아다니면 여섯 사람이 뒤를 따른다. 두 줄로 만여 명의 총
> 수(銃手)가 모두 건을 써서 머리를 가렸는데 건은 다섯 가지 빛으로서 똑같지가 않
> 다.[18] (밑줄은 필자)

  호적과 각, 북 등은 취타대의 편성에 속하는, 취고수가 연주하는 악기
로, 앞서 살펴보았듯 행렬의 맨 앞에서 군대를 이끄는 역할을 하며, 취타
수, 취수라고도 불렀다.[19] 이들 악기는 음량과 울림이 커서 구성원들의 사
기를 높이는데 효과적으로 활용되었을 것이다. 이 악기들은 또한 농사 때
두레 풍물패에 의해 연주되는 악기이기도 하다.

> 11월 22일……흥덕, 고창의 도인 천여 명이 음악을 베풀며 행군하여 나주로 갔다.
> 홍덕의 대접(大接)은 교동(橋洞) 고영숙(高永叔)이고, 고창의 접주(接主)는 대성
> (大成) 홍낙관(洪樂寬)이라고 한다. -변만기(邊萬基), 『봉남일기(鳳南日記)』[20]

---

17 송방송, 『한국음악통사』(서울: 민속원, 2007), 371-373쪽 참조.
18 黃玹, 『東匪紀略草藁』, 128쪽. 노동은, 앞의 논문 20쪽에서 재인용.
19 송방송, 앞의 책, 371쪽 참조.
20 이병규 외, 『동학농민혁명 국역총서(5)』(정읍: 동학농민혁명기념재단, 2010), 511쪽. 손태도,
   앞의 논문 261쪽에서 재인용.

"도인 천여 명이 음악을 베풂"었다는 기록에 의하면, 이 중에는 세악수로 추정되는 선율악기의 기악 연주도 편성되었을 것으로 짐작된다. 조선 후기의 행악은 대체로 취고수와 세악수로 편성되었는데, 취고수는 행렬의 앞쪽에, 세악수는 뒤쪽에 배치되었다.[21]

백산(白山)의 동학군을 진압하기 위해 전라감사가 파견한 천여 명의 관군 또한 모두 무부 출신들로 구성되었는데, 이들은 신식교련을 익힌 "비호같이 무서운 군사"들이었으며, "양고(洋鼓) 나팔에 양총"을 멘 서양식 신식군인이었다 한다.[22] 광대집단 사람들은 '계급내혼(階級內婚)'을 통해 시대를 내려올수록 그 수(數)가 많아졌고, 이들 집단만으로도 일정한 군대 편성을 할 수 있게 된 것으로 추측된다. 『승정원일기』에 아래와 같은 내용이 있다.[23]

> 충청도 수군절도사(水…軍節度使) 이규안(李奎顔)의 보고에 따라 도내 무부(巫夫) 중 정포자(精砲者) 300명을 정초(精抄)하여 난후포수(欄後砲手)라 이름지어 설청(設廳) 입번(立番)케 하다.
> 『승정원일기』, 고종 9년(1872) 5월 15일

충청도의 무부 중에서 포수로만 300명을 차출할 수 있었다는 사실로 미루어, 일반 군사까지 포함하면 더욱 많은 무부가 있었을 것으로 추측된다. 즉 전라도에서 무부 출신으로 천여 명의 관군을 형성했다는 기록이 타당성이 없지는 않은 것으로 보인다. 이처럼 잘 훈련되고 날랜 무부들은 동학군과 관군 양쪽 모두에서 중요한 역할을 하였다.

동학혁명에 음악인을 비롯한 수많은 천민이 적극적으로 참가하는 것은

---

21 세악수는 대개 삼현육각의 편성으로, 피리2·대금·해금·장고·북이 기본이다. 세악수는 군영에서의 진법 연습, 군대의 행사나 행진, 왕의 거동, 관찰사의 행차, 과거급제자의 축하행진(유가, 遊街) 등에서 연주하였다. 송방송, 앞의 책, 374–378쪽 참조.

22 吳知泳, 『東學史』, 大光文化社, 1984, 127쪽 및 노동은 앞의 논문 18쪽 참조.

23 손태도, 앞의 논문 253쪽 참조, 252쪽에서 재인용.

당연한 일이었으며, 그들은 자신의 무기인 온갖 기술과 재능으로써 일반인들이 하기 어려운 역할을 담당하였다. 특히 음악인들은 사람들의 정서에 직접 호소하여 마음을 모으고 기운을 북돋우는 예술의 힘으로 늘 앞장서서 영적 단결을 도모하는 역할을 하였음을 확인할 수 있다.

2) 동학혁명 당시의 노래들

아래는 동학혁명 당시 백성들 사이에서 불리었던 노래들이다.

上道의 참새 하도의 참새
전주 고부에 녹두 참새
둥근박 전대 전대는 후예[24]

새야새야 팔왕새야 무엇하러 나왔나
댓닙솔닙 푸릇푸릇 봄철인가 하였더니
백설이 펄펄 휘나리니
저 건너 양생녹죽(養生綠竹)이 날 속였네
새야새야 팔왕새야 네 무엇하러 나왔느냐
솔잎댓잎이 푸릇푸릇 하절인가 하였더니
백설이 펄펄 흩날리니
저 강 건너 청송녹죽(靑松綠竹)이 날 속인다[25]

갑오세 갑오세 / 을미적 을미적 / 병신되면 못가리

새야새야 파랑새야 / 전주고부 녹두새야 / 어서바삐 내려가라

댓잎솔잎 푸르다고 / 봄철인줄 아지마라 / 백설이 흩날리면 / 먹을 것 없어[26]

---

24 黃玹, 앞의 책, 148-149쪽. 원문은 "上道雀下道雀 全州古阜綠豆雀 圓瓠橐橐后羿". 노동은, 앞의 논문 17쪽에서 재인용.
25 吳知泳, 앞의 책, 112-113쪽. 노동은, 앞의 논문 17쪽에서 재인용.
26 이상 셋은 노동은, 앞의 논문 18쪽에서 재인용.

　이 노래들은 음원을 확인할 수 없고, 노랫말만 기록에 전한다. 노랫말에 '전주 고부', '녹두', '파랑새', '갑오' 등 동학혁명과 연관된 낱말들이 공통으로 보인다. '녹두'는 대체로 '녹두장군'으로 불린 전봉준을 상징한다고 알려져 있다. 그리고 위의 인용문에서 '팔왕새'와 '파랑새' 또한 문맥상 전봉준을 의미하는 것으로 해석된다. '팔왕'은 전봉준의 성인 '全'을 '八'과 '王'으로 나누어서 부른 것으로 알려져 있다.

　"갑오세 갑오세 / 을미적 을미적 / 병신되면 못가리"와 "새야새야 파랑새야 / 전주고부 녹두새야 / 어서바삐 내려가라"는 주저 말고 혁명에 동참하여 하루빨리 좋은 세상을 만들자는 염원과 권유를 담고 있다. 두 번째 인용문 "새야새야 팔왕새야 무엇하러 나왔나...."는 동학혁명으로 인해 좋은 시절이 시작되었다고 믿었는데, 외세의 개입 등으로 말미암아 결국 혁명이 좌절되자 이를 백설이 흩날리는 겨울에 비유한 노래이다. "백설이 흩날리면 먹을 것 없어"라는 구절 또한 외세의 개입을 경계한 내용이다.

　이 노래들의 악보나 음원이 없으므로 그 음악적 내용은 알 수 없다. 그러나 노랫말로 당시의 상황과 정서를 유추할 수 있다. 앞서 살펴본 여러 기록과 이 노래들이 담고 있는 내용은 동학혁명의 서사를 구성하고 있는 소중한 텍스트들이다. 이 서사는 오늘날의 시각에서 새롭게 해석될 수 있으며, 오늘날까지도 해결되지 않은 평등의 문제, 평화의 문제, 공동체의 문제 등을 대입하여 민중의 관점에서 현대적 서사로 재구성할 수 있다. 그러한 작업을 통해 동학혁명의 역사적 의미를 오늘날의 정서와 요구에 맞게 이어가려는 노력이 필요하다.

3) 천도교경전에 수록된 가사와 시가들

가장 오래된 형태의 동학음악은 『동경대전』에 수록된 '주문(呪文)'과 '용담유사'의 가사 8편, 그리고 '검결'이라 할 수 있다. '입춘시(立春詩)', '절구(絶句)', '시문(詩文)' 등의 한시들도 있으나, 이러한 시들은 한문으로 되어있어 일반 교인과 동학군이 불렀다고 보기는 어렵다. 반면 전통적인 4.4(3.4/4.3)조의 주문과 용담유사, 검결은 그 구조가 민요나 시조와 흡사하여 일반 교도와 동학군에 의해 일상적으로 불리었을 것이다. 아래 인용문은 〈교훈가〉의 첫 절과 〈검결〉이다.

〈교훈가〉
왈이자질아이들아 경수차서하였어라
너희도이세상에 오행으로생겨나서
삼강을법을삼고 오륜에참예해서
이십살자라나니 성문고족이내집안
병수없는너의거동 보고나니경사로다
소업없이길러내니 일희일비아닐런가

〈검결〉
시호시호이내시호 부재래지시호로다
만세일지장부로서 오만년지시호로다
용천검드는칼을 아니쓰고무엇하리
무수장삼떨쳐입고 이칼저칼넌즛들어
호호망망넓은천지 일신으로비껴서서
칼노래한곡조를 시호시호불러내니
용천검날랜칼은 일월을희롱하고
게으른무수장삼 우주에덮여있네
만고명장어디있나 장부당전무장사라
좋을시고좋을시고 이내신명좋을시고

〈교훈가〉를 비롯하여 〈안심가〉, 〈용담가〉, 〈몽중노소문답가〉, 〈도수사〉, 〈권학가〉, 〈도덕가〉, 〈흥비가〉 등 용담유사의 가사 8편은 모두 이처럼 4.4(3.4)조로 되어있으며, 이에 덧붙여진 〈검결〉 또한 같은 운율이다. 〈검결〉은 '칼노래'로도 알려져 있다.

이들은 당시에는 모두 민요조의 선율에 얹어 불리었을 것으로 추정된다. 요즘도 간혹 연배가 높은 천도교인 중에는 민요조로 가사 8편을 낭송하는 경우가 있는데, 이러한 노래들은 탄생 당시부터 전승되어온 것으로 보기는 어렵다. 매우 긴 사설을 가진 가사에 정형화된 가락을 붙여서 전승하는 것 자체가 비전문가인 일반에게는 쉽지 않은 일이며, 지역마다 가락이 다르고, 또 같은 가창자라도 부를 때마다 가락이 조금씩 달라지기 때문이다. 따라서 가사 8편과 검결 등은 각 지역에서 즐겨 부르는 민요 가락에 얹어 각자 즉흥적 선율로 불렀을 것으로 추정된다.[27]

이들 노래의 텍스트는 동학혁명의 밑바탕이 된 최제우의 사상과 철학이 담겨있는, 동학혁명 서사의 배경이자 모태라 할 수 있다. 따라서 향후 동학혁명 관련 문화콘텐츠의 중요한 소재가 될 수 있다.

---

27 노동은, 앞의 논문 15쪽에는 〈칼노래〉가, 김광순, 앞의 논문 36-45쪽에는 용담유사 가사 8편의 악보가 수록되어있는데, 모두 한창화(1927년생, 천도교 영등포교구 소속 교인)가 부른 곡을 채보한 것이다. 〈칼노래〉는 구성음이 Sol·La·do·re·mi인 창부타령조로, 〈교훈가〉, 〈안심가〉, 〈용담가〉, 〈권학가〉, 〈도덕가〉, 〈흥비가〉는 구성음이 Mi·Sol·La·do·re인 메나리조로, 〈몽중노소문답가〉, 〈도수사〉는 구성음이 La·do·re·mi·sol인 베틀가조로 채보되어 있다. 이 곡들은 모두 경기소리에서 즐겨 쓰는 곡조와 장단(굿거리)이다. 노동은은 같은 논문 14쪽의 각주 24)에서 〈칼노래〉가 전라도에서는 육자배기조로 불린다고 하였다. 『한국민요대전』에는 여성들이 교훈적인 내용을 전승하기 위해 지어 부르는 구비문학의 한 갈래인 '내방가사'가 있는데, 이 또한 대개 4.4조의 운율이다. 총 6곡 중 〈효자가〉(경북0812), 〈춘유가〉(경북0915), 〈활노래〉(경북1115), 〈행실교〉(충북0218)는 메나리조, 〈시집가는노래〉(경북0231)는 베틀가조, 〈물레노래〉(경북1114)는 창부타령조이다. MBC한국민요대전 음반자료 사이트 https://bit.ly/3dpDcpz

3. 현존하는 동학 관련 음악

많지는 않으나, 동학과 관련된 음악의 악보와 음원이 소수 현존한다. 이 자료들은 동학음악의 음악적 요소를 살펴볼 수 있는 실체라는 점에서 매우 귀중하다. 이를 하나하나 살펴보겠다.

1) 주문(呪文)

동학의 13자 주문에 선율을 붙인 곡이 〈악보 1〉에 보이는 『천도교경전』 수록 〈주문〉이다.[28]

<악보 29> 『천도교경전』 수록 〈주문〉

〈주문〉은 악보상으로는 4/2로 기보되어 있지만, 실제 천도교 교당에서 부를 때 3음절은 대체로 상당히 느린 2·2·3박 정도의 호흡으로 부르고, '영세불망'은 2·2·2·2로 부른다. 화성법에 의거하여 4성으로 편곡되어 있으나, 그 선율은 일반적인 장조 선율과는 거리가 있다.

조표상의 구성음은 do·re·fa·sol이나, 이는 Sol·La·do·re 또는 Re·Mi·So·La와 같은 배열이며, 선율골격은 Sol·do·re 또는

---

28 천도교중앙총부 편저, 『天道教經典』(서울: 천도교중앙총부출판부, 2001), 「천덕송」 제6쪽에서 악보 인용.

Re·So·La의 완전4도+장2도 구조이고, 종지음은 Re 또는 Sol이다. 이는 풍류방에서 가객들이 즐겨 부르던 가곡의 계면조, 또는 시조의 구성음 黃·仲·林과 일치하는 구조이며, '조', '영', '불', '만'에서 보이는 짧은 꾸밈음들도 전통음악에 흔히 쓰이는 잔가락과 부합한다. 따라서 이 곡은 전통어법에 바탕한 곡으로 볼 수 있다.[29]

일각에서는 〈주문〉이 궁중음악을 본 따 만들어진 것이라는 추정이 있다.[30] 아마도 품격 있는 선율과 느린 한배로 인해 그런 인식이 생겨난 것으로 추측된다. 그러나 조선의 궁중음악은 18세기에 이르면 기존의 성악곡도 거의 기악화되어(여민락, 보허자 등), 종묘제례악의 악장이나 궁중정재의 창사 등을 제외하면 노래가 별로 연주되지 않았다.[31] 그런데 궁중음악의 노래를 민간에서 따온다는 것은 계층적으로도(궁중-민간), 공간적으로도(서울-경주) 그다지 가능성이 높지 않다. 오히려 선비들이 풍류방에서 즐겨 부르던 가곡 등의 영향을 받았을 가능성이 더 높다고 볼 수 있다.

〈주문〉 선율의 창작자 또는 채보자가 누구인지는 알 수 없으나, 아래 인용문으로 미루어볼 때 이미 20세기 초에 불리고 있었다고 추정된다.[32]

제134호(1921.10.15.) 12-19쪽: 천덕송은 또한 진리
데오절= 46쪽 제24장 〈천덕사(기2)〉의 제5절
텬덕일사텬덕일사 거룩하신텬덕일사 / 무극대도밝은리치 사람이곳한울이라.......

〈탄신긔념송〉 = 49쪽 제25장 〈탄신기념송〉

29 김정희, 「≪천도교회월보≫에 나타난 일제강점기의 천덕송」, 『공연문화연구』 제35집, 한국공연문화학회, 2017, 144-145쪽 참조.
30 김광순, 앞의 논문, 29쪽. "선율의 출처는 정확히는 알 수 없으나 작자 미상의 민요나 혹은 독창곡으로 추정된다. 한편, 궁중에서 사용하던 궁중의식 음악으로 임금이 의식에 참석하기 위해서 임금의 모습이 보일 때부터 좌정할 때까지 사용하였던 음악의 선율 중 일부분이라고 口傳되고 있다."
31 송방송, 앞의 책, 472-473쪽 참조.
32 이하 김정희, 앞의 논문, 143-145쪽 참조.

잇지마세잇지마세 텬덕사은잇지마세 / 무왕불복후텬운수 우리스승나섯도다.......

〈수도긔념송〉 = 49쪽 제26장 〈수도기념송〉

잇지마세잇지마세 텬덕사은잇지마세 / 만고업는무극대도 억조창생건지시네 ..

〈환원긔념송〉 = 50쪽 제27장 〈환원기념송〉

잇지마세잇지마세 텬덕사은잇지마세 / 포덕텬하하실마암 무극대로창명하고 ..

현재 부르는 〈천덕사(기1)〉과 나머지 3곡의 기념송은 〈악보 2〉에서 보이듯 모두 6쪽에 수록된 〈주문〉과 key만 다르고 동일한 선율이다.

<악보 30> <천덕사(기1)>와 <탄신기념송>

1921년의 기록은 악보가 없어 선율이 확인되지는 않지만, 곡명과 노랫말이 현행 천덕송과 같으므로, 월보의 4곡도 현행 〈주문〉의 선율에 붙여 불렀을 가능성이 있다. 악보가 존재하는 초기의 천덕송, 예컨대 '천종신악(天宗新樂)' 제1장 〈하놀님의덕〉(1910), 〈우리의길〉(1920), 〈삼월십일기도가〉·〈오관가(五欵歌)〉·〈공락가(共樂歌)〉(1921) 등과 현행 〈주문〉의 선율을 비교해볼 때, 전자는 서양의 무반음 5음계 장조에 가까운 반면[33] 〈주문〉은 전통음악어법에 충실한 곡이다.

현시점에서 최초의 천덕송 악보로 확인되는 〈하놀님의덕〉이 G장조 조표에 do로 종지하는 4/4박자의 곡이라는 점과, 이후에 창작된 대부분의

---

33 김정희, 앞의 논문, 134-141쪽 참조.

천덕송이 서양음악어법으로 구성된 점을 감안하면, 현행 〈주문〉은 한 개인의 작곡으로 보기 어려운 측면이 있다. 20세기 초 전통음악의 역사에서 새로운 곡은 산조나 시나위와 같이 연주자의 연주 경험을 바탕으로 재구성되는 것이 자연스러운 양식이었으며, 한 개인의 작업으로 이루어지는 '작곡'이라는 장르는 다분히 전통과는 거리가 있는 서양음악의 영향에서 비롯되었고, 그 결과 서양음악의 어법을 적극적으로 수용하는 것이 당시의 일반적 경향이었기 때문이다. 이 점은 홍난파가 작곡한 천덕송이 당시로서는 상당히 개방적인 입장에서 서양식 찬송가의 4성부 합창 양식을 받아들인 것을 보아도 알 수 있다.[34]

즉 〈주문〉의 선율이 형성된 시기는 명확하지 않으나, 그 어법과 음악 내적인 논리로 미루어 볼 때, 근대적 작곡의 양식으로 만들어진 초기 천덕송보다는 이전의 양식을 계승한 것으로 볼 수 있다.

〈주문〉은 천도교의 핵심 교리를 담고 있으며, 지금도 천도교의 공식행사와 의식을 시작할 때 이를 3회 제창한다. 〈주문〉의 선율은 유서 깊은 전통음악어법에 부합하며, 품격 있고 장중하여 종교적 숭고성과 음악성이 매우 뛰어난 곡이다. 짧고 간결하면서도 풍부한 울림을 주는 이 곡은 동학 관련 문화콘텐츠 중 특히 음악 분야의 모티브로 다양하게 활용될 수 있을 것이다.

---

34 천덕송은 이미 1910년에 서구적 5음계와 4/4박자에 바탕을 둔 〈하늘님의덕〉의 악보를 출간했으며, 1931년에는 홍난파에 의해 찬송가식 4성체로 편곡되면서 서양음악식 체재를 갖추었다. 반면 근대적 찬불가의 효시인 백용성의 악보는 1927년, 원불교 최초의 성가 〈회가〉는 1933년, 대종교의 한얼노래는 1942년에 만들어졌다. 그만큼 천덕송은 당시로서는 최첨단을 걷던 종교음악이었던 것이다. 김정희, 같은 논문, 167~168쪽 참조.

2) 민요 〈새야 새야〉

민요에 남은 동학음악 중 가장 대표적인 노래는 〈새야 새야〉이다. 『한국민요대전』에 수록된 6곡의 〈새야 새야〉는 널리 알려진 선율과는 다른, 각 지역의 특징적인 선율로 불리었다.[35] 우선 널리 알려진 〈새야 새야〉의 선율은 〈악보 3〉과 같다.[36]

〈악보 2〉 새야새야(경기지방)

<악보 31> 경기지방의 <새야 새야>

이 곡의 구성음은 Sol·do·re이며, Sol로 종지한다. 완전4도와 장2도의 구성이므로 La·re·mi 또는 Re·Sol·La로도 솔미제이션 할 수 있다. 이 곡이 어디에서 파생되었는지는 정확히 확인하기 어려우나, 그 구성

35 노동은, 앞의 논문 25쪽에 수록된 〈새야새야〉는 『한국민요대전』 경북편에 수록된 〈새야 새야 비엉새야〉인데(파일명: 경북0207, 달성군 현풍면 오산리 말뫼), 이 곡의 곡명과 도입부 노랫말이 동학음악 〈새야새야〉와 비슷하기는 하나, 동학음악으로 볼 수 없는 곡이다. 가창자는 10세 전후에 친정 할머니에게 배웠다고 하며, 사설의 뜻을 전혀 모르고, 주로 실 자을 때 불렀다고 한다. 같은 논문 26쪽에 수록된 〈새야새야〉 또한 『한국민요대전』 경북편의 〈새야 새야 강노새야〉로(파일명: 경북0710, 상주군 이안면 여물리 한가뫼), 동학음악으로 볼 수 없다. 가창자는 이 노래를 아이들이 정월보름날에 부르는 새쫓는소리라고 한다. MBC한국민요대전 음반자료 사이트 참조. https://bit.ly/3DSzgcG, https://bit.ly/3r6j6IV, 접속일: 2021.11.20. 같은 논문 24쪽에 수록된 〈악보 3〉의 〈새 새 파랑새〉는 평북 박천군 노래로 되어있는데, '녹두밭에 파랑새'라는 구절이 나오기는 하나, 노랫말의 맥락이 동학과 관련 없고, 선율도 민요의 음조직으로 보기 어려운 5음계의 장조이다. 이 곡의 출처를 밝히지 않았는데, 곡의 음악적 요소로 볼 때 민요가 아닌 창작곡으로 추정된다. 이 논문에 수록된 〈새야새야〉 중 〈악보 2〉는 널리 알려진 선율이며, 〈악보 4〉의 정선군 노래와 〈악보 5〉의 무주군 노래 2곡은 『한국민요대전』 수록곡으로, 본고에서 다시 채보하여 살펴보았다.
36 노동은, 앞의 논문, 24쪽의 〈악보 2〉에서 재인용.

음은 시조에서 흔히 쓰는 3음음계와 부합하며, 다소 느린 5박자의 리듬도 흔치는 않으나 민요에서 더러 보인다. 이러한 박자구조는 중모리의 변형으로 볼 수 있다. 즉 이 곡 또한 전통어법에 부합하는 곡이다.

『한국민요대전』에는 '새야 새야' 계열의 노래가 6곡 수록되어있는데, 하나하나 살펴보겠다.

새 야 새 야 녹 두 새 야

<악보 32> <새야 새야 녹두새야>(강원0726)

〈악보 4〉는 강원도 정선군의 〈새야 새야 녹두새야〉로, 구성음이 Mi· Sol·La·do·re인 메나리조이며 종지음은 Mi이다. 순차 위주의 선율진행과, 다른 구성음들의 집결지가 되는 두 '핵음' Mi와 La를 가늘게 떠는 시김새는 전형적인 메나리조의 특성을 보인다. 메나리조는 강원도 지역 민요에서 가장 보편적인 음조직이기도 하다. 이 곡은 높은음에서 질러내어 점차 하강하는 선율구조를 보이며, A-A´의 형식을 가졌다. 대체로 4/4박자의 보통빠르기이며, 독창으로 불렀다.

〈악보 5〉는 경북 달성군의 〈새야 새야 포랑새야〉이다.[37]

새 야 새 야 포 랑 새 야

<악보 33> <새야 새야 포랑새야>(경북1507-1)

이 곡은 메나리조이며, 종지음은 La이다. 메나리조는 경상도 민요에서
도 가장 보편적인 음조직이다. 각 소절의 끝음인 제4마디의 '라'와 제8마
디의 '다'에서 보이는 Sol은 문장의 끝을 내리는 경상도 사투리의 특성이
반영된 것으로, 종지 기능을 갖는 '종지음'은 아니다. 이 곡에서 종지기능
을 갖는 음은 La이며, 끝음 Sol은 음운학적 요인으로 인해 종지음의 음고
가 낮아져서 생성된 음으로 보아야 한다.[38]

이 곡의 제2·7마디에는 do-Si-La의 진행이 보이는데, 이는 메나리조
의 선율진행이 아닌 육자배기조의 관용구에 해당한다. 그러나 이 곡이 육
자배기조의 영향을 받았을 가능성은 높지 않으며, do가 La로 진행하는
과정에서 음고가 경과적으로 낮아진 자연스런 현상으로 보는 것이 타당할
것이다. 이 곡 또한 앞의 곡과 비슷하게 높은음에서 질러내어 점차 하강하

37 음원과 해설은 MBC한국민요대전 음반자료 사이트 참조. https://bit.ly/3HSjQYc, 접속일:
2021.11.22.
38 이처럼 La로 종지하는 메나리조의 곡에서 Sol이 끝음으로 추가되는 곡이 경상남북도에서 종
종 보이는데, "말이 길어지면 노래가 된다(永言)"는 명제와 같이 각 지방의 사투리가 노래에
반영된 좋은 예라 할 수 있다. 이에 대한 더 자세한 내용은 곽동현, 「영남지방 유희요의 존재
양상과 특징」, 서울: 한양대학교 박사학위논문, 2018, 175-177쪽 참조.

는 선율구조를 보이며, A-A′의 형식을 가졌다. 조금 빠른 3/4박자로, 잦은 중모리에 해당하며, 독창으로 불렀다.

〈악보 6〉은 경북 상주군의 〈새야 새야 파랑새야〉이다.[39]

새 야 새 야 파 랑 새 야

<악보 34> <새야 새야 파랑새야>(경북1507-2)

이 곡 또한 메나리조이며 종지음은 Mi이다. 이 곡에서도 경과적인 Si가 보이며(제3마디), Fa도 보인다.(제2마디) 이러한 구성음 밖의 음들은 음조직에 영향을 끼치지 않는 짧은 경과음으로서, 선율진행의 속성상 자연적으로 발생하기도 하고, 가창자가 기교를 구사하는 과정에서 생성되기도 한다. 제2마디 '새'에서 보이는 Fa는 Mi를 위로 떠는 과정에서 요성의 중심이 위로 옮겨간 결과이다. 즉 본음은 Mi이며, 이 지점의 Fa는 요성으로 인한 파생음이다. 이 곡 또한 높은음에서 질러내어 점차 하강하는 선율구조를 보이며, A-A′의 형식을 가졌다. 4/♩박자의 보통빠르기로, 잦은 중중모리에 해당하며, 독창으로 불렀다. 이 곡은 〈악보 3〉 강원도 정선군의 〈새야 새야 녹두새야〉와 선율이 닮았다.

〈악보 7〉은 충북 영동군의 〈새야 새야 포랑새야〉이다.[40]

---

39 "'설푸장사'는 '청포장사'를 잘못 발음한 것으로 보임." 음원과 해설은 MBC한국민요대전 음반 자료 사이트 참조. https://bit.ly/3nOGHM8, 접속일: 2021.11.22.

40 "잘 알려진 노래지만 청포장수가 술장수라는 내용이 들어있는 것이 특이하다." 음원과 해설은

새 야 새 야 포 랑 새 야

<악보 35> <새야 새야 포랑새야>(충북0315)

  이 곡 역시 메나리조이며 종지음은 Mi이다. 이 곡은 앞의 곡들과 달리 낮은음에서 숙여내며, 점차 상승 후 다시 하강하는 산 모양의 선율형을 보인다. 다만 세 번째줄은 앞의 곡들과 같이 높은음에서 질러내어 하강하는 익숙한 선율형으로 부르며, 이 부분은 <악보 3>과 선율이 닮았다. A-A´-B의 형식이며, 조금 빠른 3/4박자로, 잦은 중모리에 해당한다. 독창으로 불렀다.

  <악보 8>은 전북 무주군의 <새야 새야 포랑새야>이다.[41]

새 야 새 야 포 랑 새 야

<악보 36> <새야 새야 포랑새야>(전북0222)

MBC한국민요대전 음반자료 사이트 참조. https://bit.ly/3CQaGaW, 접속일: 2021.11.22.
41 "동학농민전쟁과 전봉준에 관련된 참요(讖謠)로 알려진 노래. 문헌상으로는 유명한 노래지만 실제로는 다른 민요에 비해 수집되는 빈도수가 낮다. 오래된 노래이기 때문으로 생각된다." 음원과 해설은 MBC한국민요대전 음반자료 사이트 참조. https://bit.ly/3xk7xiy, 접속일: 2021.11.22.

이 곡은 구성음이 La·do·re·mi·sol인 베틀가조이며, 종지음은 La이다. 이 곡 역시 앞의 여러 곡과 같이 높은음에서 질러내어 하강하는 익숙한 선율형인데, 베틀가조라는 점이 다르다. 그러나 베틀가조는 메나리조의 파생음조직으로, 구성음의 배열이 다를 뿐 나머지 특성들이 동일하다.[42] A−A´의 형식이며, 느직한 4/♩박자로, 중중모리에 해당한다. 독창으로 불렀다.

〈악보 9〉는 전북 완주군의 〈새야 새야 파랑새야〉이다.[43]

새 야 새 야 파 랑 새 야

<악보 37> <새야 새야 파랑새야>(전북0708)

이 곡은 구성음이 Mi·(Sol)·La·do−Si·re인 육자배기조이며, 종지음은 La이다. 육자배기조는 메나리조와 구성음과 핵음이 유사하나, 선율진행에서 제2음 Sol이 생략되는 경향이 있으며, 요성의 폭이 메나리조보다 깊다. 그리고 do를 퇴성하거나 Si로 꺾는 시김새 특성이 있어, 메나리조와 구분하기 위해 do−Si로 구성음을 표시한다. 육자배기조는 전라남북도에 집중적으로 분포한 호남 특유의 음조직으로, 전남과 인접한 경상남

---

42 베틀가조 등 민요음조직 전반에 관한 상세한 내용은 김정희, 「민요 음조직론과 음조직명에 대한 제언」, 『한국민요학』 제53집, 한국민요학회, 2018, 97~103쪽 참조.

43 "일반적으로 동학농민전쟁이나 전봉준과 관련된 민요로 알려져 있는 노래. 전국 각지에 두루 분포하며 오히려 동학농민전쟁과 관련된 지역에서는 이 노래를 찾기 힘들다. 대개의 가창자는 이 노래를 신민요 곡조로 부르며 "나온 지 얼마 안된 노래"라고 하였다." 음원과 해설은 MBC 한국민요대전 음반자료 사이트 참조. https://bit.ly/3r4q15v, 접속일: 2021.11.22.

도나, 경기 남부지역, 충청남도에도 보인다. 이 곡도 앞의 여러 곡처럼 높은음에서 질러내어 하강하는 익숙한 선율형으로 시작하며, A-A′ 의 형식이다. 보통빠르기의 4/♩ 박자로, 잦은 중중모리에 해당하며, 독창으로 불렀다.

이상 살펴본『한국민요대전』수록 '새야 새야' 계열의 노래는 메나리조가 가장 많으며, 리듬은 다양하다. 대체로 높은 음에서 질러서 시작하는 선율 구조를 공유하며, 형식은 A-A′ 와 같이 비슷한 선율이 반복 변주되는 유형이 많이 쓰인다.

동학혁명과 관련된 이러한 노래는 의외로 그 수가 많지 않으나, 넓은 지역에 분포하며, 유사한 노랫말이 다른 갈래의 민요에서 보이기도 한다. 예컨대 아래 인용문에서처럼 논매는소리 등의 노동요와 무덤다지는소리 등의 의례요, 그리고 〈둥당애타령〉과 같은 유흥요에도 수용된 바가 있다.

논매는소리 〈절로소리〉[44]
......새야 새야 파랑새야 녹두밭에만 앉지 마라
녹두꽃이 떨어지면 창포장수가 울고 가네
절로소리는 어디를 갔다가 철만 되면은 찾아오나......

무덤다지는소리(경기 파주군)–새쫓는 소리[45]
우후야라 훨훨

---

44 『한국민요대전』전남편 수록곡. 파일명: 전남1815, 해남군 문내면 우수영리. "이 마을에서는 '초벌', '두벌', '세벌' 세차례 논을 맸는데, 논매는 소리는 매번 같다." MBC한국민요대전 음반자료 사이트 https://bit.ly/3oQ65k4, 접속일: 2021.11.20.
45 『한국민요대전』경기도편 수록곡. 파일명: 경기0702, 파주군 탄현면 금산리. "이 마을에서 회다지는 광중에 회다지꾼들이 들어가 3켜 정도를 다지는데 두켜까지는 횟가루를 섞어 다지고 다음부터는 흙만 다진다. 평평할 때까지만 다지고 봉분을 그냥 쌓은 뒤 떼를 입힌다. 묘를 잘 만드는 집은 하관 자리 밑을 단단히 하기 위해 미리 석회를 많이 넣어 다진 뒤 가운데를 다시 파내는 식으로 하관자리를 만들기도 한다. 회다지소리는 한번 다질 때마다 느린 곡부터 빠른 곡으로 넘어가면서 지루하지 않게 부른다." MBC한국민요대전 음반자료 사이트 https://bit.ly/3l1PKaH, 접속일: 2021.11.20.

우야소리에 새 모여든다

웃녘새도 나려를 오고

아랫녘새도 올라를 오니

새야 새야 파랑새야

녹두밭에 앉지를 마라

녹두꽃이 떨어를 지면

청포장수 울며 가네

우여! / 우여!

무덤다지는소리(경기 이천군)[46]

오호야 호야 호야

새야 새야 파랑새야

녹두밭에야 앉지를 마라

녹도꽃이야 떨어를 지면

청포 장사가 울고를 간다

〈둥당애타령〉[47]

......새야 새야 파랑새야

녹두밭에 앉지마라

녹두꽃이 떨어지면

청포장시가 울고 간다

당기둥당애 둥당애당......

그 외 동학의 흔적을 희미하게 보이는 아래와 같은 노래들도 있다.

---

46 『한국민요대전』 경기도편 수록곡. 파일명: 경기0602. 이천군 율면 고당리. "'정승달구지'라는 다른 명칭으로 불리는 이 마을의 달구소리는 일곱 가지 가락으로 교체되는 것이 특징이며 가락마다 동작이 달라진다. 조선조 안동 김씨로 영의정을 지낸 김병기라는 사람의 달고소리라고 전해져 내려오며, 김병기의 묘가 아직도 근처에 있다." MBC한국민요대전 음반자료 사이트 https://bit.ly/3oQubuQ, 접속일: 2021.11.20.

47 『한국민요대전』 전남편 수록곡. 파일명: 전남0908. 신안군 임자면 조삼리. "〈둥당애타령〉은 보통 '메기고 받는 방식'으로 부르나, 아는 노랫말이 나오면 모두 같이 '제창'하기도 한다." MBC한국민요대전 음반자료 사이트 https://bit.ly/3I1ukVp, 접속일: 2021.11.20. '천지고불'은 '전주고부'의 와전으로 추정된다.

대보름노래-새쫓는소리[48]

우여 우여

아랫녘새 웃녘새

천지고불 녹두새야

우리 논에 들지 말고

저건네 장재집 논에 가 들어라

우여! 우여! 우이! 우이!

〈나라맥이〉[49]

......내리거라 내리거라 정읍으로 내린 즉슨

저기 가는 저 군사들 편지 한 장 전해주소

무슨 편지 전하란가 나주땅에 이갱필이

과이없이 되았다고 편지 한 장 전해주소...... (밑줄은 필자)

〈어디 군사냐〉[50]

어디 군사냐 / 전라도 군사다

몇천 명이냐 / 수천 명이다

무슨 신 신었네 / 독신 신었다

무슨 갓 썼네 / 독갓 썼다

무슨칼 찼네 / 독칼 찼네

동대문 열어라 / 동동동동동

---

48 『한국민요대전』 강원도편 수록곡. 파일명: 강원0510, 양양군 현북면 원일전리 웃말. "풍년이 들라는 뜻으로 음력 1월 14일 까치보름날 밤에 솔방울을 주워다 놓고 던지면서 부른다고 한 다." MBC한국민요대전 음반자료 사이트 https://bit.ly/3DO4bXt, 접속일: 2021.11.20.

49 '나라맥이'는 나라막이, 즉 나라를 막는다, 지킨다는 뜻. 『한국민요대전』 전남편 수록곡. 파일 명: 전남0706, 보성군 조성면 덕산리 감동. "나라의 위기에 징병되어 전장에 나가서 죽음에 이르자 집에 편지를 전해 달라고 부탁하는 한 병사의 안타까운 이야기이다. '정읍'이라는 지명 이 나오는 것으로 보아 동학농민혁명이나 의병활동과 관련이 있을 듯 한데 가창자는 이 난리 가 아주 먼 옛날에 일어났던 것이라고만 알고 있다. 전남은 물론 그밖의 다른 지역에서도 듣기 어려운 귀한 노래이다." MBC한국민요대전 음반자료 사이트 https://bit.ly/3xjIkVo, 접속일: 2021.11.20. 이 곡의 노랫말은 노동은, 앞의 논문 23쪽에도 인용되어 있다.

50 『한국민요대전』 충남편 수록곡. 파일명: 충남1216, 홍성군 은하면 장척리 장재울. 독신: 돌 로 만든 신, 독갓: 돌로 만든 갓, 독칼: 돌칼. "강강술래의 일부이거나 그와 비슷한 놀이노래. 어른들이 '동학노래'라고 하더라고 한다." MBC한국민요대전 음반자료 사이트 https://bit. ly/3cH5dZm, 접속일: 2021.11.20.

이처럼 전국의 토속민요에 산견되는 동학음악의 흔적들은 동학음악이 각 지방의 민요에 널리 수용되었음을 보여주고 있으며, 각 지방의 서사와 함께 지역성이 뚜렷한 문화콘텐츠 소재로 활용될 수 있는 잠재성을 가지고 있다.

4. 문화콘텐츠로서 동학음악의 활용방안

1) 서사의 활용방안

동학음악 관련 서사는 문학뿐 아니라 연극, 음악극, 무용극, 영화, 드라마 등 종합예술의 콘텐츠로서도 활용성이 높다. 양상별로 활용방안을 모색해보겠다.

첫째, 동학혁명 관련 기록에 나타난 음악인들의 활동은 그 자체로 서사의 일부를 구성하며, 문화콘텐츠로서의 잠재성이 풍부한 소재이다. 예컨대 연희인들의 민첩함은 그들의 음악성과 함께 동학군의 선봉에서 구성원들을 추동하고 이끄는 특별한 역할에 적합하였으며, 그러한 연유로 관군에도 차출되었다. 같은 계급, 같은 직업군에 속하는 사람들이 동학군과 관군으로 서로 대척하는 장면들은 역사의 아이러니로서 극적 갈등의 소재로 유용하며, 다양한 관점에서 서사를 풀어나갈 수 있는 동기가 될 수 있다. 이 경우는 사회적 모순과 강압으로 인해 같은 처지의 사람들이 서로 무기를 겨누고 싸울 수밖에 없는, 비극적 상황의 설정으로 전개해갈 수 있을 것이다.

또 음악인이 가진 감수성과 재능 등 예술가로서의 기질은 일반 동학군과는 남다른 데가 있었을 것이며, 이러한 차이로 인한 동학군 내의 갈등이나 오해를 설정할 수 있을 것이다. 이 경우는 앞의 예와 달리 갈등을 '동귀일체(同歸一體)'로 풀어나가며 전화위복의 계기로 삼는 긍정적 결말로 풀어갈 수 있을 것이다.

홍낙관과 같은 실제 인물에 대한 여러 기록은 음악을 매개로 한 사랑, 혁명의 와중에서 자신의 음악을 이어가기 위한 음악인들의 노력과 운명 등, 음악과 동학혁명을 엮은 다양한 줄거리의 모티브가 될 수 있을 것이며, 그와 관련된 고창이나 부안의 서사와 연결할 수 있을 것이다.

둘째, 동학혁명 관련 노래들은 비교적 짧고 추상적이나, 당시의 상황 및 전봉준이라는 실제 인물과 연결하여 창조적 서사를 만들어갈 수 있을 것이다.

셋째, 천도교경전에 수록된 가사와 시가들은 최제우의 일생과 연결하여 그의 사상과 철학을 담은 시대물로 엮어갈 수 있는 소재가 될 수 있다.

이상의 내용은 오늘날의 시각에서 새롭게 해석될 수 있으며, 오늘날까지도 해결되지 않은 평등의 문제, 평화의 문제, 공동체의 문제 등을 대입하여 민중의 관점에서 현대적 서사로 재구성할 수 있다. 그러한 작업을 통해 동학혁명의 역사적 의미를 오늘날의 정서와 요구에 맞게 이어가려는 노력이 필요하다.

2) 선율의 활용방안

현존하는 동학 관련 음악은 그 수가 매우 적으며, 〈새야 새야〉를 제외하면 일반에 알려진 곡이 거의 없다. 그러나 아직 잘 알려지지 않은 곡들 또한 관련 문화콘텐츠로서의 잠재성은 다분하다. 이에 대해 하나하나 살펴보겠다.

첫째, 〈주문〉은 독주곡이나 실내악곡, 또는 관현악곡이나 합창곡의 주제로 활용도가 높다. 음악에서 모티브는 짧고 간결할수록 더욱 다양한 구성과 전개를 구사할 수 있기 때문이다. 동학 철학의 핵심을 담은 이 곡은

동학을 주제로 한 모든 형태의 작품에 높은 상징성을 가지고 활용될 수 있을 것이다.[51]

둘째, 민요 〈새야 새야〉 중 널리 알려진 경기지방의 선율은 이미 다양한 작품에서 사용되어왔으나, 그 외 각 지역의 〈새야 새야〉는 거의 알려지지 않았다. 이 민요들을 동학혁명 당시의 지역들과 연결된 서사와 결합함으로써 새로운 작품의 모티브로 활용할 수 있다. 예컨대 정선의 〈새야 새야〉는 동학군이 일본군과 관군에 맞서 싸운 녹도 전투의 서사와 결합할 수 있으며, 영동의 곡은 북접 동학군의 주둔지였던 충청도 일대, 무주와 완주의 곡은 전라도 일대의 서사와 연결될 수 있다.

셋째, 그 외 동학음악의 흔적이 스며들어있는 각 지역의 민요 또한 해당 지역과 관련된 동학혁명의 서사나 출신 인물 등과 연결하여 음악적 모티브로 활용할 수 있을 것이다. 예컨대 해남의 논매는소리 〈절로소리〉는 해남읍성 공격과, 파주와 이천의 무덤다지는소리는 경기도의 동학 관련 서사와, 〈둥당애타령〉과 〈나라맥이〉는 전라도의 서사와 결합할 수 있을 것이다. 이 곡들은 향후 각 지역의 특성을 살린 문화콘텐츠로서의 잠재성을 함유하고 있다. 또 백산(白山)이 위치한 부안은 특히 바닷가라는 지리적 특성으로 인해 그물당기는소리-술비소리, 고기푸는소리, 배치기소리, 줄꼬는소리, 줄메고다니는소리-에용소리 등 위도의 뱃노래들이 발달하였는데,[52] 이러한 풍부한 민요에 부안군 동학혁명의 서사를 얹는다면 지역성을 잘 살

---

51 예를 들어 동학혁명 100주년을 기념하기 위해 작곡되어 1994년 9월 16일에 국립중앙극장 대극장에서 초연된 칸타타 『들의 노래』(이강백 대본, 이건용 작곡, 나영수 지휘) 중 〈님이여 개벽의 한울님이여〉는 〈주문〉을 적극 활용한 곡이다. 소프라노의 독창이 전개되는 가운데, 〈주문〉이 합창으로 깔리면서 반복된다. 『들의 노래』(서울: 서울음반, 1994), 두 번째 트랙 수록곡 〈님이여 개벽의 한울님이여〉 참조.

52 『한국민요대전』 전북편 수록 부안군 토속민요 참조. MBC한국민요대전 음반자료 사이트 https://bit.ly/3DxJ3DH, 접속일: 2021.12.6.

린 훌륭한 문화콘텐츠를 생산할 수 있을 것이다.

5. 나가며

문헌 자료에는 동학혁명 당시의 음악인들의 활동 양상이 다양한 시각에서 기록되어있으며, 당시에 널리 불린 노래의 텍스트도 일부 남아있다. 또 천도교경전에 수록된 가사와 시가들에는 동학음악의 일단을 이루었을 내용이 상당량 전해온다. 이 자료들에는 동학혁명의 서사들이 담겨있다.

천덕송과 토속민요에는 적은 수이지만 동학혁명 당시의 원형을 간직한 것으로 짐작되는 노래들을 찾아볼 수 있으며, 이는 동학음악의 실체를 담고 있는 매우 귀중한 자료들이다. 〈주문〉은 전통어법을 바탕으로 한 간결하고 품격 높은 선율로 전승되고 있으며, '새야 새야' 계열의 노래들은 각 지역 민요의 특성을 반영한 가락에 얹혀 불려왔음을 확인할 수 있다. 기록에 전하는 텍스트들과 음악에 전하는 선율들은 이처럼 동학혁명이 전개된 각 지역의 양상과 특성을 담고 있으며, 이는 향후 다양한 예술 작품의 소재로 활용될 수 있다.

동학의 주체도 백성이요, 민요의 주체도 백성이다. 동학의 서사와 민요의 서정을 만나게 하자. 그리고 여기에 '지금', '이곳'의 지향과 정서를 담자. 그 위에 예술적 숨결을 불어넣는다면 동학음악은 역사성과 지역성, 시대성과 정체성을 모두 갖춘 새로운 문화콘텐츠로서 다시 태어날 수 있을 것이다.

참고문헌

단행본

국사편찬위원회, 『東學亂記錄』 하, 서울: 國史編纂委員會, 1971.

송방송, 『증보 한국음악통사』, 서울: 민속원, 2007.

김정희, 『한겨레음악대사전』 제1권, 서울: 보고사, 2012.

吳知泳, 『東學史』, 大光文化社, 1984.

이병규 외, 『동학농민혁명 국역총서(5)』, 정읍: 동학농민혁명기념재단, 2010.

천도교중앙총부 편저, 『天道教經典』(서울: 천도교중앙총부출판부, 2001.

黃玹 저, 李民樹 譯, 『東學亂: 東匪紀略草藁』, 서울: 乙酉文化社, 1985.

김정 , 김종익 역, 『번역 오하기문』, 서울: 역사비평사, 1994.

논문

곽동현, 「영남지방 유희요의 존재 양상과 특징」, 서울: 한양대학교 박사학위논문, 2018.

김광순, 「東學音樂의 歷史的 變遷에 관한 硏究」, 부산: 동아대학교 교육대학원 석사학위논문, 1993

김정희, 「≪천도교회월보≫에 나타난 일제강점기의 천덕송」, 『공연문화연구』 제35집, 한국공연문화학회, 2017.

김정희, 「민요 음조직론과 음조직명에 대한 제언」, 『한국민요학』 제53집, 한국민요학회, 2018.

노동은, 「동학의 음악」, 『역사연구』 제28집, 서울: 역사학연구소, 2015.

손태도, 「동학농민혁명과 광대집단의 활동 – 홍낙관, 홍계관을 중심으로」, 『역사민속학』 제53집, 서울:

이이화, 「신분해방의 들불 댕긴 '큰 괴수' 홍낙관」, 『발굴 동학농민전쟁 인물열전』(서울: 한겨레신문사, 1994.

이진영, 「고창지역 동학농민혁명의 문헌자료와 농민군 지도자」, 『전라도고창지역 동학농민혁명 사료집』, 고창: 고창문화원 편, 1998.

최민국, 「東學音樂과 龍譚遺詞硏究」, 부산: 동아대학교 교육대학원 석사학위논문, 1995.

음원

MBC, 『한국민요대전』, 서울: MBC, 전라남도편(1993), 전라북도 · 경상북도 · 충청남도 · 충청북도 · 경기도편(1995), 강원도편(1996).

이건용 · 이강백 · 나영수, 『들의 노래』, 서울: 서울음반, 1994.

인터넷사이트
MBC한국민요대전 음반자료 사이트 https://bit.ly/3lBSgFe
한국고전용어사전 https://bit.ly/3EujDYV
한국민족문화대백과 https://bit.ly/3DnOx44

동학과 민중미술의 만남
'백산(白山)' 회화에 담긴 민중미학

김종길(경기문화재단 경기도미술관 학예연구관)

동학과 민중미술의 만남
'백산(白山)' 회화에 담긴 민중미학

풍경은 밖에 있고, 상처는 내 속에서 살아간다. 상처를 통해서 풍경으로 건너갈 때, 이 세계는 내 상처 속에서 재편성되면서 새롭게 태어나는데, 그때 새로워진 풍경은 상처의 현존을 가열하게 확인시킨다. 그러므로 모든 풍경은 상처의 풍경일 뿐이다.[1]

1. 들어가기

　전북 부안군 백산면 용계리 백산성(白山城)에 오르면 "동학농민혁명의 본격적인 시작을 알린 백산대회(白山大會)"를 설명하는 안내판이 서 있다. 거기에 굵은 글씨로 "앉으면 죽산(竹山)이요, 일어서면 백산(白山)이라." 제목을 뽑은 뒤, 그 아래에 이렇게 적었다. "부안 백산은 한국 근대사의 분수령을 가르는 대사건으로 평가받는 동학농민혁명이 본격적으로 시작된 역사의 현장이다. 고부 군수 조병갑의 탐학과 수탈에 맞서 고부의 동학교도와 농민은 1893년 11월 「사발통문 거사계획」을 결의하고, 이듬해 1894년 1월 10일에 고부 관아를 점령하였다. 그 이후 무장기포를 거쳐 1894년 3월 26일(양력 5월 1일), 호남 일대에서 모인 군중이 야트막한 백산에 집결하였다. 그 수는 전라도 34개 지역에서 모인 8천여 명으로 전하는데, 이를 두고 '앉으면 죽순(坐則竹山) 서면 백산(立則白山)'이라고 하였다."[2]

1　김훈, 『풍경과 상처(김훈 기행산문집)』(문학동네, 2009)에서.
2　전북 부안군 백산면 용계리 백산성 정상의 안내판 설명문. 2021년 12월 현재.

글 아래로 「동학농민군 편제」, 「백산 격문」, 「사대 명의」, 「12개조 군율」
이 뚜렷하게 박혀있다. 갑오농민혁명에서 백산이 얼마나 중요한 역사적
장소인지를 알 수 있는 내용들이다. 안내판은 이곳이 '집결지'라고 했으
나, 백산은 단순한 집결지가 아니었다. 고부봉기 이후 흩어진 농민을 다시
결집시키면서 조직을 정비하고 사대명의(四大名義)를 선포한 곳이 아닌가![3]
해발 48미터의 이 작은 산성이 쏘아올린 시대의 불꽃은 20세기를 내내 밝
히는 등불이었다. 그리고 그 등불이 21세기의 새로운 우주적 신명으로 전
화(轉化)되는 시점에 우리는 서 있다.

1993년 미술평론가 유홍준과 함께 황토현을 거쳐 백산에 오른 작가들
은 동학농민군의 활약을 다할 수 없는 말로 들으면서 홀린 듯 상상했을
것이다. 아무리 들어도 더 듣고 싶은 그 혁명의 뜨거움과 슬픔은 그들이
1980년대 군부 독재와 싸우며 일군 민중미술의 어떤 원형이었으므로.

우리 현대미술사에서 동학이 하나의 미학적 주제로 급부상한 것은
1994년 〈동학농민혁명 100주년 기념전〉(이하 <100주년 기념전>) 때문이었
다. 민중미술계 작가들이 대거 참여한 이 전시는 그 해 이른 봄 3월 30일
부터 4월 17일까지 예술의 전당 한가람미술관에서 열렸다. 전시를 위해
1993년 유적지 답사가 이뤄졌고 많은 작가들이 관련 자료를 찾아 읽고 작
품을 만들었다. 전시가 이른 봄이었으므로 작품은 대부분 1993년에 시작
해서 전시 전에 완성되었다.

이 글은 〈100주년 기념전〉에 수록된 작품들 중에서 백산을 주제로 한

3　대장 전봉준, 총영관 손화중·김개남, 총참모 김덕명·오시영, 영솔장 최경선, 비서 송희옥·정
　백현으로 조직을 정비했다. 사대명의(四大名義)는 "①사람을 죽이지 않고 물건을 파괴하지 않
　는다(不殺人不殺物), ②충과 효를 모두 온전히 하며 세상을 구하고 백성을 편안케 한다(忠孝
　雙全 濟世安民), ③일본 오랑캐를 몰아내어 없애고 왕의 정치를 깨끗이 한다(逐滅倭夷 澄淸聖
　道), ④군대를 몰고 서울로 들어가 권세가와 귀족을 모두 없앤다(驅兵入京 盡滅權貴)"이다.

작품을 소개하고 분석한 것이다. 이 전시에는 유래 없이 115명이 참여하는 큰 전시였는데, 역사적 상징성이 컸기 때문인지 백산을 주제로 한 작품도 여럿 출품되었다. 그 이전에 동학 관련 작품이 없었던 것은 아니지만 이때처럼 많은 작품이 한꺼번에 쏟아진 적은 없었다.

〈100주년 기념전〉이 열리기 한 달 전 국립현대미술관에서는 〈민중미술 15년 1980-1994〉(이하 <민중미술 15년전>)이 열렸다.[4] 두 전시는 민중미술이 15년을 일군 실천적 현실주의 미학의 큰 결실이었다. 이 15년의 민중미술운동의 역사적 뿌리는 '동학'에 가 닿았다. 민중미술은 사회·정치운동, 문화운동과 교호하면서 민주화를 위한 투쟁에 나섰기 때문이다.

"동학과 민중미술의 만남"이라는 관점에서 민중미술사와 민중미술론을 짧게 살펴 본 뒤, 1980년대의 동학 주제의 작품들, 그리고 〈100주년 기념전〉에 출품된 백산 작품들을 살펴보도록 하겠다.

2. 1970년대 민중미술론의 형성

1969년 『현실동인 제1선언』이후[5], 미술평론가 김윤수, 박용숙, 원동석, 임영방은 1970년대에 1980년대를 위한 이론적 모판을 깔았다. 김윤수는 1970년 8월 『상록』에 「미학의 학문적 의의」를 시작으로 1975년 『한국현대회화사』에 「한국 근대미술 그 비판적 서설」을 썼고, 1977년 11

---

4   과천관에서 2월 5일부터 3월 17일까지 열렸다. 민중미술이 역사화 되는 첫 전시였으나, 이후의 연구와 전시가 부족해서 지금까지 제대로 역사화 되지 못하고 있다. 글쓴이는 2019년 경기도미술관에서 〈시점(時點), 시점(視點)-1980년대 소집단 미술운동 아카이브〉를 기획하였고, 국립현대미술관에서는 올해 한국미술사 개론서인 『한국미술 1900-2020』을 출간했다.
5   1969년 10월 25일부터 31일까지 서울의 신문회관 화랑에서 열릴 예정이었던 〈현실동인〉전이 당국과 대학의 반발로 불발되자 오윤, 임세택, 오경환이 각 작품 1점, 그리고 김지하가 쓴 선언문을 수록한 『현실동인 제1선언』을 엮어냈다. 기록을 위한 자료집이었고 정식 출간물은 아니다. 이 선언문은 이후 1980년대 민중미술을 견인했다.

월에는 임영방이 창간한 『미술과 생활』에 「선전 잔재와 극복」을 발표했
다. 그의 현실주의 미학은 1981년 『계간미술』여름호에 발표한 「삶의 진실
에 다가서는 새 구상」에 와서 가장 구체화된 평론으로 완성된다. 그는 전
후 프랑스 화단의 작가들 중에서 새로운 리얼리즘을 추구한 '옴 테므앵(un
témoin de l'époque, 시대의 목격자)'에 주목하면서 '구체적 형상'으로서의 '새
구상'에 대해 강론한다. 그는 '옴 테므앵'의 작가들이 "새로운 물결인 추상
회화에 대항하고 다른 한편으로는 공식화된 사회주의 리얼리즘에 대항하
면서 전쟁체험과 전후의 삶의 이러저러한 모습을 날카롭게 추구하였다."
고 말하면서, "현실은 구체적이다. 개인에 있어서나 사회적으로나 그것은
언제나 구체성을 띠고 나타난다. 구체성을 어떻게 파악하며 어떻게 관계
하는가에 따라 현실은 드러나기도 하고 왜곡되거나 상실되기도 한다. 또
현실은 개인적 입장과 사회적 관점에 따라 다르게 인식된다. 그러나 우리
의 삶을 규정하고 있는 것은 임의적 현실이 아니라 객관적 현실"이라며 구
체적 형상으로서의 미술을 제안하고 있다.[6]

박용숙은 1972년 5월 『월간 다리』에 「식민지시대의 미학 비판」을 실었
다. 1974년 2월에는 『공간』에 「민족적 리얼리즘은 가능한가」를 발표했다.
그는 민족적 형식으로서의 리얼리즘을 검토한 최초의 평론가다. 1969년
중앙일보 신춘문예 미술평론 부문에 당선되어 평론 활동을 시작했으나 이
미 1959년에 『자유문학』에 「부록(附錄)」이 추천되어 문학 활동을 한 전력
이 있다. 그가 추구하는 미학은 1970년에 출간한 『구조적 한국사상론』에
서 윤곽을 드러냈고, 그리고 그것의 가장 큰 결실은 1990년 7월에 펴낸
『한국미술의 기원-미술사의 근본 문제』가 아닐까 한다. 이미 '민족적 리얼
리즘'의 가능성을 이야기 했듯이 그는 토우, 도용, 무신도, 신화, 제단화,

6 김윤수, 「삶의 진실에 다가서는 새 구상」, 『계간미술』, 1981년 여름호(No18), 103~110쪽 참조.

풍속화 등의 전통에서 우리 미술의 기원을 살폈고, 2010년에는 『샤먼제국』을 통해 샤머니즘을 미학원리로 공식 입안했다.

원동석은 1975년 『원광문화』제2집에 「민족주의와 예술의 이념」을 실었는데, 이 글 3장 "예술가와 민중"에서 예술의 민족적 독자성으로부터 현재성이 될 수 있는 길은 무엇인지 물으며 그것은 "민족의 주체자인 민중으로부터 예술의 전승이 시작되고 창조되어 민중으로 돌아가야 한다는 것이다. 이것만이 민중의 현실과 일체가 되는 예술의 현재적 기능인 것"이라고 강조하고 있다. 또 그는 "민중예술은 민중 속에서 진실을 찾고 이를 확인하려는 예술"이라며 민중예술론을 처음 주장하고 있다. 1976년 『고대문화』에 「근대미술에 있어서 의식의 갈등」을 썼고, 1977년 1월 『대화』에 「추상미술의 외세주의」를, 9월 『대화』에는 「미술의 사회적 기능」과 「미술의 민중적 정서 회복」을 기고했다. 또 1978년 10월, 11월, 12월 『미술과 생활』에 「누구를 위해 무엇을 보여주는가」, 「전통미술의 의미와 과제」, 「민족주의 예술의 이념과 방향」을 발표했다. 그리고 그의 민중적 민족미술론은 1985년 6월에 펴낸 『민족미술의 논리와 전망』에 집대성 되었다.

임영방은 1977년에 『미술과 생활』을 창간하고 「그 사회, 그 미술」, 「삶과 멀어질 때 미술은 사치」와 같은 평론을 발표했다. 1977년의 「미술과 생활」은 그 외에도 미술평론가 성완경과 최민이 활동했던 지면이기도 하다. 그리고 그런 비평의식은 소집단 '현실과 발언'(이하 '현발')으로 이어졌고, 그가 국립현대미술관 관장이 되었을 때 〈민중미술 15년전〉이 개최되는 것으로 이어진다.

3. 민족적 형식과 민중적 미의식

1969년 김지하는 한국 문화에 대해 토론하는 폰트라(PONTRA: Poem ON TRAsh, "잿더미 위에 시를")라는 서울대학 내 학술모임을 이끌고 있었다. 김윤수, 염무웅, 이성부 등이 참여했던 이 모임에 오윤과 오숙희, 임세택, 강명희, 김민기 등이 새로 초대되었다. 오윤은 이들과의 교류에서 그가 그동안 숙고하고 살폈던 전통예술의 미학적 실천을 결심하게 된다.

1969년 10월 25일부터 31일까지 서울의 신문회관 화랑에서 열릴 예정이던 〈현실동인〉전이 서울대와 당국의 억압으로 불발되자, 스물아홉의 청년 김지하는 「현실동인 제1선언」을 썼다. 거기에 그들이 '폰트라'에서 탐색한 한국미의 원형과 구조가 반영되었다. 단원과 혜원이 그린 인물화의 전형, 가면극과 탈춤, 불상과 불화의 과장과 고도화, 고구려 벽화와 불화에 나타난 동시성, 병풍의 연방적인 새 소격형식, 속화에서의 돌출과 충돌이 제시되었고, "전통과 현실은 함수관계다. 올바른 전통계승의 방향은 현실지향과 통일되어 있으며, 전통의 참된 가치해석은 현실주의 미학의 건축과정에서 비로소 가능하고 또한 전통을 발전적으로 해석·적용하는 과정에서 비로소 현실주의는 그 미학적 토대를 굳히게 된다. 현실주의 미학이 틀을 잡을 때에만 그것을 넘어서서 나아가는 보다 새로운 것의 탐색도 또한 가능하다."고 강조하고 있다.[7]

그런 김지하의 현실주의 미학은 '광주자유미술인협의회'(이하 '광자협')가 1981년 2월에 발표한 「제2선언문-신명을 위하여」에서 "우리는 우리 민

---

7 김지하, 「현실동인 제1선언」, 『현실동인 제1선언』(현실동인, 1969), 1~31쪽 참조. 비정식 간행물이며, 수십 부를 제작한 뒤 '현실동인' 회원들과 일부 작가와 이론가들에게 배포하였다. 선언문 앞에 4.19를 그린 오윤의 〈1960년, 가〉(200호), 임세택의 〈임산부〉(200호), 오경환의 〈가족〉(100호)이 흑백으로 실려 있다.

중예술의 기본 개념이 되어 온 제의와 놀이에 대한 접근을 시도함으로써 보편적 공감대를 형성하려 한다. 이러한 신명이야말로 현대 예술이 잃어버린 예술 본래의 것이었으며, 집단적 신명은 바로 잠재된 우리 시대의 문화역량이기 때문"이라는 문구로 수용되었고, 또 1983년 그들이 기획한 시민미술학교 취지문 「시민미술학교」에 "일찍이 우리의 선조들은 탈춤, 판소리, 민요, 농악, 민화와 같은 위대한 예술양식을 남과 더불어 형상화 시킬 수" 있었다는 행동주의 선언에서도 찾아볼 수 있다.[8]

'현발'의 전시장 미술과 달리 '미술동인 두렁'(이하 '두렁')이 걸개그림을 새롭게 창조하고 '광자협'이 그것을 혁명의 미술로 발전시킨 것, '광자협'이 씻김굿으로 창립전을 열고 '두렁'이 열림굿으로 받아서 굿그림으로 확장시킨 것, 민화의 형식을 차용해 벽그림과 판화달력과 병풍과 만화와 그림책으로까지 이어지게 한 것은 1970년대의 한국미 탐색이 그 바탕이었다.

'두렁'의 평론가 라원식은 「민족·민중미술의 창작을 위하여」에서[9] "민족·민중미술이란 '민족의 현실에 기초한 민중의 삶을 민족적 미형식에 담아 민중적 미의식을 바탕으로 하여 형상화한 미술'"이라고 밝힌 바 있다. 그는 또 "민족의 현실에 기초한 민중의 삶을 민족적 미형식에 담아 민중적 미의식을 바탕으로 하여 형상화한 미술"이 민중미술이라 했다. 그가 주창한 '민족적 미형식과 민중적 미의식'의 개념은 본래 어디에서 시작된 것일까? 그 기원의 출발은 문학평론가 조동일이 아니었을까?

조동일은 1965년 『사상계(思想界)』에 「순수문학의 한계와 참여」를 발표했고, 이듬해인 1966년에는 『세대(世代)』에 「리리시즘과 참여의식-이경남의 〈빈 광장에라면〉에 대해」를 기고해 당시 격론을 벌이던 참여문학논쟁에

8 광자협의 활동과 선언문에 대해서는 최열의 『미술과 사회: 최열 비평전서(1976-2008)』(청년사, 2009)를 참조할 것.
9 라원식, 「민족·민중미술의 창작을 위하여」, 『민중미술』(도서출판 공동체, 1985), 46~70쪽 참조.

서 문학의 사회적 참여를 강조했다. 또 그 해『창작과 비평』에「전통의 퇴
화와 계승의 방향」을 발표하여 전통의 계승 문제를 본격적으로 모색했다.
1960년대 후반, 그는 민요·판소리·민담·가면극·구소설 등 우리 고전문
학의 갈래를 깊이 연구한 논문을 발표함으로써 1970년대 대학가 민족문
화운동에 불씨를 제공했다.[10]

　역사학자 서중석은 "유신의 어둠 속에서 유신을 타파할 사상이 피어난
것처럼, 1970년대 꽉 막힌 병영 속에서 마당극(탈춤)·풍물·판소리·민요·
무가·민속극이 대학가를 중심으로 민족·민중 문화와 저항문화로 각광을
받았다"고 하면서, "현장성·신명성·집단성·주체성이 풍자나 해학과 일체
를 이루어 현실을 과감히 비판한 것"이라면서, 1980년대에 들어섰을 때
학생들은 노동자·농민·빈민 등 민중 속으로 직접 뛰어 들어 갈 준비가 되
어 있었다고 했다.[11] 또『한국현대무용사』를 펴낸 양정수는 "1960년대만
해도 전통문화나 민속문화에 대한 관심은 외래문화에 대한 막연한 동경에
불과했지만 1970년대 들면서 특히 대학가를 중심으로 민속문화나 민속취
향의 문화가 급속히 유행하기 시작했다. 이런 문화는 외래문화에 대한 무
조건적이며 자기 비하적인 수용 태도에 대항하는 개념으로 나타나기도 하
였지만 한편으로는 대중문화에 민속문화를 결합한 의미로 나타나기도 하
였다."[12]고 성찰했다. 어쨌든 1970년대는 조동일에 의해 모색된 민족 문

10 1960년대 후반 그가 발표한 논문은 다음과 같다.「가면극 대사에 나타난 Parody에 대하여」
　(『우리문화』, 1966),「국문학과 샤마니즘」(『現代文學』, 1967),「우리나라의 설화와 국문학」(『成
　大文學』, 1967),「가면극의 희극적 갈등」(『國文學□究』, 1968),「가면극 악사의 코러스적 성격」
　(『東西文化』, 1969),「민요와 현대시」(『창작과 비평』, 1970),「봉산탈춤 양반 과장의 구성」(『演
　劇評論』, 1970) 등이 있고, 단행본으로『서사민요연구』(1970)이 있다. 그 외의 논문으로「흥부
　전의 사회적 고찰」,「옹고집전의 사회적 고찰」,「민담 구조의 미학적·사회적 의미에 관한 일
　고찰(一考察)」(『韓國民俗學』, 1970) 등이 있다.『국어국문학자료사전』, 한국사전연구사, 1998.
　참조.
11 서중석,『사진과 그림으로 보는 한국 현대사』, 웅진지식하우스, 2005. 298쪽.
12 양정수,『한국현대무용사』, 대한미디어, 1999. 236쪽.

화의 전통 미학이 대학 내 동아리를 형성하며 활발하게 전개되었다.

'광자협'과 '두렁'의 선언문에서 살필 수 있듯이 민족/민족문화 담론과 민속 문화에의 천착은 1970년대의 흐름을 이어가는 것이기도 했지만, 가장 실제적인 문제의식은 서구미학에 대한 맹목적인 수용과 전래를 거부하고 비판하는 것이었다. 그뿐만 아니라 단색조 화풍의 시대가 지속되면서 미술이 현실을 담아내지 못할뿐더러 유신 독재에 저항하는 그 어떤 미학도 용납하지 않았던 미술계 내부의 분위기도 청년 예술가들을 시대의 한 복판에 서게 했다. '현발'과 '임술년, "구만팔천구백구십이"에서'(이하 '임술년')의 작가들이 구체적인 형상의 미술로서 '현실'에 주목할 수밖에 없었던 이유다. 그런 맥락에서 단색조 미술은 '시대정신'도 아니고 또 될 수도 없었다.

미술평론가 성완경은 1980년 『계간미술』여름호에 발표한 「한국 현대미술의 빗나간 궤적」에서 단색조 회화 "작품 가운데는 미술로서는 그 형식이 너무나 최소한의 것이어서 마치 특허문서 자체만을 보여주는 것 같은 작품도 있다"면서, "진짜 전위정신은 죽어 버리고 실험의 제스처만 남은, 알맹이는 없어지고 응고된 양식의 껍데기만 남아 되풀이되는 그러한 미술"이라고 비판한 바 있다.[13]

4. 미술동인 두렁 ; 동학을 민중미학으로 창작한 최초의 소집단

애오개는 1983년 2월부터 1985년 2월까지 서울 마포구 아현동 372-23 기선약국 건물 지하에 있었던 문화공간이다. 놀이패 '한두레'의 재건, 노래패 '새벽'의 생성, 미술동인 '두렁'의 태동, 풍물패 '터울림'의 결성, 그리고 민중문화협의회의 출범 등이 이곳으로부터 비롯되었다. 공식명칭은

---

13 성완경, 『민중미술 모더니즘 시각문화』, 열화당, 1999. 40쪽 참조.

'애오개소극장'이었으나 '애오개'로 더 많이 불렸다. 탈춤·풍물·민요·판소리·연극·무용·노래·미술 등 문화예술운동 일꾼들이 힘을 모아 지하 두부 공장을 개조하여 마련한 곳으로, 2년 여 동안 '딴따라' 그리고 '환쟁이'들의 공간이자 민중문화의 산실이었다. 1980년대 문화운동의 전성기를 연 소집단들이 태어나 자랐으며(인큐베이터), 그들의 작업장이었고(스튜디오), 발표 공간(소극장, 전시장)이었다. 또한 문화 활동가들이 길러지고 단련된 거점이자(베이스캠프), 문화운동의 전략전술이 수립되고 집행되었던 밀실(아지트)이었던 것이다.

'두렁'의 활동은 애오개를 중심으로 펼쳐졌다. 1983년6월, '두렁'은 각 대학의 문예 동아리들의 생성과 촉진을 위한 종합문화교실을 기획했다. 문화협동자로 김봉준, 장진영, 이기연 참여했고 또한 그들이 미술교실을 진행했다. 미술교실이 끝나자 이 프로그램에 참여했던 이수자들이 동아리를 결성하기 시작했다. 홍익대 민화 동아리(이춘호, 양은희, 김명심 결성), 이화여대 민속미술 동아리(정정엽, 박영은 결성), 서울대 민화 동아리는 그렇게 탄생한 것들이다.

'두렁'은 애오개에서 민중미술학교 프로그램도 기획했다. 애오개 종합문화교실 중 '민화교실'을 맡아서 진행한 것이다. 프로그램 소개와 내용은 다음과 같다. "민화교실은 적은 규모로 보다 전문성을 띤 훈련이다. 즉, '민중미술교사'로서, '민중문화협동자'로서 자질 양성에 주력하는 프로그램이다. 민화의 형식 가치를 육화(肉化)전승시키고 자신이 갖고 있는 숨은 자질을 개발하여 딴 모임에서는 진행자가 될 수 있는 능력까지 기르는 것이다. 쉽게 그리고, 함께 그리는 방법인 민화로 미술의 뿌리 찾기에 주력함 프로그램이다."[14]

---

14 민중미술편집회, 『민중미술』, 공동체, 1985, 312쪽.

	강좌 및 토론	실기
1	민중문화론	얼굴 그리기(발표)
2	전통시대 민중문화의 이해	민화 익히기(무화)
3	전통 민중미술의 올바른 이해	민화 익히기(탱화)
4	자신의 살아온 내력(슬펐던 일, 기뻤던 일)	판화
5	세상만사 토론	공동 벽화(또는 이야기그림)
6	그림놀이 준비	그림놀이

　창립예행전에서 '두렁'은 1980년대 초반의 한국사회 만화경을 풍자와 해학의 골계미로 풀어냈다. 감로탱화의 서사적 표현 구조와 기법을 응용하고, 시공간을 동시 축약으로 표현한 공동 벽화 〈만상천화(萬像千畵)Ⅰ〉이 대표적이다. 또 민중들의 삶의 애환은 물론, 삶의 고락을 붓그림으로 그리고 이를 양각으로 판각한 뒤 채색한 판화 〈아리랑 고개〉, 〈화전놀이〉 등 30여 점이 출품되었다. 그리고 창작탈굿(탈놀이)에서 사용되는 탈바가지 작품 〈사장탈〉, 〈복부인탈〉, 〈양코쟁이탈〉을 비롯한 30여 점의 탈이 전시되었으며, 문화예술계의 현실을 풍자한 탈굿 〈문화 아수라판〉 연희가 세 차례 시연되었다. 참여 작가는 김봉준, 김주형(예명 김준호), 장진영, 이기연, 이연수, 이선형, 오경화, 김양호였고, 두렁의 대표는 김봉준이었다. 김명심, 양은희, 이춘호가 작품 제작을 보조했다. 예행전이 끝나자 두렁은 그림책 제1집 『산 그림』(1983.7)을 제작, 발간했다. 『산 그림』에 "'산 그림'을 위한 몇 가지 다짐"이 실려 있다. 그 '다짐'은 미술동인 두렁이 추구하는 '산 그림의 미학'이라 할 만하며, 그것은 또 1980년대 최초의 민중미학이라고 보아도 무방할 터이다.

그림 1. 김봉준(두렁 공동작품), 조선수난민중해원탱, 비단에 단청안료, 250x150cm,1983. 불교의 감로탱화를 참조한 이 걸개그림은 아래에 동학, 4.19, 5.18을 배치했고, 중간에 들고 일어서는 민중을 그렸으며, 맨 위에 대동세상을 그렸다.

미술평론가

두렁(김우선, 양은희, 장진영, 정정엽),
〈통일 염원도〉, 천에 아크릴, 300×300, 1985.

그림 2. 미술동인 두렁(김우선, 양은희, 장진영, 정정엽), 통일 염원도, 천에 아크릴, 300x300cm, 1985. 미술동인 두렁 작가들이 공동 제작한 통일염원도이다. 민중이 해방되어야 통일이 될 것이라는 이 그림은 머리띠에 '민(民)'을 쓴 신장(神將)들에 의해 에둘러져 있다. 동학농민신장이 아닐까 한다.

'산 그림'의 다짐을 실천하기 위해서 두렁은 다음과 같은 구체적 방법론을 제시한다.

① 그림의 서사성 회복을 구체화 한다. − "이야기그림"의 가능성 모색
② 서로 쉽게 의사가 소통할 수 있는 양식을 통해 미술 주관적 관점에 객관적 통로를 마련하다.
③ 미술에 있어서 공동 창작의 새로운 가능성을 모색한다.

④ 만화, 풍속화, 감로탱화의 형식을 종합해서 내용의 현실적 사실성을 창조적으로
  통일한다.

⑤ 더불어 사는 삶을 지향하는 민주적 이상향을 통해 현실에 대한 공동체적(민중적)
  주관성을 시각적으로 제시한다.

⑥ 대중매체를 통한 대중의 판단력 상실의 극복을 그림으로 찾아본다.

⑦ 미술의 민주화─민주적 참여 가능성을 확대시킨다. ─ 쉽고도 가까운 생활미술을
  회복한다.

'산 그림'의 다짐과 방법론을 위해 그들이 토론한 내용이다.

전통적 맥락을 이으면서 오늘날 대중의 생활과 밀착되어 깊고 넓은 공감적(共感的)
미감(美感)이 소통될 수 있는 산 그림을 창조하자는 데 의견을 모은다.

① 주제 : 이상계(理想界)·현실계·아수라계를 종합한 1980년대의 만화경을 표현
  한다.

② 표현 양식 : 빛나는 미술전통인 감로탱화(甘露幀畵)를 사표로 삼계(三界)와 삼천
  (三天)의 시공(時空) 동시축약을 세계상의 기본 얼개로 한다. 만화, 민화, 탱화,
  풍속화, 사생화를 통일적으로 수렴하려고 애쓴다. 그러나 명랑 자체만의 천국이
  아닌 "애쓴 일 후의 보람"이 사랑과 신명으로 넘치는 세계.

  ㉠ 이상계 : 우호적 시선에서 해학적으로 표현(과장).

  ㉡ 현실계 : 현실의 구조적 인식을, 시각적으로 선택 · 해석하고 풍자와 해학이
    통합된 표현, 현실의 유형화.

  ㉢ 아수라계 : 풍자적 표현(왜곡) 추악과 괴기를 부분적으로 들어내되 맹목성으
    로 빠지지 않고 모순 인식의 객관화, 인격화.

● 갑오농민신상

그림 3. 미술동인 두렁(주필 김봉준), 갑오농민신상, 1984년 창립전 마당에 걸린 작은 걸개그림이다.

그림 4. 미술동인 두렁 창립전 열림굿 장면이다. 경인 미술관, 1984. 동해안 별신굿을 했고 동학의 주문을 내 걸었다.

　'두렁'의 미학적 뿌리는 불화, 민화, 탈춤, 풍물, 마당극, 판소리, 굿, 신화 등 기층 민중의 민속문화이며, 그 원형에 있다. 또한 그들은 '광대론'을 주창하기도 하는데 그것은 원효의 『대승기신론소』에서 말하는 '광대무변', '무변광대(無邊廣大)'의 뜻과 상징을 전유하는 것이다. 원효는 "대승이란 무량(無量), 무변(無邊), 무애(無崖)하기 때문에 일체에 널리 두루함을 말한 것이니, 비유하자면 허공이 광대하여 모든 중생을 받아들이는 것과 같기 때문이며, 성문·벽지불과 함께 하지 않기 때문에 대승이라 이름하는 것이다"라고 했다.

　그뿐만 아니라 동학의 정신도 그들에게는 큰 바탕이었다. 창립전에서 그들은 동학의 주문 "지기금지 원위대강 시천주 조화정 영세불망 만사지 (至氣今至 願爲大降 侍天主 造化定 永世不忘 萬事知)"를 만장에 새겨 세웠고 『산 그림』(제1집), 『산 미술』(제2집)에 〈녹두장군님상〉과 〈갑오농민신상〉을 싣기도 했다.

동학의 '포접(抱接)'과 최치원의 풍류도, 접화군생(接化群生)을 푼 말뜻의 상징에서 그들은 미학적 행동주의를 읽었다. 개인 창작은 물론, 주필과 공동/협동창작을 수행했으며, 두레정신, 밭두렁(현장), 논두렁(지원), 산개(지역화)와 같은 실천적 현장 활동을 전개했다. 그 과정에서 그들은 민중신학, 민중교육, 공동체론, 문화운동론, 생명론의 사상을 습합했고, 그 결과로 만화, 삽화, 그림슬라이드, 판화, 괘화(걸개그림), 민화, 벽화, 탈, 굿그림, 판화달력, 이야기그림, 회화, 테라코타, 신문, 출판, 미술교육, 포스터, 생활미술, 여성미술, 노동미술 등 민중미술이 이후 지향하는 미학적 형식을 쏟아냈다.

5. 동학과 민중미술 ; 샤먼리얼리즘의 미학

1979년에 결성한 '광자협'과 '현발'은 '백색미학' 따위를 주장하며 현실을 반영하지 않았던 단색조 시대에의 반기, 미술계 내부 학연지연의 권력구조에 대한 반발, 서구미학에의 맹목적 추종에 대해 비판했다. 1982년에 창립한 '임술년'과 83년의 '두렁'도 그런 선배세대의 비판의식과 무관하지 않은 선언문을 발표했다. 민중미술은 미술이 어떻게 삶의 진실에 다가서는 '삶의 미술'로서 새로운 실천미학이 될 것이냐를 궁구했다.

삶의 미술이 되기 위해 민중미술 초기 소집단들이 지향했던 이론적 경향성은 크게 두 가지였다. '광자협'과 '현발'은 1969년 현실동인의 『현실동인 제1선언』을 참조했으나, 그 양상은 '미술-굿'의 민중적 리얼리즘과 '신구상 회화' 지향의 비판적 리얼리즘으로 드러났다.

'광자협'은 "신명을 위하여"를 선언의 테제로 삼았고, '현발'은 "현실이란 무엇인가? 발언이란 무엇을 의미하는가?"를 테제로 삼았다. 그들의 테제는 '임술년'과 '두렁'에서도 유사하게 펼쳐졌다. '광자협'의 공동체적 신명과 민중성은 '두렁'의 미학에서 더 구체적이고 실천적인 양태로 확장되었다. '두렁'은 단지 개인의 작품창작에 그치지 않고 협동창작과 걸개그림이라는 새로운 방법론과 형식을 창조했다. 마찬가지로 '현발'의 현실비판은 '임술년'의 작가들에게서 더 밀도 높은 회화적 형식으로 발전되었다. '임술년' 작가들은 창립전에서 200호 사이즈의 캔버스에 비판적 리얼리즘 회화를 완성도 높게 제출했던 것이다.

그런데 흥미로운 것은 '광자협'과 '두렁'의 작가들이 창작을 위한 이론과 방법론에서 굿 그림과 민화, 불화, 판각 등 전통을 차용하고 해석하는 것을 자유롭게 적용했다면, '현발'과 '임술년'은 프랑스의 신구상 회화와 서구의 극사실주의로부터 짙게 영향을 받았다는 점이다. 민중미술에 깃든 샤먼리얼리즘은 그러므로 두 개의 층위에서 가로지르기 할 수 있을 것이다.

샤먼리얼리즘은 샤머니즘과 리얼리즘의 언어적 혼합이 아니다. 샤먼리얼리즘에서 '샤먼'은 민중미학을 실천하는 예술가는 곧 '예술가샤먼'이라는 재인식에서 출발한다. 물론 그렇다고 샤먼리얼리즘의 개념에서 샤머니즘의 뜻이 완전히 배제되는 것은 아니다. 샤머니즘의 상징은 그대로 '예술가샤먼'으로 전이되어서 드러날 수 있다는 것이 필자의 생각이다. 주지하듯 샤머니즘은 초자연적 존재와 직접적으로 소통하는 샤먼이 없이는 완성될 수 없는 개념이다. 원시종교나 민족문화로서의 샤머니즘/샤먼에서 민중미학의 '예술가샤먼'으로 뜻과 상징이 변태될 때조차 그런 초자연적 존재와의 소통은 절대적이라는 것이 필자의 생각이다. 자, 그렇다면 위에서 언급한 두 개의 층위는 무엇이며 어떻게 가로지르기 할 수 있을까?

'광자협'은 1980년 5월, '5.18'이라는 직접적인 사건의 체험을 통해 '미술-굿'이라는 민중미학을 자각했던 것으로 보인다. 제의적 몸짓과 민중성이 결합해서 탄생한 '광자협'은 지금의 문화민주주의와 비슷한 시민주체의 미술활동을 적극적으로 기획했다. 시민미술의 기획을 통해 그들은 '5월 광주'의 참혹한 학살과 항쟁의 정신을 고발하고 확산하면서 스스로를 치유하는, 아니 억압받는 많은 민중들과 더불어 몫 없는 자들의 '몫'을 획득하고자 했다. '두렁'은 노동현장과 기독청년정신, 감로도(甘露圖)의 불(佛)세계, 동학, 탈춤, 민화 등 삶의 현장과 전통연희와 민중미학이 혼용된 세계에서 육화전승의 체험을 하게 된다. 1983년 애오개소극장에서 창립예행전이 펼쳐졌을 때 그들의 미술은 근대미술이니 현대미술이니 따위의 '서구적 개념'으로부터 완전히 독립된 그 무엇이었다. 미술 광대패에 가까운 그들의 협동창작과 걸개그림은 민중 스스로의 일과 놀이였으며 신명이었다. 그들의 등장은 곧 예술가샤먼의 출현이기도 했다.

현실동인 선언문을 탐독한 '현발'은 프랑스 신구상 회화가 추구했던 '시대의 목격자' 정신을 은연 중 차연한 것으로 볼 수 있다. 앞에서 언급했듯이 1980년대 초반 미술평론가 김윤수는 『계간미술』(1981년 여름호)에 "삶의 진실에 다가서는 새 구상"을 발표했다. 그 글과 함께 기획된 특집화보는 현발 작가들의 회화 작품이 대다수였다. 그들은 단색조 회화가 결코 담을 수 없었던 '지금, 여기'의 현실을 그렸다. 상업 자본주의를 표상하는 대형 간판들과 달동네를 병치해서 그렸고, 도시 유토피아의 신기루와 음울하게 떠도는 소문들의 실체를 그렸다. 도시와 시장과 도로변과 주변부 풍경 어디에나 사람들이 등장했다. 그들은 '예술은 현실의 반영'이라는 현실주의 명제를 충실하게 재현했다. 임술년의 작가들도 크게 다르지 않았다. 그들은 그들이 살면서 겪고 있는 삶의 현실을 묘파했다. 동두천 미군기지의 밤

풍경을 그렸고, 하수구와 도시 주변부를 살폈으며, 가난한 농촌 현실은 물론 탄광촌과 공장지대를 횡단했다. 무엇보다 그들은 직접 보고 체험하지 않은 것들에 대해서는 말하지 않았다. 그들의 리얼리티는 싱싱하고 생생했다.

샤먼리얼리즘은 우물신화의 구조를 따른다. 우물 속의 우물면을 '거울'이라고 했을 때 현발과 임술년의 민중미학은 우물 밖의 들끓는 현실과 모순이 투영되어 재현된 것이라고 할 수 있다. 옛 초상화가들이 '지극한 재현'이라고 했을 때의 재현으로서 말이다. 우물면은 또한 우물 밖의 현실을 보는 거대한 눈(目)이라고도 할 수 있다. 보이는 것의 현실에서 보이는 회화를 그리는 것, 바로 리얼리즘이기 때문이다. 바로 이 층위가 민중미술을 이해하는 하나의 단층이다.

'광자협'과 '두렁 '또한 이 우물면에 집중했다. 우물 밖의 현실이 비현실과 반현실과 초현실로 이뤄진 아수라였으므로 그들은 그 아수라의 현실을 그리고자 했다. 그러나 아수라의 현실은 보이는 것의 현실만을 보아서는 도저히 그릴 수 없었다. 자연히 그들은 우물면의 아래를 이루는 심연의 세계를 살피기 시작했다. 우물면이라는 실체는 우물 밖의 현실과 우물 밑의 심연이 표상되어 만났을 때 완전한 실체를 이룬다. 두렁의 작가들이 감로도에서 착안해서 그린 '만상천화(萬象天☒)' 를 자세히 살피면 중음의 세계와 현실의 세계, 그리고 이상향의 세계가 아래위로 층을 이루며 그려졌다는 것을 알 수 있다.

예술가샤먼의 눈은 보이는 것과 보이지 않는 것을 보는 눈이다. 눈 밖과 눈 안쪽의 세계를 동시에 보는 눈으로 모순의 현실과 들끓는 현실의 이면을 보는 것이다. 현실을 이루지만, 그 현실의 너머에서 현실을 억압하는 권력의 작동기제를 보아야만 샤먼리얼리즘의 미학이 터질 수 있다. 현실의 너머는 온갖 그림자들로 가득해서 뜨거운 가슴으로 뛰어들지 않는 한 그 실체를 보거나 그릴 수 없다. 1987년 6.10항쟁은 '광자협', '현발', '임술년', '두렁', '서울미술공동체'(이하 '서미공') 등이 헤쳐모인 민족미술인협의회(이하 '민미협')가 시대의 한 복판으로 뛰어들어 권력의 실체에 저항하며 미술의 민주화, 사회화를 외치도록 만든 거대한 사건이었다.

〈100주년 기념전〉에 출품된 백산 주제의 회화는 갑오농민혁명처럼 6.10항쟁을 통해 민중의 위대한 샤먼미학을 길어 올린 작가들이 대거 참여했다. 억압에 저항했던 작가들의 작품은 그런 미의식을 담고 있다 하겠다.

6. '임술년'의 작품 ; 이명복, 이종구, 송창의 꽃그늘 날풍경

백산 회화는 붓칼로 새긴 역사화다. 회화의 주제 '동학'은 머릿속을 울리는 추상같고, 표현은 과거와 현재, 역사와 현실, 시대와 삶의 세목들을 낱낱이 그린 세밀화였다. 그 세밀한 역사화의 장소는 한국이라는 모국의 국경을 넘어간 적이 없다. 모국의 속살로 파고 들어가 그 안에 침윤된 역사의 그늘을 지금 여기의 현실에 비추어 그린 회화는 아프다. 그늘이 풍화된 자리에서 산하의 풍경이 피어올라 대지의 무늬가 된 현실은 슬프다. 그들은 지층의 깊은 바닥을 살펴서 출렁이는 현실을 필사했다. 지층의 경계들이 서로 삼투되어서 일으키는 현실의 이미지는 불우했다. 불우(不遇)의 풍경이었다.

백산 회화는 그 불우의 풍경을 보듬고 탄생했다. 상처는 속에 있고 풍경은 밖에 있으니, 작가들은 안팎의 계면(界面)이 오래도록 마주보는 현실을 찾아다녔다. 이들의 리얼리즘은 극사실주의와 표현주의와 초현실주의가 뒤섞였고, 역사가 깃든 대지의 몸이 생채기로 뒤틀린 자리에서 피어났다.

회화의 깊이를 몇 마디 언어로 채굴하는 것은 벅찬 일이다. 이들의 회화론은 깊은 '현실사유'에 있으나, 그 사유의 실체가 이 산하의 풍경이고 인물이니 '풍경과 상처'는 당간지주(幢竿支柱)의 개념어였다.

'꽃그늘'은 꽃과 그늘이 아니다. 꽃의 그늘도 아니다. 꽃그늘은 '해그늘'(日影)처럼 밝고 어두운 것이 한데로 뭉쳐서 카오스가 된 '하나'의 말이다. 그것이 둘이 아닌 것은 꽃이 그늘이요, 그늘이 곧 꽃이라는 얘기. 밝은 어둠이거나 어두운 밝음처럼 음양(陰陽)이 한 덩어리이니 꽃그늘은 잉태의 언어요, 창조의 말일 것이다. 꽃이 그늘을 품고 또 그늘이 꽃을 품었으니, 그 둘의 교합은 감흥일 것이다. '임술년'의 창립 회원인 송창, 이명복, 이종구의 꽃그늘은 그런 감흥의 슬픈 흥취가 '날풍경'으로 새겨진 곳에서 피어났다.

그들은 '노출된 현실/풍경'을 쫓는 여행자이자 역사가이며, '감춰진 진실/풍경'에 직핍(直逼)해 들어가는 관찰자다. 그들이 쫓는 풍경들은 예외 없이 현실이어서 미신이나 전설 따위가 간섭하거나 침윤될 수 없다. 때때로 어떤 풍경들에서 판타지를 엿보기도 하고 그 판타지의 환(幻)을 꿈의 풍경으로 드러내기도 했지만 꿈에서조차 그들은 풍경의 뿌리를 더듬었다.

'임술년'에의 참여는 이렇듯 꽃그늘의 미학을 궁구했던 그들의 회화가 '회화적 육체'를 얻게 된 사건이었고 동기였다. '임술년'의 작가들은 '노출된 현실'과 '감춰진 진실'을 묻고자 했다. 그 시대는 아무나 혼자서 그런 싸움을 할 수 없었다. 그들은 가장 낮고 치열한 회화적 현장을 찾아 나섰고 그곳에서 새로운 리얼리즘의 미학적 형상과 만났다.

'임술년'은 '지금, 여기에서'라는 매우 실존적이고 현실적인 테제로부터 출발한 회화 동인이다. 그들은 창립선언문에서 "〈임술년, "구만팔천구백구십이"에서〉는 '임술년'(1982년)이란 시간성과 '구만팔천구백구십이'(우리나라의 총면적수치)란 장소성, 그리고 '~에서'란 출발의 의미를 동시에 포함한다. 즉, '지금, 여기서'라는 소박한 발언인 것"이라고 밝히고 있다.

'지금, 여기에서'의 이론적 근거가 얼마나 쉽고 간결한가! 그 쉬움과 간결함에 깃들어 있는 삶의 무게는 얼마나 무거울 것인가! 그들이 서 있는 그 시간과 장소의 현실성은 얼마나 실존적인가! 그럼에도 그것이 '소박한 발언'이라고 주장하는 그들의 태도는 또 얼마나 치기어린가! 그들은 '소박한 발언'으로서의 회화적 구현을 위해 다음과 같이 덧붙였다. "우리가 갖고져 하는 시각은 이 시대의 노출된 현실이거나, 감춰진 진실이다. 그것은 '인간' '사물' 또는 우리들 스스로가 간직해야 할 아픔이며, 종적으로는 역사의식의 성찰, 횡적으로는 공존하는 토양의 형성이다. 우리는 다원적인 이 시대의 모든 산물을 수용하지만, 문화의 오류를 구체적이고 명료한 언어로서 얻고져 하며, 현실에 드러난 불확실한 과도적 상황을 솔직하게 형상화 할 것이다."[15]

'임술년'이 추구하고자 한 미학적 실천 개념들은 선언문의 이 마지막 두 문장에 드러나 있다. 예컨대 '노출된 현실', '감춰진 진실', '역사의식의 성찰', '공존하는 토양의 형성', '현실에 드러난 불확실한 과도적 상황을 솔직하게 형상화' 등이 그것들이다. 송창, 이명복, 이종구의 '꽃그늘'에 비유하면, 노출된 현실이 '꽃'이요, 감춰진 진실은 '그늘'일 것이다. 성찰과 공존이 또한 '꽃'이라면 문화의 오류는 '그늘'이고, 그것들의 불확실한 과도적 상황이 솔직한 형상화로 탄생한 것이 하나의 '꽃그늘'일 것이다. '임술년'의 첫 전시에서 작가들이 고민했던 문제의식들은 200호의 대형 캔버스에 표출되었다. 극사실주의와 리얼리즘과 표현주의와 초현실주의가 섞이고 뭉쳐서 섬뜩하게 재현된 회화는 한국의 현실이었고 민낯이었다.

---

15 〈임술년, "구만팔천구백구십이"에서 창립전〉 포스터 겸 리플릿, 1982.

1) 이명복의 <백산>(1993), <회상>(1993), <침묵>(2014)

1993년 그는 〈백산(白山)〉과 〈회상〉을 그렸다. 2010년 제주로 이주하고 4년 뒤 〈침묵〉을 그렸다. 〈백산〉과 〈침묵〉의 풍경은 서로 달랐으나 구조는 동일했다. 이 구조의 동일성이 이명복 회화론의 촘촘한 그물코였다.

해발 48미터의 나지막한 산, 백산면에서는 가장 높은 산, 동진강이 에둘러 흐르며 호남평야를 굽어보는 산, 마한의 토성과 삼국의 백산성이 있었고 1894년에는 동학농민군이 첫 지휘소 '호남창의대장소'를 설치했던 곳, 그는 세로 180센티미터 가로 260센티미터의 화폭에 그곳 백산을 새겼다. 한 손엔 죽창을, 다른 한 손은 주먹을 부르쥐고 몰려든 백성들로 인산(人山)을 이뤘던 농민군의 백산을, "사람을 죽이지 말고 가축을 잡아먹지 말라, 충효를 다하고 세상을 구하고 백성을 편안하게 하라, 왜놈을 몰아내고 나라의 정치를 바로잡는다, 군사를 몰아 서울로 쳐들어가 권귀(權貴)를 모두 없앤다."는 강령을 선포하고 '보국안민'이라 쓴 깃발을 든 채 진군이 시작되었던 백산을 통시(洞視)했다. 환히 꿰뚫어서 본 그 풍경은 '하늘-백산[山河]-땅 밑[地層]'의 위아래 세 얼개로 짜였다.

〈백산〉이 풍기는 첫인상은 검붉다. 하늘은 온통 어두운 핏빛이어서 백산의 산등성이와 땅 밑까지 그 빛이 스며들었다. 어스름 핏빛하늘은 비현실이다. 비현실이어서 현실을 초월해 시간을 거슬러 오른다. 그것을 붉은 노을이라고 할지라도 백산의 하늘이니 그냥 하늘이 아니다. 비현실과 초현실이 지금 여기의 하늘로 휘몰아쳐 왔으니 토성과 백산성과 농민군의 함성이 거기 묻어 있을 터. 죽어서도 곡(哭)이 되지 못한 눈바람이 검붉게 몰아칠 기세다.[16]

---

16 조유리의 시 「흰 그늘 속, 검은 잠」의 마지막 행을 차용했다.

그림 5. 이명복, 백산, 260x180cm, 한지에 아크릴, 1993. 국립현대미술관 소장.

그 하늘 밑 백산은 지극한 현실이다. 서늘한 겨울풍경의 산등성이에서 역사의 흔적이나 그림자를 찾는 것은 부질없다. 그는 그 풍경을 극사실로 그렸다. 풀 한 포기, 나무 한 그루, 무덤 몇 개, 바람 한 점 놓칠세라 빠짐없이 새겨 넣었다. 주관이니, 객관이니 하는 관점조차 내려놓은 그의 붓은 오롯이 풍경에만 집중했다. 그래야만 풍경의 현존을 확인시킬 수 있을 터였다.

땅 밑은 달랐다. 대지의 그림자 그늘이 짙게 깔려서 어둡고 음침했다. 화면의 하단을 이루는 땅 밑 풍경은 존재형상의 기립(起立)이다. 대지를, 마치 열주가 되어 받치고 선 앙상한 몸들이 나란하다. 언 듯 백산이 섬처럼 보였던 것은 짙은 그늘 때문이었으리라. 바로 그 그늘이 역사다. 역사라는 몸이요, 대지의 현신(現身)이다. 이렇게 세 얼개로 풍경을 보았기에 산하는 뚜렷한 자기 존재의 풍경으로 태어날 수 있었을 것이다.

그림 6. 이명복, 회상 295x105cm, 캔버스에 아크릴릭, 1993.

〈침묵〉도 '하늘–산방산–땅 밑'의 구조다. 백산의 대들보가 동학의 역사라면 산방산의 대들보는 제주4·3의 역사다. 산방산 앞 무덤은 '일조백손지묘(一祖百孫之墓)'인데, 4·3의 주검들이 묻힌 그곳의 뼈는 한데 묻혀서 주인을 알아볼 수 없었다. 후손들은 주검의 전부를 한 조상(一祖)으로 모신다. 조상들의 흙투성이 몸이 산방산을 받치고 있다. 〈회상〉은 흰옷 입은 농민군들이 "일어서면 백산, 앉으면 죽산(竹山)"이라던 설화를 너른 들녘과 죽창 하나로 상징화했다.

역사는 산하(山河)에 깃든다. 깊게 깃들어서 풍경의 흰 그늘을 빚는다. 백산에 마한과 삼국과 동학의 역사가 오래 쌓이지 않았다면 그 산은 한낱 용계리의 작은 뒷산에 불과했을 터이다. 오래전부터 호남평야의 요충지였고 전쟁터였으며, 그 무엇보다 동학농민전쟁/갑오농민혁명은 그곳을 성지로 뒤바꿨다. 한 산하가, 한 풍경이 성스러운 대지로 추앙되는 것은 무섭고 두려운 일이다. 수많은 사건들이 터지고 뭉쳐서 아픈 그늘이 된 곳이기 때문이다. 그 상처의 그늘이 살아올라 '날풍경'이 된 장소는 흰 그늘이다.

이명복의 많은 회화는 이처럼 날풍경의 흰 그늘이 새겨진 하나의 미학적 실체다.

2) 이종구의 <들의 역사1-백산으로부터>(1994)

'임술년'의 이종구가 지향했던 미학은 '오지리 미학'이라 할 수 있을 터이다. 제3세계 국가의 마을들이 그랬던 것처럼, 남한의 작은 마을 충남 서산시 대산읍 오지리도 세계화와 신자유주의 물결이 가장 끝지점에서 일렁이는 파고의 해안가였다. 이종구는 고향마을 오지리를 통해 이 현실 세계의 이면을 갈파했던 것이다.

오지리 풍경과 인물에 대한 묘사는 오지리 내부로 수렴되지 않고, 당대 현실과 시대가 투영된 남한의 농촌으로 확장된다는데 의미가 있다. 칠레나 멕시코, 인도네시아와 몽골의 농촌풍경 또한 오지리와 비슷했을 것이다. 지역적 특수성에 의한 상황의 시차적 관점은 다르겠지만, 거대 자본 권력의 신자유주의 망령은 내부의 합의와 저항조차도 무력화 시키면서 파고들었기 때문이다.

농민들의 굵직한 투쟁사를 보면, 1988년 수세폐지 투쟁에서 1991년 미국쌀 수입반대 쌀값보장 투쟁, 1994년 UR(우루과이라운드)협상 반대를 위한 삭발과 혈서 투쟁, 1999년 WTO 반대 농가부채 해결집회, 2001년 쌀수입 개방반대 한·칠레 자유무역협정 반대투쟁 등 '세금' '부채' '쌀'의 문제로 귀결된다. 이종구의 백산 작품은 UR 저지투쟁과 맞물린다.

그림 7. 이종구, 들의 역사1_백산으로부터, 145x300cm, 장지 위에 아크릴, 1994.

그림 8. 이종구, 들 1994-백산, 185x189cm, 한지에 아크릴릭, 1994.

　화면 오른쪽 위에 그린 전봉준을 하나의 봉우리로 놓고 보았을 때, 바로 그 뒤의 작은 산봉우리가 백산이고 그 앞에 펼쳐진 들녘이 만경평야다. 동진강이 그 사이를 흐른다. 그리고 전봉준에서 비롯한 민중들의 외침이 화면 앞으로 드넓게 흐르면서 동진강 강물을 받아서 화면 밖까지 밀어낸다. 백산에서 흘러온 강물이 민중의 물결로 이어지는 화면 밖의 현실은 1994년 2월의 농민대회다. 당시 상황은 이렇다. "1994년 2월 전국농민대회는 9개 농민단체가 공동으로 대회를 준비한 것이었다. 4만명의 농민들이 대학로에 모여 본대회를 치렀고, 최소한의 농업보호 대책도 없이 WTO 가입비준을 강행처리하는 것에 분노한 농민들은 본대회 직후 재협상을 요구하며 광화문을 중심으로 투쟁을 전개했다. 2월 농민대회는 건국이래 가장 큰 전국대회였으며, 농민들의 강력하고 지속적인 UR 반대투쟁은 비록 WTO 국회비준을 막아내지는 못했지만, WTO 이행특별법 제정과 농업을 지키기 위한 농민·시민단체들과 연대를 형성하게 됐다."[17]

　전국농민대회는 대학로, 광화문, 여의도에서 펼쳐졌는데, 그 풍경은 백산에 집결해 새로운 시대의 변혁을 꿈꾼 갑오년의 농민들과 다르지 않았다. 이종구는 100년의 시간을 하나로 꿰어서 시대를 뚫어 보았다. 1987년 7~9월의 노동자 대투쟁에서 1994년 전국농민대회로 이어지는 거대한 물결은 백산에서 처음 비롯된 것이다. 그때는 죽창을 들었고, 이종구는 낫을 놓았다. 시퍼렇게 날 선 낫 한 자루는 이 땅의 농민, 노동자, 어버이를 상징한다.

---

17 최병근 기자, 「투쟁과 시련의 농민운동 40년…20살 전통, 승리의 역사」, 『한국농정』, 2010.9.21. 출처 : 한국농정신문(http://www.ikpnews.net), 2021년 12월 1일 현재.

3) 송창의 <백산 들>(1993,4)

그가 처음 주목한 것은 서울의 매립지였다. 창립전을 비롯해 '임술년' 정기전에 출품한 그의 〈매립지〉 연작은 도시가 토해내고 밀어내는 쓰레기의 '더러운' 풍경들이다. 서울의 위성도시들에서 배출되는 쓰레기들도 그곳에 매립되었다. 그의 회화는 용광로처럼 활활 거리는 검붉은 쓰레기 더미와 그 더미 너머의 신도시를 신기루로 보여준다. 하늘과 땅과 사람과 나무와 물과 산이 시커멓게 타들어가는 이 풍경은 그러므로 '꽃그늘'일 것이다.

그림 9. 송창, 백산 들, 130.3x193.9cm, 캔버스에 유채, 1993_4.

매립지가 삶의 근경이라면 비무장지대는 원경일 것이다. 매립지는 보이는 현실이고, 비무장지대는 보이지 않는 비현실이요, 초현실일 것이다. 매립지가 노출된 현실이라면, 비무장지대는 감춰진 진실일 것이다. 그는 보이지 않는 비현실로서의 비무장지대에 다시 주목했다. 그 감춰진 진실이야 말로 그가 추궁해야 할 미학적 리얼리티일 것이라고 생각했다. 감춰진 것을 미학적으로 노출시키겠다고 생각하자, 그동안 보이지 않았던 풍경이 보이기 시작했다.

그는 그 원경 속으로 걸어 들어갔다. 봄여름가을겨울 낮밤도 없이 그는 걸었다. 풍경들에는 모두 이름이 있었다. 그의 회화는 그 지점에서 이전과는 다른 모습을 갖추기 시작했다. 시간과 세월이 쌓여서 역사가 된 그림자들의 겹은 화면에서 두툼한 마티에르를 형성시키며 눌러 붙었고, 그림자의 세목들이 다시 층층이로 쌓여서 이룰 수 없는 어떤 풍경들이 되기 시작했다. 그것은 구체적이었으나, 화면을 이룰 때는 그것이 물감인지 풍경인지를 구분할 수 없었다. 그의 작품들은 리얼리즘의 미학을 따르나, 그 미학적 형식은 표현주의에 가까웠다. 아니 신즉물주의 회화의 느낌도 적지 않았다. 구체적 형상보다 먼저 늘 그의 내부에서 끓고 있는 정신적인 어떤 것이 화면을 압도하며 치고 나왔으므로. 그 압도함의 거친 터치와 색채는 시간이 갈수록 더 두터워지고 있다. 그러니 그의 회화 미학을 '표현적 리얼리즘'이라고 불러야 하리라.

1993년과 94년에 걸쳐서 그리고 완성한 〈백산 들〉은 비무장지대로 파고들던 시기와 겹친다. 저 멀리 보이는 백산. 화면 앞의 이곳은 평야의 한복판이다. 김훈이 "풍경은 밖에 있고, 상처는 내 속에서 살아간다. 상처를 통해서 풍경으로 건너갈 때, 이 세계는 내 상처 속에서 재편성되면서 새롭게 태어나는데, 그때 새로워진 풍경은 상처의 현존을 가열하게 확인시킨다."고 했듯이, 그의 백산은 비무장지대의 분단 풍경과 다르지 않았다.

7. '현발'의 작품 ; 김정헌의 '땅의 길, 흙의 길'

'현발' 5주년을 맞아 기획 출간된《현실과 발언-1980년대의 새로운 미술을 위하여》(열화당, 1985)에서 그는 "'큰 미술'을 위한 제안"을 발표했다. 1985년에 발표한 글이지만 글의 시작과 끝은 그 이전이어서 1980년대 초중반을 보내며 그가 사유한 '새로운 미술'의 실체와 그가 추구하려는 미술을 엿볼 수 있다. 또한 그 시기는 민중미술의 개념이 완성되기 전이었다.

큰 미술을 위한 삶의 필연성은 구체적인 사회현실의 문제를 해소하기 위한 스스로의 변화에서 시작되었다. 비판적 리얼리즘은 관념이 아닌 '삶의 구체성'이지 않으면 안 되었다. 그것이야말로 대중과의 미학적 소통을 가능케 할 것이라고 보았기 때문이다. '현발' 초창기부터 동인들은 대중성의 문제를 심각하게 고민했다. 이들이 고민한 '대중성'의 핵심은 '소통'이었다. 어떻게 하면 대중성을 확보할 수 있을까. 대중의 속성은 무엇인가. 그런 고민들은 회화의 주제를 설정하는 문제이기도 했다. 그는 예술성과 대치되는 개념이 아니라, 흔연히 대중과 만나는 방법 따위를 깊게 고민했다.

"창립 초기에는 명확한 의식이 없었다. 내가 그때 농촌그림을 주로 그렸던 이유 중의 하나는 농촌 풍경에는 보편적인 공감대가 깃들어 있었기 때문이다. 우리가 여행을 하다가 농촌의 모습을 보게 되면 누구라도 그렇게 좋아하지 않을 수 없을 것이다. 각박한 삶을 사는 도시인들에게 농촌은 아늑하고 넉넉한 감정이지 않은가. 그 감정은 대단히 큰 거고.[18]

18 심광현, 「김정헌, 민중의 심성을 파고드는 그림」, 『민중미술을 향하여-현실과 발언 10년의 발자취』, 과학과 사상, 1990. 256쪽.

그런 과정은 그의 회화를 색다른 민중미학으로 형성시켰다. 이전에는 볼 수 없었던 한국적 현실이 회화적 발언으로 형성되었다. '현발' 이후 작가로서 다시 큰 변화를 맞이한 시점은 1997년의 학고재 화랑의 전시가 아니었나 싶다. 1995년 광주비엔날레에서 특별상을 받은 뒤였고, 바로 그 시기부터 그 이전과는 변별되는 작품을 시작한 것으로 보인다. 그 전시에는 가로 세로 60센티미터의 패널 작품 100개를 만들어 발표했다. 왜 그는 이렇게 모듈화 된 작품들을 제작했고 그가 발언하고 싶었던 것은 무엇일까?

"1993년의 개인전 〈땅의 길, 흙의 길〉 이후에 서서히 시작을 했습니다. 서태지가 등장하더니 문화판이 확 바뀌더군요. 1994년 이른 봄에는 국립현대미술관에서 〈민중미술 15년전〉을 기획해서 민중미술을 역사로 만들어 버렸고요. 그때부터 사진이나 이미지들 또는 기호화된 도상들을 채집했습니다. 심지어는 내가 그린 이전 작품들도 대상으로 삼았습니다. 동원할 수 있는 모든 방법들을 차용했고 말이죠. 대기업의 로고, 최루탄 맞은 이한열, 스노보드 모자를 쓴 서태지, 금남로 분수대 앞에 모인 민중, 청와대 앞길, 열림 음악회 등등. 100개를 그렸지만 사실 100개라는 숫자는 임의적인 것입니다. 그러니까 제한적이고 선택적이라기보다는 얼마든지 증식될 수 있다는 표시이기도 합니다. 그 이미지 조각들은 서로 영향을 주기도 하고, 충돌과 긴장과 상쇄와 화해를 만들어 내기도 할 것입니다. 나는 그 파편화된 이미지를 통해서 '미술이란 무엇인가'를 묻고 싶었습니다. 내 자신과 관객 모두에게 말이죠. 패널 8개로 구성한 〈강물이 만난 것들〉이 있는데, 처음엔 물풀로 시작해 나비와 자갈을 거쳐 마지막엔 시커먼 하수구로 가버립니다. 또 〈1996년에 대한 희미한 기억들〉은 10개 짜리 연작인데 한 가지 주제 대신 햄버거, 김정일, 광부의 모습 등 다양한 형상들을 나열해 놓았습니다. 나는 거기에 쉽게 변하고 잊히는 '현실'이 있다고 봤던 것입니다. 시대만 다를 뿐 비판적 리얼리즘은 바뀌지 않았다고 해야 할 것입니다."[19]

그림 10. 김정헌, 일어서는 땅, 91x117cm, 캔버스에 아크릴, 1993.

---

19 경향신문, 1997년 6월 3일자 기사 참조.

그림 11. 김정헌, 말목장터 감나무 아래 아직도 서 있는…, 200x300cm, 캔버스에 유채, 1994.

그림 12. 김정헌, 땅을 지키는 사람들2, 97x130cm, 캔버스에 아크릴, 흙, 1993.

바로 그 시기, 그가 비판적 현실주의를 고민하던 그 시기에 그는 동학을 주제로 한 여러 작품들을 그렸다. 〈…백산에 오른다〉(1992), 〈일어서는 땅〉(1993), 〈땅을 지키는 사람들2〉(1993), 〈말목장터 감나무 아래 아직도 서 있는…〉(1994) 등이 그것이다. 그는 당시 공주대 교수로 재직하고 있었기 때문에 동학과 관련이 깊은 장소들을 잘 알고 있었다. 그의 동학 작품들은 '현실 비판으로서의 미학적 발언'을 중시한 비판적 현실주의와는 사뭇 다른 신화, 전설, 역사에 초점이 맞춰져 있다. 그 뿐만 아니라 그의 회화는 갑오농민혁명의 역사적 서사를 나무-흙(大地)-장승의 상징에 빗대어 표현함으로써 혁명의 서사가 '정치적 변혁'만이 아니라, 생태적 전복과 전환이라는 화두 또한 내재하고 있었단 사실을 은유화 하고 있다.

8. '광자협'의 작품 ; 홍성담의 민중 메시아

1980년 7월, 홍성담과 광자협은 나주시 남평의 드들강변에서 「제1선언문-미술의 건강성 회복을 위하여」를 발표하고, 광주 오월의 넋을 진혼하는 제의적 씻김굿의 행위예술을 펼쳤다. 선언문의 마지막 문장은 이렇다. "이 시대의 모순을 유발케 하는 죄악에 우리는 힘차게 접근하여 이 시대가 명령하는 양심으로 인간의 존엄함에 기여할 것을 우리의 사랑법과 더불어 선언하는 바이다."

이제 그들에게 주어진 과제는 그들 스스로를 발견하고, 스스로를 증언하며, 스스로를 발언하는 미학이었다. 그러나 '건강성 회복'이라는 명제는 그런 그들의 과제를 명료하게 해결해 주지 못했다. 1981년 2월, 광자협은 제2선언문 「신명을 위하여」를 다시 제출한다. '건강성 회복'에서 '신명'으로 나아간 것인데, 미술의 건강성 회복을 위해서는 먼저 미술 본래의 참

모습(眞面目)을 우리 내부에서 깊이 궁리해야 했다.

홍성담과 광자협이 현실참여로 눈 부릅뜬 민중은 마가복음에 기록된 '오클로스'(Ochlos·민중)였다. 마가는 예수를 둘러싼 군중을 오클로스라고 기록했는데, 그들은 세리, 병자, 매춘녀, (천민의) 자식 등이었다. 약자이자 소외된 자들이요, 몫 없는 자들, 곧 타자화된 주체들이었다. 민중신학자 안병무는 그들을 예수사건의 주인공으로 해석했다. '(역사적) 예수사건'은 예수가 이들 오클로스/민중과 벌인 사건이라는 것이다. 그러므로 오클로스/민중은 그 최초 사건의 '담지자'이고 '전달자'이며, 마가의 시선에 비친 '해석자'일 터였다. 서남동은 "예수의 출현은 인간의 구원과 해방의 선포, 곧 투쟁"이라고까지 말했다. 뿐만 아니라 경제적 빈곤, 사회적·문화적 편견, 사실이 은폐된 어둠 속에 사는 무지, 정치적 억압으로부터의 인간의 해방작업이라고 주장했던 것.

우리보다 먼저 해방신학을 전개했던 라틴아메리카의 구스타보 구티에레즈 신부는 『해방신학의 영성-우리는 우리 자신의 우물에서 마신다』에서 "인간의 억압과 해방이 하느님-이런 문제에 대한 우리의 오랜 무관심으로 걸러진 하느님-을 무관심한 분으로 만드는 것 같은 곳에서 불의를 뿌리 뽑고 생각지도 않은 방법으로 완전한 해방을 이루어 주시는 하느님께 대한 믿음과 희망이 피어나게 되었다."고 썼다. 홍성담과 광자협의 기획은 그런 민중신학과 해방신학이 고쳐 쓴 예수사건과 다르지 않았다.

그림 13. 홍성담, 오월28 밥, 41.1x30.2cm, 목판화, 1987.

그림 14. 홍성담, 오월 46 사시사철-봄, 57x43cm, 목판화, 1985.

홍성담은 오월판화 곳곳에 오클로스/민중을 칼로 새겼다. 화면 저 먼 곳의 원경이 아니라, 이곳 코앞 근경에 구걸하는 거지, 절름발이, 길 잃은 아이를 비롯해 짓밟힌 자, 죽임 당하는 자들을 그렸다. 오월미학은 광주의 참혹을 '민중 메시아'로 전환하는 미학적 기획이기도 했다. 안병무가 처음 '민중 메시아'라고 말했을 때, 그것은 전통 신학에 대한 반박이나 평신도의 신앙을 뒤흔들기 위한 술책이 아니었다. 이상철이 간파했듯이, 고난의 역사를 뚫고 온 민중들의 실존적 고백이자, 하느님의 구원 행위를 역사 속에서 일어났던 민중의 자기초월적 행위와 언어로 파악한 혁명적 사유였다. 오월미학은 그런 혁명적 사유를 민중미학으로 키워나갔다. 이러한 실천은 서남동이 "벙어리와 고독한 자의 소리 없는 소리를 위하여 입을 열고, 학대받는 자, 가난한 자들의 한을 풀어주자"(「잠언」31:8)며 빗대어 강조한 '한(恨)의 사제'로서의 실천이었다. 그는, 땅에서부터 하늘에 호소하는 아벨의 피 소리(「창세기」4:10)를 대변하고, 여리고 길에서 강도 만나 빼앗기고 얻어맞는 이웃의 신음소리를 듣고 그 아픈 상처를 싸매주고(「누가」10:25), 일꾼들에게 지불되지 않은 품삯이 만군의 주님의 귀에 들리도록 외치는 소리(「야고보」5:4)―이 '소리의 내력'을 밝히는 자를 '한의 사제'라고 불렀다. 그러니 오월미학의 수행자는 곧 한의 사제이기도 할 터!

제의와 놀이=일과 놀이! 그들이 찾은 투쟁어였다. 일의 놀이, 놀이로서의 일은 오월미학이 추구해야 할 새로운 길이었다. 미(美)와 술(術)은 본래 '술수부리는 샤먼'의 뜻에서 왔으므로 미술이 품고 있는 씨알은 일/놀이의 신명(神明)이었다. 신나는 일이요, 신바람 나는 일이다. 하늘과 땅의 신령이니, 하늘땅을 잇는 존재로서 사람의 생명활동이 또한 신명이다. 이러한 신명은 집단적으로 경험되는바 그것은 강렬한 정서적 경험으로 오고, 빠르게 전이 되며, 고통을 헤쳐 나갈 때는 공동의 신명이 된다. 난장이다!

여럿이 뒤섞여 마구 떠들어대고 덤벼서 뒤죽박죽을 만든다. '오지'(orgy), 즉 제의적 광란이다! 김열규는 한의 대척점에 신명이 있다고 했고, 조동일은 한을 극복하는 동기에서 신명이 나온다고 했다. 한이 풀리면서 신명이 터지는 것이다.

"한의 해소→신명"의 기획은 광자협이 시각매체연구회로 이름을 바꾸면서 본격화 되었다. 한의 사제로서 그들은 천주교광주대교구 정의평화위원회에서 시민미술학교를 열었고, 그것은 곧장 전국으로 확산되어 약 60여 개의 시민미술학교가 조직되기에 이른다. 오월미학이 민중미학으로 일어선 데에는 시민미술학교가 큰 몫을 했다.

이렇듯 오월미학을 추구하던 홍성담은 〈100주년 기념전〉을 위해 〈동학-달빛에 바란 눈물〉(1994)를 제작한다. 여느 작가들과 달리 그가 그린 것은 동학의 역사와 우리 근현대사를 중첩시킨 거대한 걸개그림이었다. 도록에 실린 것은 그가 제작하고 있을 당시의 드로잉이지만, 작가를 통해 전달받은 이미지는 그 크기가 가로 910cm, 세로 220cm에 이르는 대작이었다.

그림 15 홍성담, 동학-달빛에 바랜 눈물, 220x910m 캔버스에 아크릴릭, 1994

오른쪽 그림은 동학농민혁명 100주년 기념전에 출품한 〈동학-달빛에 바랜 눈물〉의 스케치이다. 왼쪽은 당시 우루과이라운드로 농민운동에 앞장섰던 서경원, 윤기현 등을 위해 밥을 짓는 전봉준이고, 오른쪽은 새로운 개벽 세상을 이끌 대지의 어머니이다. 그림의 중앙에 배치되었다.

걸개그림 〈동학—달빛에 바랜 눈물〉은 동학의 사상적 배경(북접/왼쪽)과 동학농민혁명(남접/오른쪽)을 씨줄 날줄로 그린 것이다. 감로탱이 보여주는 시공간의 배치를 '사상'과 '행동'으로 교직시켜 동학의 역사를 하나의 역사화로 풀었다. 장면은 개벽세상 열 어머니 왼쪽에, 문답하는 수운, 이를 지켜보는 해월, 부안 너른 들에 불 타 죽은 동학군 불꽃, 금산사 미륵불 배꼽 속 강증산, 민들레 홀씨 든 김지하. 연꽃 밑 영혼들. 오른쪽에 밥 짓는 전봉준, 칼춤 추는 수운. 오른쪽 끝으로 1미터 정도의 그림이 잘린 상태이다.

이 작품은 홍성담이 추구해 온 민중미학의 관점에서 보아야 한다. 그것은 앞서 언급했듯이 민중신학의 '민중 메시아'라고 하는 역사적 예수 사건이다. 바꾸어 말하면 동학은 '민중 메시아'로서의 수운 사건이며, 해월 사건, 전봉준 사건이다. 1984년 김지하는 동학의 현장을 발로 누빈 뒤 '동학이야기'를 연재했다. 그 이야기를 묶어 갑오농민혁명 100주년이던 1994년에 『동학이야기』(솔, 1994)를 펴냈다. 홍성담은 동학에 잇대어서 농민운동을 보았고, 생명운동을 보았고, 21세기 새로운 민중 메시아의 미래 운동을 예지했다. 화면에 중심에 쌀을 쥐고 낫을 기울인 어머니가 있다. 어머니 머리에 뭉게 구름이 있고 그 뒤로 미륵이 있다. 이명복의 작품에서 보았던 주검이 땅그늘에 있고 그 몸에 뿌리대어 영글고 익은 쌀이 노랗다. 밥이 생명이요, 혁명이며, 사상이라는 것을 은연 중 드러낸다. 어머니는 미래 오실님을 이미 낳아 기르고 있다.

9. 나오기

그 밖에도 〈100주년 기념전〉에는 이반의 〈동학문-백산〉, 유연희 〈동학의 봉기-백산〉, 김산하의 〈청송녹죽〉, 권용택의 〈죽순되어 솟아나고〉, 손장섭의 〈백산죽산〉, 이기홍의 〈전야〉, 이양노의 〈전진〉, 김광진의 〈산자의 가슴〉, 최병민의 〈땅춤-때로는 칼춤〉, 김영덕의 〈역사의 거울 앞에서-파랑새는 다시 날아야 산다〉 등이 있다. 이들 작품들은 모두 백산과 직간접적으로 연관이 있는 작품들이다.

1994년의 〈100주년 기념전〉에 출품된 많은 작품들은 민중미술의 미학을 깊게 전유한 작품들이다. 그러므로 민중미술을 깊이 이해하지 않고 이 작품들에 접근하기란 쉬운 게 아니다. 단지 풍경화나 인물화가 아니라, 동학과 갑오농민혁명, 그리고 민중미술의 시대를 동시에 살펴야만 작품이 내장하고 있는 시대적 상징과 의미를 밝힐 수 있는 것이다.

무한한 기억은 있을 수 없다. 잊지 않기 위한 싸움을 '기억투쟁'이라하는 이유다. 갑오년의 동학혁명을 기억하는 것은 살림의 복권이며, 닫힌 역사를 산 역사로 되돌리는 생명운동이라 할 것이다. 또한 기억투쟁은 지역공동체 내부의 새로운 역사주체와 만나는 상상연대의 실천 행동이다. 그러므로 21세기에 동학을 재사유하는 것은 창조적 주체회복운동이리라. 1980년대 민중미술을 전개한 작가들의 백산 회화는, 아니 동학 작품들은 '상처의 풍경'을 통해 지금 여기의 실존을 바로 세우는 미학적 실천의지를 드러냈지 않은가!

참고문헌

김윤수, 「삶의 진실에 다가서는 새 구상」, 『계간미술』1981년 여름호(No18), 서울: 중앙일
　　보사, 1981.
김지하, 「현실동인 제1선언」, 『현실동인 제1선언』, 서울: 현실동인, 1969.
심광현, 「김정헌, 민중의 심성을 파고드는 그림」, 『민중미술을 향하여—현실과 발언 10년
　　의 발자취』, 서울: 과학과 사상, 1990.
김훈, 『풍경과 상처(김훈 기행산문집)』, 서울: 문학동네, 2009.
민중미술편집회, 『민중미술』, 서울: 도서출판 공동체, 1985.
성완경, 『민중미술 모더니즘 시각문화』, 서울: 열화당, 1999.
양정수, 『한국현대무용사』, 서울: 대한미디어, 1999.
서중석, 『사진과 그림으로 보는 한국 현대사』, 서울: 웅진지식하우스, 2005.
최열, 『미술과 사회: 최열 비평전서(1976—2008)』, 서울: 청년사, 2009.
최열, 『민족미술의 이론과 실천』, 서울: 돌베개, 1991.
최열, 『한국현대미술운동사』, 서울: 돌베개, 1991.
최열 · 최태만, 『민중미술 15년 1980—1994』, 서울: 도서출판 삶과꿈, 1994.
원동석, 『민족미술의 논리와 전망』, 서울: 풀빛, 1985.
김정헌 · 손장섭, 『시대상황과 미술의 논리』, 서울: 한겨레, 1986.
김정헌 · 안규철 · 윤범모 · 임옥상 편, 『정치적인 것을 넘어서—현실과 발언 30년』, 서울:
　　현실문화, 2012.
국립현대미술관, 『한국미술 1900—2020』, 서울: MMCA, 2021.
유홍준, 『80년대 미술의 현장과 작가들』, 서울: 열화당, 1987
국립현대미술관, 『민중미술 15년 1980—1994』, 서울: 삶과꿈, 1994.
현실과 발언 편집위원회, 『민중미술을 향하여—현실과 발언 10년의 발자취』, 서울: 과학
　　과사상, 1990.
민족미술협의회 편, 『한국 현대미술의 반성』, 서울: 도서찰푼 한겨레, 1988.

동학(농민)혁명과 문화콘텐츠, 그리고 한류(K-Wave)

: 동영상(Moving Images)을 중심으로

전찬일(영화평론가, 한국문화콘텐츠비평협회 회장, 중앙대학교 글로벌예술대학 겸임교수)

동학(농민)혁명과 문화콘텐츠, 그리고 한류(K-Wave)
: 동영상(Moving Images)을 중심으로

1. 들어가며

이 글은 동학과 문화콘텐츠, 그리고 목하 세계적 신드롬을 일으키고 있는 한류 사이의 어떤 관계성·가능성을 현장 영화비평가로서 짚어보고, 나아가 일종의 의제를 제시해보려는 문제제기적 시도이다. 따라서 이 원고에는 여느 논문이 요구하는 엄밀함 내지 격식이 결여돼 있다. 이 원고는 일반적 의미에서의 논문이 아닌 것이다.

그와 같은 전제 아래에서 필자는 연구주제에 본격적으로 들어가기에 앞서, 몇몇 용어의 문제를 소개·검토한다. 우리가 무심코 사용하고 있는 일련의 용어들이 실은 여전히 논란의 여지가 다분할 뿐 아니라 논쟁의 와중에 처해 있기 때문이다. 별도로 다루진 않았으나 '동영상'은 영화는 물론이거니와 소위 '코로나 세상'으로 인해 그 위력이 급성장한 스트리밍 서비스 OTT(Over The Top) 드라마와 공중파 드라마를 포괄한 용어임을 밝힌다.

1) 왜 '동학혁명'인가?

'동학란/난'부터 '동학농민운동', '동학농민전쟁', '동학농민혁명', 그리고 '동학혁명'에 이르기까지 동학을 에워싼 용어 문제는 혁명 발발 127년여가 흐른 지금까지도, 이견이 분분하다. 논자의 관점·입장에 따라 크고 작은 차이를 보이고 있다. 당장 '동학의 글로컬리제이션(Glocalization) : 동학

문화콘텐츠 개발'이란 주제를 내걸고 2021년 12월 3일(금) 부안군청에서 열린 동학 관련 학술대회도 '농민'이라는 단서 내지 제약(?)을 혁명 앞에 내걸고 있다. 이덕일 한가람역사문화연구소 소장의 말마따나, 조선이란 사회가 농업 사회이기 때문에, 농업 사회에서 사회구조는 농업 사회인데 소수의 양반 지배층이 지배하고 있는 그런 사회 모순을 극복하고 그 사회를 해체시키기 위해 동학 농민들이 주축이 돼 일어난 혁명적 사건이기 때문에 농민으로 국한한 걸 테고, 그저 동학혁명이라고 하면, 동학의 종교적 측면이 과도하게 강조되는 것일 터라[1] 동학혁명 아닌 동학농민혁명을 내 걸은 것일 테다.

동의하지 않을 수 없을, 합리적 설명이다. 하지만 '부분적'으로다. 농민은 오늘날로 치면 시민 내지 인민일진대, 그 수가 얼마였든 그 계층에 포함되지 않는 노비 등 당시 조선 사회의 가장 밑바탕 계층 사람들이나, 추측건대 당시의 지식인층, 즉 양반층에서도 더러는 혁명에 함께 했을 게고, 더욱이 비동학도 역시 적잖이 포함됐을 테기에 끝내 그들을 배제하고 싶지는 않아서다. 달리 말하면 최대한의 포괄적 용어를 선택하고픈 바람이 작용한 셈이다. 논란의 재야 역사학자였던 (고)이이화도 『파랑새는 산을 넘고』(김영사, 2008) 「김개남 봉건사회의 심장을 꿰뚫은 불꽃 같은 삶」 편에서, 이렇게 말한다. "전주에서 농민군이 퇴각할 적에 그는 전봉준, 손화중과 길을 달리했다. 그는 전라좌도 곧 지리산 언저리로 진출했다. 그의 지휘권 아래에 든 지역은 남원을 중심으로 임실, 장수, 무주 등지였다. 그가 남원에 웅거하고 호령할 적엔 천민부대를 거느리고 있었다. 다시 말해 노비, 백정, 승려, 장인, 재인을 중심으로 한 천민부대였다. 그들은 온갖 차별의 굴레를 벗기 위해, 아니 사무친 원한을 풀기 위해 한번 활개를 친 것

---

1 이하 크리튜버 전찬일TV '전찬일 이덕일의 종횡무진: 영화와 역사를 탐하다' 참고·인용

이리라."[2]

본 발제자의 발표에 대해 토론자로 나섰던 임상욱 숙명여대 교수는, "용어에 대한 문제 제기와 함께 '동학농민혁명' 대신 '동학혁명'을 주장하는 연구 방향성엔 다소의 보완이 필요해 보인다"고 지적하면서, "개인적으로 '동학농민혁명'보다 차라리 '평등혁명'이라는 용어가 사안의 본질에 더욱 부합한다고 생각"한다는 의견을 개진했다. 참고할 만하지만, 그렇다고 동학이란 결정적 용어를 포기할 수 없다는 것이 필자의 최종 판단이다. 따라서 필자는 동학농민혁명이나 다른 용어 대신 동학혁명을 사용한다.

2) 문화콘텐츠

문화콘텐츠는 우선 '문화(文化, Culture)'와 '콘텐츠(Contents)'의 합성어다. 콘텐츠는 주지하다시피 내용이나 내용물을 의미하는 콘텐트(Content)의 복수형이다. 문화에 대한 정의는 그 함의가 워낙 다채롭고 광범위해, 지금도 여전히 논란이 분분할 뿐 아니라 규정 자체가 거의 불가능할 개념·용어라 해도 과언이 아니다.

새 밀레니엄을 전후해 한류가 본격화되고 2001년 8월 한국 문화콘텐츠라는 용어가 수면 위로 부상했다. 무엇보다 2001년 제9회 국가과학기술위원회 회의에서 문화 기술[3](CT; Culture/ Cultural Technology)을 21세기

---

2 네이버 지식백과 간접 인용
3 "디지털 미디어를 기반으로 하여 방송·영화·음반·애니메이션·게임·음악 등 문화예술 산업을 첨단 산업으로 발전시키기 위한 기술의 총칭"이다. 국내에서 만들어진 용어로, 세계적으로는 통용되지 않는 것으로 알려져 있다. 영어로는 Culture Technology와 Cultural Technology가 혼용된다. CT는 그 약자다. 협의로 "문화콘텐츠를 디지털화하는 기술"을, 광의로는 "문화예술·인문사회·과학기술이 융합하여 인간의 삶의 질을 향상시키고 더 나은 방향으로 변화하게 하는 기술"을 가리킨다. 문화기술 관련 산업은 소프트웨어, 인터넷, 무선통신, 컴퓨터 분야는 물론 영화·방송영상·게임·음악 분야의 콘텐츠, 패션·완구·공예·스포츠 등의 생활문화, 시각예술·공간예술·공연예술 등의 예술산업, 문화유산 및 관광산업, 의료산업 및 복지산업 등으로 광범위하다. 인터넷이 활성화되고 정보기술(IT : Information Technology)이

형 미래 국가전략산업으로 채택하면서부터였다. 그 배경으로는 "1990년대 초부터 '준비기, 도약기, 발전기, 절정·위기 시기' 등 역사 발전의 궤적을 그리며 급속히 성장해 온 문화 수출, 한류라는 토양이 자리한다." 2001년 한국문화콘텐츠진흥원(Korea Culture & Content Agency)이 그 실행 기구로 설립된다. "문화콘텐츠라는 신조어는 자연스럽게 드라마, 대중가요, 영화, 게임, 애니메이션, 뮤지컬 같은 서로 다른 이질적 장르로 구성된 한류 중심 소재 영역들을 통칭하는 말로 쓰이게 된다." 그 단서 내지 수식이 거추장스러웠던 걸까, 아니면 산업적 확장을 위해서는 '제약'이라고 여겼던 걸까, 그 기구는 '문화'를 떼어버리고 2009년 한국콘텐츠진흥원(이하 '콘진원')으로 변신을 꾀한다. 한데 그 영문명이 흥미롭다. Korea Creative Content Agency다. Contents가 아니라 여전히 Content다. 'Creative Content'면 영국에서 차용한 것일 텐데, 어떻게 그런 선택을 한 것인지 자못 궁금하다.

콘진원은 그러면서도 문화콘텐츠란 용어를 '창의 콘텐트' 등으로 바꾸지는 않았다. '관행'을 따라, "문화, 예술, 학술적 내용의 창작 또는 제작물뿐만 아니라 창작물을 이용해 재생산된 모든 가공물 그리고 창작물의 수집, 가공을 통해서 상품화된 결과물들을 모두 포함하는 포괄적 개념"으로 규정하고 있다. "또한 문화 산업진흥기본법(2013)에 따르면, (중략) 최근 문

발전하여 디지털 콘텐츠의 수요가 급증함에 따라, 일찌감치 고성장 고부가가치 산업으로 주목받아 왔는데, 최근 한류의 범세계적 확산·신드롬에는 문화기술의 역할이 결정적인 것으로 평가된다. 국가과학기술위원회는 2002년 문화기술을 정보기술, 생명공학기술(BT : Bio Technology), 나노기술(NT : Nano Technology), 환경기술(Environment Technology), 항공우주기술(ST : Space Technology)과 함께 '미래유망신기술(6T)'에 포함시켜 국가 전략 분야로서 집중 육성하기로 결정했다. 그 일환으로 문화콘텐츠 핵심 인력을 양성하기 위해 2005년 한국과학기술원(KAIST)에 문화기술대학원을 설치했다. 미국과 일본 등 기술 선진국도 자국의 문화산업을 육성·보호하기 위해 디지털 콘텐츠 제작이나 저작권 보호 솔루션 등의 기술 개발을 지원해왔다. 이상 네이버 지식백과 '문화기술'[Culture Technology, 文化技術](두산백과) 참고·인용

화콘텐츠의 개념은 온라인 매체에 한정하는 것이 아니라 오프라인 영역에서 사람들이 지적·정서적으로 향유하는 모든 종류의 무형자산을 포괄적으로 지목하는 것으로 문화콘텐츠의 개념을 확장하기도 한다. 결국 문화콘텐츠란 '문화적 내용물'인 것이다."

"문화적 내용물"이라면, 위에서 말한 Culture Contents가 아니라 Cultural Contents 아닌가! 둘은 같은 의미일까? 그럴 리 없다. Culture보다는 Cultural이 한층 더 그 외연·범위가 넓을 테다. 예술로서 문화라는 협의든 '삶의 방식'(Ways of Life)으로서 문화라는 광의든, 문화가 아니거나 아직은 문화로 간주되지 않은 그 무엇이라도 문화적으로 얼마든지 다룰 수 있지 않은가. 단적인 분야가 게임이다. 연관 종사자들이야 으레 "게임은 문화다"라고 주장할 수는 있어도, 그런 인식을 지닌 이들이 이 땅에 얼마나 되겠는가.

학창시절 테트리스 게임에 열중했던 필자도, 2, 3년 전까지 게임을 '문화'라고 진지하게 여겼던 적은 없다. 그저 아이들의 소일거리나 장난 정도로 가볍게 치부했던 게 사실이다. 편협하다 못해 무지하기 짝이 없는 지독한 편견이었다. 휴대폰이 일상화되면서, 모바일 게임은 비단 아동이나 청소년만이 아니라 성인들 또한 열중하는 놀이문화가 되지 않았는가. 인류는 '호모 루덴스(놀이하는 인간)' 아닌가. 당장 작금의 지하철 풍경을 떠올려보라. 그야말로 '게임 삼매경' 펼쳐지고 있지 않은가. 언제부터인가 책은 커녕 신문을 읽는 이들을 목격하기조차 어려운 세상이 돼버렸지 않았는가.

그런데도 게임이 문화가 아니라고? 모순 아닌가. 이렇듯 '문화적'이란 용어에서는 그 시각(Perspective), 접근(Approach)이 중요하다. 2019년 2월 출범해 현재까지 필자가 회장직을 맡고 있는 한국문화콘텐츠비평협회(콘비협)가 영문명을 Korea Cultural Contents Critic

Association(KCCCA)으로 선택한 이유는 그래서다. 콘비협도 그렇고 내게도 문화콘텐츠는, Culture Contents를 넘어, 확장된 함의에서의 Cultural Contents다.

콘진원이 '문화'라는 성가신 조건을 떼어내고 새 출발을 한 것은, 무엇보다 돈벌이가 되는 게임을 전격적으로 품기 위해서였음은 짐작하고도 남음이 있다. 아니나 다를까 콘진원은 사업을 12개 장르로 분류하는데 게임을 필두로 내세웠다. 만화, 애니메이션, 캐릭터·라이선싱, 음악, 패션, R&D, 방송, 금융지원, 지역, 스토리, 실감콘텐츠가 그 뒤를 잇는다. 밀려드는 의문. 이 분류에 수긍이 가는가? 아무리 보고 또 보고 곰곰이 생각해봐도, 대체 무슨 기준으로 이렇게 분류한 건지 종잡을 수가 없다. 그렇다고 콘진원을 작심하고 비판하고 싶은 마음은 없다. 지면의 성격상 그런 비판을 하려면, 다음 기회를 노리련다. 내 요지는 이것이다. 문화콘텐츠에 대한 개념 규정이나 연구는 아직도 심히 표류 중이며 진행 중이라는 것. 어쩌면 이 개념이 존재·통용되는 한 영원히 그럴 수도 있다. 수십 년이 지난 지금도 여전히 '장르'라는 흔한 용어가 그렇듯….

이쯤에서 강변하련다. 김평수[4]는 문화콘텐츠를 둘러싼 정의의 핵심은 '문화'가 아닌 'Contents'에 있다, 고 진단했으나 포스트-코로나 시대에는 외려 콘텐츠보다는 문화, 나아가 '문화적'에 역점을 둬야 한다, 고. 문화콘텐츠의 산업적 측면을 무시해서는 아니다. 그보다는 산업, 즉 돈벌이에 혈안이 돼 '문화(적)'에 내포돼 있는 어떤 공동선의 가치·수준을 간과해서는 해서는 안 된다고 판단하기 때문이다. 그 살아 있는 증거들이 최근 세계적 광풍을 일으킨 넷플릭스 9부작 TV드라마 〈오징어 게임〉을 비롯해 BTS, 봉준호, 윤여정 등이 아닌가. 그들은 한결같이 그들 특유의 문화적

4 『문화 산업의 기초이론』, 커뮤니케이션북스, 2014

안목·실천으로 작금의 역사적 성취를 일궈내 지속하고 있는 것 아닌가.[5]

3) 한류[韓流, Hallyu, K(orean)-Wave]

문화콘텐츠라는 문제적 용어가 이 땅에서 널리 쓰이게 된 결정적 계기
는, "1990년대 후반 전격 불어 닥친 한국 대중문화 활성화"였다는 게 통
설(김평수)이다. 이른바 '한류'를 가리킬진대, "그 용어를 중국 언론이 최초
로 만들어 사용했다는 어떤 증거도 찾지 못했으며, 이런 자료 또한 정확
한 증거를 제시하는 곳은 단 한 곳도 없었다"라고 장규수[6]는 일갈한다. 하
지만 강준만은 『세계문화사전: 지식의 세계화를 위하여』(인물과사상사, 2005)
에서 그 구체적 사례들을 들고 있다. "한국 대중문화가 1997년부터 중
국에 진출해 성공하기 시작하자, 중국 언론은 99년경 '한류(韓流)'라는 말
을 본격적으로 쓰기 시작했다"며 구체적 사례들을 제시했다. "①97년 중
국 CCTV(중앙TV): MBC〈사랑이 뭐길래〉 방영 ②98년 5월 5인조 그룹
HOT 앨범 중국에서 히트 ③99년 4월 영화〈쉬리〉 일본에서 125만 명
관람 ④ 2000년 2월 HOT 중국 베이징 공연 대성공" 등이다. 이렇듯 그
시기에 한국산 영상물과 가요 등의 문화콘텐츠는 양적 성장과 질적 성숙을
거듭하며 지속적인 해외진출을 모색했다.

장규수는 그럼에도 상기 저서에서 이렇게 말한다. "한류가 발생한 지
10여 년이나 지났지만 제대로 된 자료를 찾기 힘든 현실이다. (중략) 심지
어 한류에 대한 자료들을 살펴보면 잘못된 정보를 제공하는 경우도 많다"
라고. "이렇게 한류에 대한 연구도 제대로 되지 않은 상황에서 경제 논리

5 이상 월간《르몽드디플로마티크》2021년 10월호, [창간 13주년 연중기획] 총론 – '콘텐츠'보다
   는 '문화(적) 콘텐츠'에 역점을 둬야, 전찬일 인용·참고
6 『한류와 아시아류』, 커뮤니케이션북스, 2013

를 앞세운 무분별한 산업적 접근과 계획성 없는 전시행정이 난립하며 한류가 더 이상 발전하지 못하고 쇠퇴하고 있다는 비판도 있다. 이런 현실을 볼 때 한류에 대한 정확한 사실 확인과 이론적 고찰이 시급하다"[7]라고.

그러나 2010년대 중반 출간된 저서들에서는 장규수와는 적잖이 다른, 어느 모로는 정설화돼가고 있는 주장들이 설득력을 띠어 가고 있다. "한류 20년을 맞이해, 한류라는 역사적 지도에 아로새긴 빛나는 별들에게 바치는 일종의 헌사"를 표방한, 『한류 20년, 대한민국 빅 콘텐츠』(윤호진, 커뮤니케이션북스, 2016.05.30)도 그중 하나다. 저자는 말한다. "한류는 1997년 중국 CCTV에서 〈사랑이 뭐길래〉가 방송되면서 사실상 시작됐다"고. "이후 중화권과 일본을 중심으로 드라마와 가요가 주도한 한류1.0, K팝과 온라인 게임을 핵심 콘텐츠로 해 아시아를 비롯한 전 세계로 영역이 확대된 한류2.0, 그리고 싸이의 〈강남스타일〉과 〈별에서 온 그대〉 등 글로벌 빅히트 콘텐츠를 바탕으로 K컬처 전반에 대해 세계인들의 관심이 고조된 한류3.0으로 전개되어 왔다"면서, 한류 20년인 2016년을 맞이해 방송을 필두로 게임, 출판만화, 웹툰, 애니메이션·캐릭터, 음악, 공연, 영화까지 총 8개 분야의 장르별 대표 콘텐츠를 선정, 소개한다.

윤호진의 저서가 출간된 지 5년 6개월의 세월이 흐르면서 한류는 급성장·팽창해 4.0을 관통 중이고, 5.0 단계에 진입 중이다.

한국문화산업교류재단 등에 따르면 한류콘텐츠가 해외 소비자들에게 첫선을 보인 1997~2000년대 초가 '한류1.0'이었다. 그 이후 2000년대 중반까지 〈겨울연가〉, 〈대장금〉 등 인기 TV 드라마가 일본에 이어 중국, 홍콩, 동남아, 중앙아시아, 아프리카, 동유럽까지 확산되며 '한류2.0' 시대가 열렸다. '한류3.0'(2000년대 중반~2010년대 중반)은 한류가 중앙아시아,

---

7 《르몽드디플로마티크》 재인용·참고

유럽, 미주, 아프리카 등 전 세계로 확장된 시기다. 2012년 '강남스타일'로 세계를 열광시킨 '싸이 열풍' 등 K-팝, 〈별에서 온 그대〉 등 K-드라마, K-패션, K-푸드, K-뷰티 등 문화양식, 한국상품이 한류로 모여 확산됐다. 2010년대 중반 이후 서서히 불기 시작한 '한류4.0'은 문화콘텐츠를 포함한 K-라이프 스타일과 사회를 바라보는 시선 등이 전 세계인들의 공감을 얻고, 주류 문화로 편입하고 있는 현 단계다. 그 대표주자들이 다름 아닌 BTS, 블랙핑크, 〈기생충〉(2019)의 봉준호 등이다. 최근엔 〈킹덤〉, 〈스위트홈〉, 〈오징어 게임〉, 〈지옥〉 등 소위 'K-콘텐츠'가 글로벌 OTT 서비스를 타고 범세계적으로 집중 조명을 받고 있다. 그 덕에 외국인들이 한국을 떠올릴 때 떠오르는 이미지는 과거 '북한'에서 '문화콘텐츠'로 바뀌고 있다. 성큼 다가온 '한류5.0' 시대에는 장르의 확장, 타업종 융합 등으로 K-콘텐츠를 넘어 K-컬처에 대한 세계의 관심으로 확산될 전망이다. 한류 문화가 문화콘텐츠를 넘어 한류 소비재 수출 본격화로 이어지며, 한국의 성장 동력이 될 수 있다고 예측되고 있는 것이다. 지난해 연간 국내 콘텐츠 산업의 연간 수출액은 108억 3000만 달러로 전년도에 비해 6.3% 늘었단다.[8] "김동그라미 코트라 뉴욕무역관은 '지난해 한국의 콘텐츠 수출 규모는 수출 효자 품목으로 꼽히는 화장품, 가전, 농산물의 규모를 넘어섰다'면서 '최대 수출품인 반도체에 비하면 10분의 1 수준이나 한국의 드라마, 영화, 음악, 게임, 출판물의 해외 확산에 의한 파생 효과와 잠재력은 그 규모를 가늠하기 힘들다'고 말했다"고 기사는 전한다.

8 《e대한경제》 2021. 10. 27일 자 "[한류 5.0 시대] 한류5.0이 온다…K-콘텐츠 글로벌 주류가 되다", 참고·인용

2. 동학과 동영상

1) 동학과 영화

지금까지 파악된 바로는, 극영화든 다큐멘터리든 동학혁명이 영화화된 것은 총 4편이다. 그중 한 편은 (부끄럽게도?) 일본인이면서 한국의 역사에 지대한 관심을 가지고 있다는 마에다 겐지 감독이 제작, 연출한 〈동학농민혁명 고추와 라이플 총〉(2016)이다. 이 다큐는 제8회 DMZ국제다큐영화제에 특별 초청돼 상영됐다. 보도 자료를 빌려오면 "영화는 지금으로부터 120년 전 한반도에서 농민들이 주도한 민주화 운동인 동학농민혁명을 현재로 불러온다. 조선관군은 농민들의 민주화 운동을 진압하기 위해 일본군과 협력해 농민들을 살육했고 이것을 빌미로 일본군은 한반도에서 청·일전쟁을 일으켰다. 유족과 학자, 지식인들로부터 수집한 증언을 토대로 한국 전역을 찾아다니며 동학혁명의 흔적과 갈등의 현장을 취재했다."

마에다 겐지 감독은 일찍이 2000년 일본군성폭력피해자(소위 위안부)와 강제징용자들의 증언 등을 토대로 다큐 〈백만인의 신세타령〉을 만들어 한국 정부로부터 옥관문화훈장을 받았다. 2009년엔 조선 건국 이후 최대의 위기이자 가장 참혹한 전쟁이었던 임진왜란과 정유재란을 다룬 다큐 〈월하의 침략자〉를 만들었다. 〈···고추와 라이플 총〉은 자신이 "만든 게 아니라 조선의 하늘과 땅, 바람과 그 속에서 들리는 사람의 목소리가 만들었"다는 감독이 동학 다큐를 만든 까닭에는 신상옥(1926~2006) 감독과의 인연이 자리한다. "2001년에 신 감독과 대부분의 동학 유적지를 답사했어요. 신 감독이 400억 원을 모아 동학을 극영화로 만들려고 했으나 제작비를 모을 수 없었죠." 신 감독이 작고한 뒤 3,000만엔으로 직접 만들겠다고 결심했으나 사정이 여의치 않았다. "애초 동학 120년이 되는 재작년에 영화를 완성하려고 했으나 2년이나 늦춰졌다. 제작비 문제가 컸다. '제작비 1,330만 엔 가운데 한국 쪽 후원회 인사들의 도움으로 1,200만 엔을 모았죠. (돈이 부족해) 800만 엔은 받을 수 있는 저의 애장품인 조선 도자기를 35만 엔에 팔아야 했죠. 빚도 졌어요.' 한국 후원자들은 카카오 스토리 펀딩을 통해 3,390만원(1,549명 참여)을 모"았다. "3년 전 제작 발표회 때 감독은 일본이 일으킨 청일전쟁과 러일전쟁 그리고 조선의 식민지배, 태평양 전쟁의 뿌리엔 동학혁명이 자리하고 있다고 밝혔다. 당시 조선 농민을 살육한 그 '폭력적 사상'이 태평양 전쟁까지 이어졌다는 것."[9] 나머지 세 영화는 아래와 같다.

(1) 동학란/난[10] : 1962년 7월 6일 국제극장에서 개봉된 한국 영화사 최초의 동학 관련 극영화다. 신영균, 김승호, 최남현, 조미령, 주증녀 등 당대 인기 배우들이 주·조연을 맡았다. 각본상(신봉승)과 편집상(이경자), 녹음상(유창극)에 1973년 제12회 대종상영화상 감독상을 안은 최훈이 메가폰을 잡았다.

마을 진사인 성국(주선태)의 아들 상도(이민)와 평민인 순구(신영균)는 친구로 가깝게 지낸다. 상도의 여동생 금주(조미령)는 순구를 양반집 도령인 줄 알고 그를 사모하게 된다. 순구는 동학당 지도자 최갑(최남현)의 손자로 그의 형 순영(김승호)과 함께 동학운동을 이끌고 있었다. 상도는 서울로 과거를 보러 떠나고 금주와 순구는 서로 사랑하게 된다. 동학군들은 타락한 양반들을 몰아내고 귀천의 구분 없는 세상을 만들고자 봉기하고, 순구는 동학운동의 선봉장이 된다. 동학운동을 위한 모임 도중 포졸들이 들이닥치자 동학군들은 추월산으로 피신하고 최갑은 잡혀가 모질게 고문을 당한 뒤

9 이상 https://www.hani.co.kr/arti/culture/movie/762839.html 참고·인용
10 이하 한국영상자료원 한국영화데이터베이스(www.kmdb.or.kr) 등 참고·인용

숨진다. 순구는 금주를 찾아가 자신의 신분을 밝히고 자신을 잊어달라고 한다. 금주는 순구를 찾아가지만, 순구는 조부가 억울하게 죽은 것에 대해 복수하고 모든 백성의 원수를 갚겠다고 말하면서 금주를 돌려보낸다. 동학군이 봉기를 일으켜 김성국 진사 가족을 잡아들이나, 순구는 남몰래 진사 가족을 풀어준다. 금주는 가족을 버리고 순구를 따르기로 결심한다. 전세가 역전되어 순영과 동학군은 수만 명의 관군을 맞아 싸우다 산중으로 패주한다. 순영은 자살하고 순구는 포도대장이 되어 동학군을 처벌하러 내려온 상도와 대결하게 된다. 순구를 붙잡은 상도는 순구에게 총을 겨누고, 금주는 그를 처벌하지 말라고 상도에게 애원한다. 금주의 설득으로 상도가 자기 가족을 살렸다는 사실을 알게 된 상도는 순구에게 누이를 부탁하면서 두 사람에게 멀리 떠나라고 말한다.

유감스럽게도 이 영화는 필자가 태어난 1년여 후 개봉된 터라 보질 못한데다, 필름 프린트도 남아 있지 않아 볼 길이 없다. 『우리 영화 100년』(김종원, 정중헌 지음, 현암사, 2001, 품절)이나 『한국 영화사 ─ 開化期에서 開花期기까지』(김미현 책임 편집, 커뮤니케이션북스, 2006, 절판) 같은, 수시로 참고하곤 하는 한국 영화사 관련 역저들에도 영화는 물론 감독에 대한 언급조차 없다. 관련 정보는 한국영화데이터베이스에서 얻을 수 있는 것과, 저작권상의 문제로 인해 30% 정도밖에 복사해 구할 수 없었던 시나리오가 거의 다다. 그만큼 국내영화 평단은 해당 영화에 대한 아무런 관심을 보이지 않았던 것인바, '란'이건 혁명이건 동학에 아예 무관심했던 것이다.

시나리오 등으로 평하건대, 〈동학란〉은 재조명돼야 마땅한 한국 영화사의 문제작으로 손색없다. 실존 인물을 다룬 영화는 아니지만, 그 극적인 그 맥락에서 볼 때 동학을 향한 '민중적 시각'이 짙게 배어있는 흥미진진한 텍스트인 것. 이덕일 소장도 같은 의견이다. 이소장은 영화의 씬36을 구체적으로 짚으면서, 그 대목의 중요성을 역설했다.

"최갑의 집 앞 마당"이다. 순영이 말한다. "일은 매우 급해졌습니다. 저는 그동안 고부에 가서 해월 선생의 명령을 받고 전주, 무주, 용담, 금제, 송리, 은진 등지를 두루 다녀서 서울까지 다녀오는 길입니다. 여러분 해월 선생께서 그여히 응락이 내리셨습니다. 민심이 곧 천심이라 만백성에 뜻이 그렇다면 그것이 곧 천명이니 어찌 이에 응하지 않겠느냐? 하셨소."그는 계속 말한다. "여러분 이 소식이 고부에 도착하자 전봉준 동덕을 위시하여 무장에 손화중, 태인에 전남 정읍에 정종혁 등이 달려와 시급히 거사할 것을 결정하였소…본래 우리 동학이 생겨난 것도 장래의 민족 자주의 정신으로 보국안민하고 인내천에 진리로서 과제천신하는데 있지만 이번에 우리 동학의 대의명분을 밝히기 위하여 창의문을 널리 분포하기로 했지요."

이소장은 계속 역설했다. 동학혁명의 전개에 대해 말할 때 흔히 동학혁명과 1920년 이후 천도교 혁신운동의 지도자로 정평이 난 오지영의『동학사』(1940)에 근거해 북접과 남접이 대립했던 것처럼 말해 왔지만, 동학 전체의 교주로서 최시형 선생이 거사를 결정하면서 혁명에 불이 붙고 전봉준이라든지 손화중이라든지 가세하는 식으로 그리고 있는데, 독재자 박정희 치하의 당시에 그렇게 전향적으로 동학혁명을 그렸다는 데 상당히 놀랐다고. 그것이 원작자 유영오의 사고인지 각색자 최금동의 것인지 잘 모르겠지만, 당시에 대중 상업 영화에서 그런 인식을 드러냈다는 것은, 그분들이 동학 내부에 관련된 이야기들을 집안에서 들은 것이 아닌가, 싶다는 의견을 피력했다.

유영오에 대해서는 〈동학란〉의 원작자, 라는 사실 외에는 아무런 정보를 더 이상 찾을 길이 없으니 넘어가자. 1936년 〈동아일보〉 시나리오 공모전에 〈애련송〉으로 당선돼 영화계에 투신한 이래 한국시나리오작가협회 회장(1965~1971), 대한민국예술원 회원(1990~1995) 등을 역임했으며 김수용 감독의 〈허튼소리〉로 1987년 제7회 한국영화평론가협회상 각본상 등을 안은 시나리오 작가 최금동(1916 ~ 1995)에 대해서는, 김종원 원로 영화평론가의 전언[11]이 일말의 실마리를 제공한다.

"그는 중앙불교전문학교를 나오자 1937년 6월 조선총독부 기관지 매일신보의 기자로 언론계에 투신하게 된다. 이후 서울신문 사회부장(1945), 독립신문 편집국장(1947)을 거쳐 1949년 한성일보 편집부국장직을 끝으로 12년간의 언론계 생활을 마감한다. 광복 시기에 직장을 떠난 그는 최은희의 영화 데뷔작 〈새로운 맹서〉(1947)를 비롯해 〈3.1독립운동〉(1958), 〈8.15 전야〉(1959), 〈이름 없는 별들〉(1959), 〈아아, 백범 김구선생〉(1960), 〈유관순〉(1961), 〈동학란〉(1962), 〈석가모니〉(1963), 〈이성계〉(1967), 〈상해임시정부〉(1970), 〈의사 안중근〉(1971), 〈미처 못다 부른 노래〉(1973), 〈팔만대장경〉(1973), 〈에밀레종〉(1974), 〈사명대사〉(1980) 등 45년의 작가 생활을 통해 필름으로 옮겨진 오리지널 시나리오만 50여 편을 남겼다. 제목에서 짐작할 수 있듯이, 최 선생의 작품은 일제 지배 아래서 항일운동을 주도한 애국지사의 활동상과 기미년독립만세, 광주학생항일운동 등 역사적인 사건과 존재, 그리고 투철한 국가관과 정체성을 강조한 내용이 대부분이었다. 이들 작품의 특징은 큰 스케일을 바탕으로 강렬한 주제의식과 민족정신을 추구한 것이었다. 그가 평소 영화 〈아리랑〉(1926)을 자주 언급하며 '춘사 나운규의 정신'을 강조한 점과도 무관하지 않은 지향점이라고 할 수 있다."

이쯤 되면 〈동학란〉의 민중적 시각이 이해되지 않을까. 내친김에 김종원의 전언을 좀 더 전하련다. "그는 문학청년적인 감성과 우국지사적인 민

11 [구술로 만나는 영화인] 최금동 – 각본; https://www.kmdb.or.kr/story/76/1626

족의식을 지니고 있다. 놀랍게도 그의 감성은 진부하지 않으며 민족의식 또한 보수적으로 기울지 않은 균형 감각을 유지하고 있다. 그래서 그는 칠순이 가까울 때까지 연애 감정을 유지했고 실천으로 옮기기도 했다.

그러나 최금동 선생은 불의를 보면 참지 못하는 성미였다. 아니, 역겨운 일, 눈꼴사나운 일을 그냥 지나쳐버리지 못했다. 남의 눈총을 감수하면서 스스로 모난 돌임을 자처했다. 1960년대 극장가에 일본색 표절 영화가 범람하자 지상을 통해 '왜색 영화를 방화하라'고 외쳤고, 이익을 재투자하지 않는 영화제작자에게는 '몰염치한 전주(錢主)'라며 몰아세웠다. 그런 탓으로 그는 주위의 눈총을 받을 때가 적지 않았다.

1975년 3월, 내가 박정희 유신 정권 아래서 자유언론운동에 참여, 제작을 거부했다는 이유로 동료 30여 명과 함께 조선일보사의 기자직에서 해직됐을 때는 누구보다도 먼저 전화를 걸어 장차 일을 걱정하며 위로해 주었다. 그런가 하면 설날에는 특유의 친필 연하장을 잊지 않고 보내주었다. 이렇게 최 선생은 1958년 처음 알게 된 이후 1995년 6월 5일 79세의 나이로 돌아가실 때까지 37년 동안 일관되게 강직한 성품과 섬세한 마음을 보여주었다."

최금동 그분은 그야말로 '동학정신'을 손수 실천하셨던 시대의 지성인이요 선각자였던 것이다. 그렇다면 〈동학란〉은 영화로는 비록 확인할 길은 없어도 뒤이어 다룰 〈개벽〉과 〈동학, 수운 최제우〉로 나아가기 위해 필요한 범작 정도가 아니라, 그 두 수작 못지않게 중요한, 재발견·재조명이 요청되는 우리 영화사의 문제작 아닐까? 동학에 직접 가담했던 사람들의 이야기란 점에서, 동학에 가담한 민중들이 양반가와 갈등을 겪는 드라마라는 점 등에서 말이다.

⑵ 개벽(1991) : 도올 김용옥 각본, 정일성 촬영, 이덕화 이혜영 박지

훈 김명곤 주·조연에 우리 시대의 거장 임권택 감독이 연출한 역작이다. 1991년 제12회 청룡영화상 감독상, 촬영상을, 제2회 춘사영화상 감독상, 남우주연상, 음악상(신병하)을, 1992년 제30회 대종상 최우수작품상, 남우주연상(이덕화), 조명상(차정남), 미술상(도용우), 특별연기상(주상호)을, 제12회 한국영화평론가협회상 촬영상 등을 안았다. 하지만 102편에 달하는 거장의 전작(全作) 중 상대적으로 저평가된 안타까운 문제작이기도 하다. 4만5천여 명에 지나지 않았으니 관객들로부터도 홀대받았다. 그 점에서 영화는 〈동학란〉과는 다른 차원에서 재발견·재조명을 기다리고 있는 셈이다.

참고 차 줄거리를 옮겨보자. 동학의 1대교주 수운 최제우(김길호 분)가 혹세무민죄로 처형당하고, 2대교주 해월 최시형(이덕화)은 관의 추적을 받으면서도 동학을 널리 알리기에 여념 없다. 민중 생활은 더욱 궁핍해지고, 민중의 지지를 받던 동학이 계속 탄압 당하자, 해월은 혼자 태백산으로 숨고, 부인 손씨(이혜영)와 네 딸들은 전국에 조리돌림을 당하는 수모를 겪는다. 이 소식을 들은 해월은 부인이 죽었으리라 생각한다. 더 깊은 산중에 숨은 해월은 그를 돌보던 노인의 과부 며느리 안동김씨(오영화)와 결혼한다. 강수(박지훈)와 재회한 해월은 다시 도주해서 동학의 경전을 출판한다. 그리고 죽은 줄 알았던 손씨 부인과 재회하지만, 기쁨보다는 안동김씨를 생각하며 고민한다. 정부의 삼정문란은 날이 갈수록 심화되어, 민중들의 분노는 동학난으로 이어진다. 그리고 1898년 수많은 군중이 지켜보는 가운데 해월은 참형을 당한다.

이렇듯 〈개벽〉은 동학의 2대 교주 해월 최시형의 일생을 중심으로 펼쳐진다. 〈장군의 아들〉(1990)로 서울 기준 68만에 근접하는 흥행 신기록을 세운 임권택 감독이 〈장군의 아들 2〉(1991)를 만들기 전 연출했다. 〈씨받이〉(1986)가 베니스영화제에서 여우주연상(강수연)을 거머쥐면서 한국영화의 해외 진출이 탄력을 받고 있던 참이었다. 임권택 감독은 〈개벽〉을 통해 다시금 한국 고유의 전통적 소재를 극화해 국제 영화제에 입성하고자, 야심차게 작업에 임했다. 감독은 원작 시나리오를 쓴 도올의 도움을 받아 전체 시나리오를 구성했다. 동학이라는 소재의 특성상 역사적 고증과 해월 최시형에 대한 자문은 천교도 상주 선도사였던 표영삼에게 받았다. 도올이 '스승'으로 모셨다는 표영삼 선생은, 생전에 '살아 있는 동학', '걸어 다니는 동학', '동학과 천도교 최고의 이론가' 등의 수식어가 붙어 다녔으며, 수식어 그대로 동학과 천도교 사상·역사에 관한 한 최고의 이론가요 연구자로 일컬어졌다. 40여 년에 걸친 동학 연구를 집대성한 『동학 1/2』(도서출판 통나무, 2004~2005)를 펴내 한국 학계의 동학 연구 활성화에도 크게 이바지했다.

한국영화데이터베이스에 의하면, "〈개벽〉은 2시간 26분 버전과 2시간 14분 버전이 있는데, 1991년 제작해 베니스영화제에 출품한 것이 긴 버전이다. 당시 해외영화제는 관례적으로 2시간이 넘는 영화를 기피했고, 국내 극장 역시 긴 영화를 상영할 경우 상영 횟수가 줄어드는 부담이 있음을 감안해 임권택 감독은 이 영화를 짧은 버전으로 재편집해 개봉했다. 〈개벽〉은 비교적 제작비가 많이 투입된 영화였고, 임권택 감독이 본인의 작가적 역량을 쏟아 부은 작품임에도 개봉 당시 관객과 평단의 외면을 받았고, 해외영화제 진출 역시 실패로 돌아갔다. 하지만 〈개벽〉은 작품의 완성도에서 그의 대표작으로 꼽히는 〈씨받이〉나 〈아제아제 바라아제〉(1989)에 뒤지지 않으며, 임권택 감독의 필모그래피에서 차지하는 의미 역시 각별하다."[12]

---

12 이상 『영화천국』 Vol.25 [시네마파라다이스] 복원작 초이스 ③ : 〈개벽〉 작가 임권택의 진면목

2013년 부산국제영화제(BIFF) 한국영화회고전에서 임권택 감독 전작 중 총 9편을 선정해 선보였는데, 〈개벽〉을 포함시킨 것은 그래서였을 터. 그 회고전 프로그램 노트에는 이렇게 적혀 있다. "…개봉 당시에는 상대적으로 저평가되었지만 날이 갈수록 평판이 높아지고 있는 또 다른 걸작. 〈서편제〉가 감성의 영화라면 〈개벽〉은 이성의 영화다. 기승전결의 구성은 완전히 버려지고, 〈취화선〉에서와 마찬가지로 사건들이 병풍화처럼 배열된다. 〈개벽〉의 가장 놀라운 점은 무심해 보이는 카메라워크와 불친절한 구성이 오히려 심원한 비애감과 쓰라림을 불러일으킨다는 것이다." 현재 BIFF 한국영화 프로그래머인 영화평론가 정한석은 〈개벽〉의 영화적 미덕에 대해 다음과 같이 평했다. "나는 동학운동의 참뜻에 대해 잘 모르고 이 땅의 근대의 시간에 대해서도 잘 알지 못한다. 임권택의 〈개벽〉을 본다고 해서 그것들을 갑자기 깊이 깨닫게 된다고 생각하지도 않는다. 역사적 인물과 사건을 통찰하려는 영화는 도처에 있을 것이다. 하지만 사람의 얼굴, 대지의 풍경, 집회의 군중과 횃불, 밤낮으로 이어지는 방랑과 도주의 움직임으로 역사적 활극이 되는 영화는 진귀할 것이다. 〈개벽〉이 그런 영화다."[13]

물론 이 역작에도, 아쉬운 지점들은 적지 않다. 해월을 중심으로 시나리오가 쓰였다고는 하나, '녹두장군' 전봉준(김명곤 분)에 대한 묘사가 피상적이라든지, 북접과 남접의 갈등을 지나치게 부각시켰다든지, 영해교조신원운동 또는 영해동학혁명 등으로도 일컬어지는 소위 '이필제의 난'(1871)에 대한 예의 부정적·일방적 언급이라든지, 동학혁명을 여전히 혁명 아닌 '란'으로 바라보는 듯한 지점이 있는 등 노태우 정권(1988~1993)의 한계에

을 느끼다!(https://www.kmdb.or.kr/story/143/4412) 참고·인용
13 『영화천국』 61호, www.kmdb.or.kr에서 재인용

고스란히 갇혀 있다고 할까. 그로써 '개벽'이란 거창한 제목을 내세웠으면서도 예의 기득권자, 즉 가진 자의 시선에서 시나리오를 쓰고 영화를 연출했다는 오해를 받을 수 있는 빌미를 제공했다는 것 등이다.

그럼에도 해월의 삶과 죽음도 그렇거니와 동학혁명에 대한 이해에 이만한 영상 텍스트와 조우하기란 쉽지 않으리라는 것쯤은 두말할 나위 없다. 특히 40대 초에 저세상으로 떠나간 스승 최제우가 겨우 세 살 아래인 제자 최시형에게 남긴 결정적 조언이자 유언인 '고비원주'(高飛遠走)의 형상화로서 〈개벽〉의 의미는 그 중요성을 아무리 강조해도 지나치지 않을 것이다. 해월이 수운보다 30여 년을 더 살다 간 것도 스승의 유언과 무관하지 않으리라는 것이 필자의 해석이다. 그 점에서 영어 제목이 'Fly High, Run Far'인 것은 각별한 주목을 요한다. 아울러 동학 특유의 평등사상도 그렇거니와, 작금의 코로나-19 사태와 연관해 영화의 시의성 및 해월의 선각성 등에 감탄하지 않을 수리 없다. 해월 역 이덕화도 생애 최고의 연기를 펼친다….

(3) 동학, 수운 최제우(2011): 관련 지식은커녕 그 이해에도 일천한 필자가 과연 언제부터 동학을 향한 남다른 관심을 품게 됐고, 이런저런 수식들을 다 떼어내고 동학을 '혁명'으로 받아들였는지는 기억하지 못한다. 아버지의 권유였든 영향이었든 초등학교 적부터 습관적으로 교회를 나가곤 했던 개신교도인지라, 종교로서 천도교에 대해서는 막연한 거부감을 지녔었다. 하지만 사상으로서 동학을 향해서는 적잖은 호감을 품어왔고, 지금도 마찬가지다. 발제자로 이 학회에 참여하고 있는 것도, 지난 4월 천도교 종학대학원에서 했던 두 차례의 '동학과 영화' 특강에 응했던 것도 다른 그 무엇보다 그 매혹(Attraction) 때문이었다. 그런 필자를 한층 더 깊숙이 동학의 세계로 안내한 변곡점적 계기가 다름 아닌 이 문제작이다. 영화

칼럼니스트 출신으로 2000년 부천국제판타스틱영화제 '메이드 인 코리아 섹션'에 단편 〈다카포〉로 초대됐으며, 『클래식 무비 365-스탠리 박의 고전영화 여행』(북인, 2009)을 비롯해 『파워블로거가 선정한 고전영화 301』(황금소나무, 2010), 『스탠리의 필름뮤직』(황금알, 2014), 『올드 시네마 150』(이숲, 2016) 등 다수의 영화 저서를 집필한 열혈 씨네필 박영철 감독의 장편 극영화 데뷔작 〈동학, 수운 최제우〉….

2011년 당시 BIFF 한국영화 담당 프로그래머였던 필자는, 이 영화에 적잖이 매료·포획됐다. 그래 BIFF 경쟁 섹션인 뉴커런츠에 영화를 선정, 소개했다. 다음은 프로그램 노트에 실은 필자의 리뷰다. "이 영화와 조우하기 전까지만 해도 '저예산 사극'을 상상한 적조차 없다. 사극은 으레 큰돈을 들여야만 제작 가능할 것이라는 일종의 고정관념 탓이었다. 그 점에서 이 영화는, 영화를 넘어 이 세상의 숱한 편견을 향해 날리는 통쾌한 한 방이다. 채플린을 꿈꾸는 게 틀림없는, 50대 중반의 '젊은 감독'이 고작 7천만 원여의 빚으로 빚어낸 문제적 시대극! 그는 감독과 제작 외에도 시나리오, 의상, 음악 연출 등을 손수 담당했다. 영화는 자신의 소신·신념을 지키기 위해 지독한 소외를 넘어 죽음마저 마다하지 않았던, 동학의 창시자 수운 최제우(1824~1864)의 마지막 생애를 담았다. 눈길을 끄는 건 소재, 장르 등 외연적 요소들만은 아니다. 세르게이 M. 에인슈테인적 내적 몽타주가 돋보이는 정교한 화면구도, 안드레이 타르코프스키를 연상시키는 정중동의 극적 리듬과 미장센, 영화적 '내공'을 짐작케 하는 적잖은 시·청각적 오마주들, 비주얼 못잖게 인상적인 음악을 포함한 사운드 효과 등 덕목들은 새삼 '영화란 무엇인가?'란 예의 근원적 질문을 던지게 한다. 이 영화는, '젊음'은 생물학적 나이로만 말해선 안 된다는 사실을 역설한다. 칼 테오도르 드라이어의 〈잔 다르크의 열정〉과 비교하며 감상하는 맛도 얕진 않을 듯."

선호 여부를 떠나 이쯤이면 영화의 미학적·예술적 수준은 충분히 전해질 듯. 그다음 해 6월 개봉된 영화의 흥행 성적은 1천명도 채 되진 않았어도 말이다. 그 영화적 수준 못지않게 흥미로웠던 것은 수운 최제우라는 인물은 말할 것 없고, 종교보다는 사상으로서 동학을 바라보는 감독의 전문가적 시선이다. 상술은 생략하련다. 천도교도는 아닐지언정, 감독이 천도교 집안 출신이었기에 가능했을 성취였으리라 정도만 밝히련다.

2011년의 선택은 8년이 지난 2019년으로 이어졌다. 2회로 그치고 만 금강역사영화제에 객원 프로그래머로 그 문제작을 다시 초청해 관객들과 만나게 했다. 동학 관련 세미나에도 참여하는 계기를 마련해 제공하기도 했다. 감독은 2014년 윤용규 감독의 〈마음의 고향〉(1949)과 주경중 감독의 〈동승〉(2003)에 이어 세 번째로 함세덕 원작을 각색해 〈내 마음의 고향〉을, 2018년엔 〈방문객〉을 제작·연출했으며, 현재 2022년 혹은 2013년을 목표로 신작을 추진 중이다.

2) 동학과 TV 드라마

TV 다큐는 논외로 하자. 동학혁명을 극화한 TV드라마는 총 2편이다.

(1) 새야 새야 파랑새야: 동학혁명 100주년인 1994년 3월 7일에서 3월 29일까지 매주 월요일과 화요일 MBC에서 8부작으로 방영했던 사극이다. 동학혁명을 본격적으로 극화한 첫 TV 드라마다. 재야영화운동가로도 맹활약했던, 〈가슴에 돋는 칼로 슬픔을 자르고〉(1992), 〈선택〉(2003), 〈이태원 살인사건〉(2009), 〈1급기밀〉(2018)의 감독 (고)홍기선이 극본을, 1980년부터 20여 년간 〈전원일기〉 스태프로 참여했으며, MBC 16부작

인기 월화드라마 〈걸어서 하늘까지〉(1993) 등의 이은규 피디가 연출했다.

"시대적 배경은 갑신정변(1884년) 전인 1880년부터 동학혁명이 끝나는 시점인 1895년까지며 역사적 사실을 바탕으로 하되 가공인물을 주인공 으로 내세워 극적인 요소를 가미했다. 전라도 고부 김좌수네 집에서 동 시에 태어난 김좌수의 아들 도영과 행랑아범의 아들 둑간이 주인공. 도영 은 농민군을 진압하는 관군이 되고 둑간은 농민군의 선봉에 선다. 한날한 시에 태어났으나 신분 때문에 전혀 다른 인생을 살아가는 두 인물의 개인 사를 통해 동학혁명의 이념인 평등사상의 메시지를 전하는 것이 기본 줄 거리다. 엄격한 실천적 지식인상으로 부각되는 녹두장군 전봉준 역은 유 인촌이 맡고, 이야기의 전달자인 도영과 둑간은 이재룡과 신인 최종환이 각각 맡았다. 또 이들의 연인인 길란과 달래역은 신윤정과 이미연이 맡 아 사극에서의 새로운 모습을 보여주게 된다."[14](https://www.joongang.co.kr/ article/2860880#home)

1화부터 7화까지 회차별 부제 또한 드라마의 주제를 한층 더 선명히 제 시했는데, '두개의 하늘'부터 '조선을 개화하라', '사람이 하늘이다', '시천 주 조화정', '서면 백산이여 앉으면 죽산이라', '갑오세 가보세', '청천하 농 꾼지야'가 그것들이었다.

(2) 녹두꽃: 2019년 4월 26일부터 2019년 7월 13일까지 회당 48부작 으로 방영된 SBS 금토 드라마다. 1894년 동학혁명 속에서 농민군과 토벌 대로 갈라져 싸워야 했던 백이강(조정석 분), 이현(윤시윤) 이복형제의 파란만 장한 휴먼스토리를 중심으로 펼쳐진다. KBS 대하드라마〈정도전〉 등을 집 필한 정현민이 각본을, 〈뿌리깊은 나무〉(2011)와 〈육룡이 나르샤〉(2015~2016) 등으로 명성을 얻었으나, 애당초 16부작으로 기획됐건만 크고 작은 역사 왜

---

14 중앙일보 https://www.joongang.co.kr/article/2860880#home

곡 논란으로 2회 방영 뒤 중단된 〈조선구마사〉 등으로 악명(?)을 날린 피디 신경수 등이 연출을 맡았다.

"뜨거운 울림"을 전하며 "끝까지 완벽했다"는 극찬15과 "역사가 스포일러라서? 작품성에도 시청률 저조"하다며 조롱(?)16을 동시에 받은 화제의 드라마에 대해, 대중문화평론가 정덕현은 단연 경청할 만한 균형 잡힌 리뷰를 전한다. "혁명은 실패했지만 〈녹두꽃〉은 옳았다"면서. 다소 길지만 〈녹두꽃〉에 대한 전체적 조망을 위해, 나아가 본 발제의 취지에 전적으로 부응하니 그 리뷰 전문17을 옮겨보면 어떨까.

SBS 금토드라마 〈녹두꽃〉은 그 작품의 규모에 비해 시청률은 높은 편이 아니다. 종영을 앞두고 있지만 시청률은 5~7%대에서 머물렀다. 100억 원대 제작비가 들어갔고, 동학농민혁명이라는 소재답게 동원된 인력도 대규모였는데 아쉬운 수치다. 시청률 성적으로 따지면 '실패'가 아니냐는 평가에 고개가 끄덕여질 수밖에 없는 결과다.

〈녹두꽃〉의 편성 전략이 아쉽다는 지적도 있다. 주말에는 좀 더 가볍고 편안하게 볼 수 있는 드라마를 기대하는데, 동학농민혁명을 다룬 〈녹두꽃〉의 소재는 너무 무거웠다. 금토드라마에 처음 편성돼 20%대의 시청률을 기록했던 〈열혈사제〉와 비교하면 시청자들은 후속작인 〈녹두꽃〉이 더욱 무겁게 느꼈을 것이다.

무엇보다 동학농민혁명은 결과적으로는 참패로 끝난 혁명이다. 일본군을 끌어들인 조정의 무능함은 구국의 뜻으로 나선 동학 의병들을 우금티(우금치)의 비극으로 몰아넣었다. 살육에 가까웠다는 그 우금티 전투에서 일본군의 막강한 화력 앞에 우리 동학 의병 2만여 명이 속절

---

15 아시아투데이 https://www.asiatoday.co.kr/view.php?key=20190714000835389
16 중앙일보 https://www.joongang.co.kr/article/23509216
17 피디저널 https://www.pdjournal.com

없이 산화했다. 그러니 이런 역사를 재연해낸 〈녹두꽃〉을 본다는 건 마음이 무거워지는 일이다.

하지만 드라마는 동학농민혁명을 실패로 그려내려 하지 않았다. 〈녹두꽃〉은 전봉준(최무성)이 아닌 이름 모를 민초들 중 하나로 거시기라 불리다 사라졌을 수도 있는 백이강(조정석)이라는 인물을 주인공으로 내세웠다. 그는 우금티 전투에서 참패하고 끝까지 싸울 것인지 아니면 물러나 훗날을 도모할 것인지의 상황에서 '진짜 산다는 것'의 의미를 이렇게 설파한다.

"해산을 혀서 목숨은 부지할지 몰라도 더 이상 접장은 아니겠제. 양반 있던 자리에 왜놈이 올라 타갔구 다시 개돼지로 살아야겠재. 그래서 난 싸울라고. 겨우 몇 달이었지만...사람이 동등하니 대접하는 세상 속에 살다 본 게 아따 기깔라갔꼬 다른 세상에서 못살 것 드랑께. 그래서 나는 싸운다고. 찰나를 살아도 사람처럼 살다가 사람처럼 죽는다 이 말이여."

이 백이강의 대사는 〈녹두꽃〉이 동학농민혁명이 끝난 우금티 전투에서의 참패가 결코 실패가 아니라는 걸 강변한다. 이미 거시기로 불리던 그가 백이강이라는 이름을 갖고 혁명군의 별동대장으로 맹활약할 때 그는 이미 혁명을 이룬 것이나 마찬가지였다.

그래서 그 백이강의 말을 들은 뼛속까지 양반이었던 황석주(최원영)는 뒤늦게 이들의 혁명이 실패가 아니었다는 걸 깨닫고는 이렇게 말한다. "내가 틀렸구만. 경계를 못 넘을 거란 얘기 말일세. 이제 보니 저 우금티가 경계가 아니었네." 그들은 조선이라는 시대가 그들에게 그어놓았던 신분사회의 경계를 이미 넘었고, 자유인으로서 죽음을 맞이했다는 의미다.

〈녹두꽃〉이 하고 있는 동학농민혁명에 대한 이러한 가치 부여는 지금 현재를 살아가는 우리에게도 중요한 일이다. 구한말, 근대화 과정을 일본 제국주의의 침탈의 영향으로만 바라보면 그것은 자칫 외세에 의한 근대화를

자인하는 결과가 되기 때문이다.

그 이전에 우리에게는 주체적으로 근대화의 길을 열기 위해 시도했던 동학농민혁명이 있었다. 그들은 신분제를 타파하고 집강소를 열어 근대의 민주적인 삶을 현실화했다. 거기에 일본 제국주의가 들어온 것이고, 동학 의병들은 그들과 맞서 싸운 것이다.

민주적인 삶의 시작으로서의 근대화는 동학농민혁명으로부터 시작됐고, 우금티 전투가 끝이 아니었다. 동학 의병들이 들었던 횃불은 군부독재를 넘어 촛불로 타고 있는 것이니 말이다. 농학농민혁명의 가치를 품은 〈녹두꽃〉은 그대로 실패한 드라마가 아니다.

3. 동학과 한류

단도직입적으로 물어보자. 대체 작금의 한류와 동학이 뭔 상관있단 말인가? 하지만 〈오징어 게임〉의 세계적 광풍을 기해 스스로에게 던진 이후 집중적으로 사유 중인 질문 가운데 하나다. 11월 3일 제3회 창원국제민주영화제에서 했던 특강연 "한류의 문명사적 의미: 〈오징어 게임〉과 〈기생충〉, BTS를 중심으로"의 연장선상에서다. 월간 문화전문지《쿨투라》2021년 11월 호에 싣기 위해 쓴 필자의 원고 "전 세계를 휩쓴 〈오징어 게임〉, '한류' 콘텍스트의 마지막 축을 완성하다"가 그 직접적 계기였다.

그 원고를 바탕으로 필자는 지난 10월 중순 촬영한 인내천지도자아카데미 강의에서, 〈기생충〉과 BTS, 〈오징어 게임〉 등 역사적 한류 콘텐츠는 무엇보다 '인간사랑'과 '인간존중' 등에서 동학의 사인여천·인내천 사상 등 시쳇말로 '휴머니즘'과 연결, 된다는 주장을 펼쳤다. 상기 두 특강과 이번 부안에서의 발제를 위해 활용했던 그 강의안을, 학회 지 게재를 감안해 다소 보완해 옮겨보자.

목하 가입자 수 2억1천1백만 명에 달한다는 세계 최강 OTT(Over The Top) 기업 넷플릭스가 2백 수십억 원을 투자했고 〈도가니〉(2011), 〈수상한 그녀〉(2014), 〈남한산성〉(2017) 등을 통해 그 남다른 연출력을 인정받아온 황동혁 감독이 각본에 제작에까지 참여한 〈오징어 게임〉은, 456억 원의 상금이 걸린 의문의 서바이벌에 참가한 456명의 루저(패자)들이 목숨을 건 극한의 게임에 도전하는 9부작 TV 드라마다.

글로벌 OTT 콘텐츠 순위 집계 사이트 플릭스패트롤(https://flixpatrol.com)의 집계에 따르면, 지난 9월 17일 첫선을 보인 드라마는 10월 12일 (이하 미국 시간) 기준 세계 83개국 가운데 덴마크, 인도네시아, 말레이시아, 필리핀, 싱가포르, 한국, 대만, 태국, 베트남 9개국을 제외한 74개국에서 드라마와 예능 등 TV 프로그램을 대상으로 순위를 정하는 '톱10 TV 쇼' 부문 정상에 올라있다. 놀라지 마시라. 덴마크 아닌 나머지 8개국에서 1위에 마크돼있는 TV 프로그램은 역시 한국산 드라마 〈갯마을 차차차〉였다. 12월 4일 현재도 5개국 늘어난 88개국에서 5위를 차지하고 있다. 한국산 TV 드라마 중 1위다. 그 뒤를 이어 10월 11일부터 20부작으로 방영 중인 KBS2 월, 화 드라마 〈연모〉가 7위, 11월 19일 오프닝 날부터 전세계 1위에 등극하며 일대 센세이션을 일으켰던, 연상호 감독 유아인 김현주 박정민 원진아 양익준 김신록 주·조연의 〈지옥〉이 8위에 올라있다.

〈오징어 게임〉의 역사적 성공은 단언컨대, 이른바 '한류'(Hallyu/ K-Wave)가 일궈낸 화룡점정적 성취다. 전통적 관점에서 대중문화의 삼각 축은 영화-팝음악-TV 드라마일진대 그 축을 마침내 완성했기에 내리는 진단이다. 칸 황금종려상과 아카데미 작품상·감독상·각본상 등 4관왕 등을 이뤄낸 〈기생충〉(2019)과, '다이나마이트'에서 출발해 '라이프 고즈 온', '새비지 러브', '버터', '퍼미션 투 댄스'를 거쳐 영국 최강 인기 4인조 밴드 콜드플레이와 협연한 '마이 유니버스'에 이르기까지 무려 6곡을, 그것도 1년여의 단기간 내에 미국 빌보드 핫100 차트 꼭대기에 등극시킨 BTS에 이어서 말이다. 오죽하면 감독이 자신의 입을 통해 "BTS가 된 건가 하는 기분도 들고, 〈해리포터〉나 '스타워즈 프랜차이즈'가 된 것 같은 기분이 든다"고 밝혔겠는가.

대중문화 최강국인 미국의 콘텐츠나, 아직은 '문화'로 공인받지는 못하고 있는 게임은 논외로 치자. 2년 전후의 짧은 기간 안에 영화와 팝음악, TV쇼 세 분야에서 공히 정점을 찍은 나라는 일찍이 없었다. 대중문화의 원 종주국이었던 영국을 포함해서도 그렇다. 민족주의적 관점 아닌 이른바 코스모폴리탄적 시선으로 바라본다 할지라도, 한류의 세계적 신드롬을 인정하고 자랑스러워하지 않을 수 없는 것은 무엇보다 그래서다.

봉준호의 〈기생충〉과 BTS, 〈오징어 게임〉 세 기념비적 텍스트에는 공통점들이 존재한다. 우선은 다채로운 주목에 값하는 미학적 수준이다. 공히 평균 이상의, 상당 정도의 영화적·음악적·드라마적 수준을 구현한 것. 하지만 그 수준들 간에는 크고 작은 차이를 보이는 것도 사실이다. 50여 년의 영화 보기, 40년에 가까운 영화 스터디, 30여 년의 영화 글쓰기로 판단컨대 〈기생충〉의 영화적 경지는 가히 '역대급', 이라 평하지 않을 수 없다. 필자가 김기영 감독의 〈하녀〉(1960)와 나란히 역대 한국영화 1위에, 세계영화 베스트 10 안에 위치시키는 것은 그래서다. 제아무리 후하게 평한다 한들 그러나, BTS와 〈오징어 게임〉의 예술적 차원을 〈기생충〉과 동급에 놓을 수는 없다. 가사나 인기, 영향력 등에서는 '우리 시대의 비틀즈'라는 BTS가 그 네 마리 딱정벌레들을 능가한다손 치더라도 (작)곡 측면에

서는 비교될 수 없으며, 〈오징어 게임〉이 〈도가니〉나 〈남한산성〉에 견줄
순 없다는 것이 내 최종 평가다.

결정적 공통점은 우리네 나라(Local)에서 비롯·출발했을지언정 대한민국
을 넘어 세계의 숱한 나라들, 달리 말해 인류 사회(Global) 전반으로 확장
돼 나아간 체제비판·고발적 글로컬(Glocal) 메시지와, 그로 인해 가능해진
범세계적 공감대다. 그 비판·고발의 주 대상이 다름 아닌 신자유주의임은
두말할 나위 없다. 그런 게 삶이요 자본주의 원리, 라는 등의 핑계를 내세
우며, 부익부빈익빈으로 인한 양극화를 당연시하는 부도덕하기 짝이 없는
세계 체제(World System)….

기회 있을 때마다 강변해왔듯, 〈기생충〉은 재미 만점의 가족 희비극이
란 장르영화를 통해, 지상의 부르주아적 삶만이 아니라 반지하, 지하의 사
람들도 엄연히 삶이라는 사실을 새삼 환기·역설하며 신자유주의라는 괴
물을 향해 통렬한 화살을 날린 역대급 수준의 휴먼드라마다. 《르몽드디
플로마티크》에서 음악평론가 임진모도 짚었듯, BTS가 데뷔 이후 지속적
으로 이어온 것은 메시지 내지 세계관이다. "그것은 헝클어진 시대에 시
름 하는 젊은 세대를 향한, 같은 높이에서 건네는 위로다. Permission
to dance의 경우 장애인들을 위해 수화의 동작을 동영상에 구현하고 '춤
추는 데 허락이 필요한가?'라는 의도를 곡에 이입한 것은 실로 절묘했다.
BTS가 가공할 퍼포먼스 외에 전 세계의 아미 팬덤을 빠르게 증식시킬 수
있었던 힘은 바로 이 시대반영 메시지에 기인한다." 〈오징어 게임〉 또한
마찬가지다.

감독의 입을 빌리지 않더라도, 〈오징어 게임〉은 "오늘날 우리가 살고 있
는 '경쟁사회'를 반영한다. 다 루저에 관한 이야기다. 멋진 게임을 돌파하
는 히어로가 없다는 것이 가장 큰 차별성"이다. 표절 논란이 부담스러워서

였을까, 굳이 그럴 필요까진 없었을 테건만 감독은 털어놓는다. 쌍용자동차해고사건 등을 참고해 가져왔다고. 아니나 다를까, 이정재가 분한 기훈은 자동차 회사에 다니다 그놈의 신자유주의라는 만병통치적 처방에 의해 구조조정, 즉 '잘린' 하층민이다. 그보다 훨씬 더 열악한 처지에서 목숨을 건 이들도 수두룩하다. 당장 탈북녀 새벽(정호연), 외국인노동자 알리(아누팜 트리파티) 등이다.

'데스 게임'이란 극적 설정이나, "무궁화 꽃이 피었습니다" 같은 게임 구호 등을 근거로 〈신이 말하는 대로〉(2014, 미이케 다카시) 등의 일본 영화나 동명의 일본 원작 만화를 표절한 것 아니냐, 고 의심하는 것은 그럴 순 있어도 설득력은 크지 않다. 지력이나 상상력 테스트를 넘어 운의 중요성을 설파하는 일본산 제품들에 비해 〈오징어 게임〉은 그 사회적 메시지가 워낙 강렬히 전달되기 때문이다. 뿐만 아니다. 기훈과 알리나, 1번을 달고 나온 노년의 일남(오영수), 극중 비중은 작아도 임팩트에서는 결코 작지 않은 지영(이유미) 등 적잖은 인물들을 통해 드라마는 우리네 삶의 어떤 가능성·희망을 제시하는 걸 잊지 않는다. BTS는 말할 것 없고 암울한 결말이긴 해도 기우(최우식)를 통해 〈기생충〉이 그랬듯….

〈오징어 게임〉의 기록적 대성공과 연관해 이 지면에서 새삼 강조하고픈 것은 그 성공을 가능케 한 맥락들(Contexts)이다. 크게 세 가지만 들자. 무엇보다 영국의 《더 타임스》가 최근, "우리는 이제 모두 K-팬이다. 그러나 〈오징어 게임〉의 인기가 갑작스러운 것이 아니다"라며 적절히 제시한 '한류'라는 콘텍스트다. 관련해 프랑스와 미국에서 작가 겸 저널리스트로 활동하는 한국계 저자 유니 홍은 지난 2014년 '코리안 쿨'이란 멋진(Cool) 개념을 통해 한류의 기원과 (당시의) 현황을 짚고 미래까지 전망한 바 있다. "'한국이 언제부터 대중문화 강국으로 전면에 슬금슬금 나서게 되었을까?'

하는 의문을 파헤치기 위해 2013년부터 2014년까지 한국의 대중문화 산업 종사자들, 정부 관계자, 문화 평론가와 학자 등을 집중 취재하여" 출간한, 통찰 가득한 역저『코리안 쿨 – 세계를 사로잡은 대중문화 강국 '코리아' 탄생기』(정미현 옮김, 원더박스 2015-10-02; 영문 원서 The Birth of Korean Cool: How One Nation Is Conquering the World Through Pop Culture — Dispatches from South Korea's Plan for World Cultural Domination, Gangnam Style, Picador USA, 2014-08-05)에서다.

동의 여부를 떠나 저자는 상기 '웰메이드 논픽션'에서 강변한다. "19세기 은자의 왕국이었고 1980년대까지도 전혀 쿨하지 않던 한국이 21세기 들어와 세계인이 부러워하는 '코리안 쿨'을 배태한 것은 결코 우연이나 지리적 이점 따위로 설명할 수 없다. 거기에는 명백한 정부의 계획과 의도가 관철된다"면서, "한국은 월드와이드웹이 서막이 오른 1990년대 이후 대중문화의 체계를 단단히 다져 왔다. 1997년 외환위기 이후 정부는 전통적인 한국 국가 브랜드 이미지 쇄신에 착수했다. 그리고 정보통신기술, 대중가요, 드라마, 게임 등의 산업에서 모험적 투자를 독려하기 시작했다"고, 전적으로 동의하긴 주저돼도 경청하지 않을 수 없을 흥미진진한 주장을 펼친다. 물론 정부 정책이 전부가 아니라는 것쯤은 알고 있다면서….

더 이상 부연이 필요없을 또 다른 중요 콘텍스트는, 넷플릭스가 투자·배급·유통을 했다는 바로 그 현실이다. 2백50여억 원의 '푼돈'(?)과, 한국의 투자자들은 아랑곳해 하지 않는 창작 자유 내지 재량을 부여·제공함으로써 1조인가, 40배가량의 자산 가치를 늘렸다는, 그런데도 계약 이외의 별도 인센티브는 한 푼도 더 주지 않겠다고 버티다가 큰 액수는 아니어도 얼마인가를 지급했다는 미국의 신자유주의적 거대 자본 기업! 살인이라는 장치를 주무기 삼아 세계의 숱한 팬들을 사로잡으며 떼돈을 벌고 있는 게

임도 핵심적 콘텍스트다. 과도한 폭력성 등으로 인해 인기 못잖게 이런저런 비난도 받아온 〈오징어 게임〉이, 개인적으로는 여가 못마땅한 게 아니어도 데스게임이란 설정을 활용한 선택은 시의적절했다고 평하지 않을 수 없는 건 그래서다. 『콘텐츠가 왕이라면 컨텍스트는 신이다 – 컨텍스트를 수집하고 파악하고 대응하는 자가 미래를 지배한다!』(박창규, 클라우드나인, 2018)라는 저서도 예시했듯, 이러한 기초적 맥락들을 간과한 채 작금의 한류를 말하는 것은 어불성설이요 헛소리이기 십상이다.

4. 나가며: 제언

위에서 〈동학, 수운 최제우〉의 박영철 감독이 '신작'을 추진 중이라고 했다. 소파 방정환(1899~1931)을 축으로 펼쳐지는 인물전기영화 〈어린이(소파 방정환의 生)〉(가제)가 그것이다. 감독은 기획·연출의 변에서 이렇게 말한다.

"난 연출 데뷔작인 〈동학, 수운 최제우〉를 만들고 나서 소파의 진보적인 일대기를 그리고 싶었다. 이 영화의 주인공은 구한말 해월 최시형의 물타아(勿打兒) 사상에 영향을 받아 어린이 운동을 제창하고 실천한 한국의 위대한 어린이 운동가이다. 그러니 '국운 쇠퇴 혼란'이라는 역사적 공간 속에서 그가 처해 있는 암울한 현실성은 처음부터 배제할 수는 없었다. 아니, 오히려 선한 민중 속에 무위이화(無爲而化)하려는 그의 담대한 외침을 이야기할 수 밖에 없었다. 당시 그가 남긴 장대한 유아 교육 사상은 세계 어린이를 위한 영원한 광제창생(廣濟蒼生)인 것처럼⋯.영화 [어린이](가제)는 현실적이면서 감동적일 수 있는 한국적인 인물전기영화이다. 전형적인 요소를 반영하고, 관객들이 공감할 수 있는 정서를 독특한 미장센과 음악으로 형상화함으로써, 이 영화를 통해 한국과 아시아를 넘어 전세계의 관객들이 소파를 바라보는 시야를 조금이라도 이해할 수 있고, 시공을 초월하는 어린이를 향한 소파의 어린이 인권 사상을 한번쯤 인간적인 감성으로 귀를 기울였으면 좋겠다."

영화의 예상 제작비는 5천만 원 전후란다. 소재 및 주제의 거대함에 비하면, 초라하다 못해 처참한 극저예산이다. 익히 알고 있지만, 감독의 전언에 따르면 그러나 그 예산조차 투자받기 힘들단다. 바야흐로 한류가 세계를 휩쓸고 있다는 이 시대에 말이다. 작금의 한류 신드롬은 혹시 허상이요 신기루 아닐까. 세상사는 으레 명암이 있기 마련이라고, 그렇게 비관적으로 바라보진 않으련다.

그럼에도 이 말만은 강변하고 싶다. 종교든 사상이든 판단컨대 동학을 이 나라에, 나아가 세계에 알리는데 이만한 기획과 조우하기란 쉽지 않을 성싶다고. 그래 필자는 총괄기획 프로듀서로서 할 수 있는 일들을 해나갈 참이다. 그런 협력·행동·실천이 최제우, 최시형, 손병희 등 동학 선조들의 핵심적 가르침일 테니⋯⋯.

참고 문헌

윤호진, 『한류 20년, 대한민국 빅 콘텐츠』, 커뮤니케이션북스, 2016

유니 홍, 『코리안 쿨 – 세계를 사로잡은 대중문화 강국 '코리아' 탄생기』(정미현 옮김), 원더박스, 2015

한국영상자료원 한국영화데이터베이스(www.kmdb.or.kr)

네이버지식백과

전찬일, 월간 《르몽드디플로마티크》 2021년 10월호, [창간 13주년 연중기획] 총론 – '콘텐츠보다는 '문화(적) 콘텐츠'에 역점을 둬야

전찬일, 월간 문화전문지 《쿨투라》 2021년 11월호, "전 세계를 휩쓴 〈오징어 게임〉, '한류' 콘텍스트의 마지막 축을 완성하다"

《e대한경제》 2021. 10. 27일 자 "[한류 5.0 시대] 한류5.0이 온다…K-콘텐츠 글로벌 주류가 되다"

한겨레신문 https://www.hani.co.kr/arti/culture/movie/762839.html

중앙일보 https://www.joongang.co.kr/article/2860880#home

아시아투데이 https://www.asiatoday.co.kr/view.php?key=20190714000835389

피디저널 https://www.pdjournal.com

전찬일, 제3회 창원국제민주영화제 특강연 원고 "한류의 문명사적 의미: 〈오징어 게임〉과 〈기생충〉, BTS를 중심으로"

크리튜버 전찬일TV '전찬일 이덕일의 종횡무진: 영화와 역사를 탐하다'

부안 동학농민혁명 문화콘텐츠 방안 연구

박대길(부안군청 전문위원)

부안 동학농민혁명 문화콘텐츠 방안 연구

1. 머리말

1994년 동학농민혁명 100주년과 2004년 「동학농민혁명 참여자 등의 명예회복에 관한 특별법」[이하 동학농민혁명 특별법] 제정 이후 참여자의 명예회복과 기념사업 및 학술조사 연구 등이 지속적으로 이루어져 성과를 축적하고 있다. 그리고 2018년 「동학농민혁명 법정기념일」을 제정·공포하면서 기념사업에 일대 전환을 맞이하였다. 지자체를 중심으로 학술대회 등을 우후죽순처럼 추진하고 있다.

동학농민혁명 기념사업에 관한 그간의 연구는 대체로 유적지 보존과 활성화에 주목하였고, 문화콘텐츠 활용방안 연구는 구체적인 제시보다는 문화콘텐츠의 활용에 대한 필요성을 강조하는 차원이었다. 그것은 연구자 다수가 동학농민혁명이나 역사학 전공자였다는 점, 이와 달리 문화를 전공한 연구자들은 대부분 동학농민혁명에 관한 역사적 사실 인식이 부족하다는 점 등이 작용하였다.

동학농민혁명과 사회학 전공자들은 동학농민혁명 관련 기념물·유적지·전적지 등의 활용과 관련하여 시대적 환경변화와 접목하는 연구가 다수를 이룬다. 여기에는 김양식[1], 이경화[2], 원도연[3], 이병규[4], 정경운[5] 등의 연구

1 　김양식, 「충북지역 동학농민혁명 유적지 보존과 활용 방안」, 『동학학보』 제28권, 2013.
2 　이경화, 「기념물을 통한 동학농민혁명의 기억과 전승」, 『인문콘텐츠』 제10권, 2007.

가 있다.

이와 달리 동학농민혁명과 문화콘텐츠 활용방안에 관한 채길순의 연구[6]가 있다. 그러나 문화콘텐츠 활용방안이라는 제목에도 불구하고 동학농민혁명과 문화콘텐츠를 구체적으로 접목하지 못한 한계가 있다. 역사적 사실에 기반한 공간의 활용 내지, 공간 콘텐츠의 활성화에 더 가깝다고 할 수 있다.[7] 이와 달리 조우찬의 연구[8]는 교육적 측면과 스토리텔링의 중요성에 주목하고, 동학농민혁명과 문화예술 콘텐츠의 유기적인 결합은 물론 오프라인과 온라인 콘텐츠, 국내외 역사 관련 문화콘텐츠의 양상에 주목하는 것이 필요하다는 점을 강조하였다. 따라서 동학농민혁명 전문 연구자와 문화콘텐츠 전문가의 협업이 필요하다.[9]

그간 부안 동학농민혁명에 관한 자료[10]가 일부 축적되었고, 기념사업 역

3 원도연, 「동학농민혁명 기념사업의 사회성과 기념공간 연구」, 『지방사와 지방문화』, 제10권(제1호) 2007.
4 이병규, 「동학농민혁명 기념사업의 역사적 전개와 과제」, 『역사연구』 제28권, 2015.
5 정경운, 「무안동학농민혁명 기념사업의 방향과 활성화 전략: 무안지역 및 고막포전투지구를 중심으로」, 『남도문화연구』 제29권, 2015.
6 채길순, 「김천지역 동학농민혁명 전개 과정과 문화콘텐츠 활용방안: 사적지를 중심으로」, 『동학학보』 제41권, 2016; 「수원지역 동학농민혁명 전개 과정과 문화콘텐츠 활용방안」, 『동학학보』 제45권, 2017; 「영동지역 동학농민혁명 전개 과정과 문화콘텐츠 활용방안」, 『동학학보』 제48호, 동학학회, 2018.; 「원주 동학농민혁명사 전개 과정과 문화콘텐츠 활용방안 연구」, 『동학학보』 제49호, 동학학회, 2018.
7 조우찬, 「문화예술 콘텐츠로써 동학농민혁명의 확장성과 스토리텔링의 활용」, 『문화콘텐츠연구』 17호, 건국대학교 글로컬문화전략연구소, 2019.
8 조우찬, 위 논문.
9 콘텐츠란 문화·영상·소리 등의 정보를 제작하고 가공해서 소비자에게 전달하는 정보 상품으로 정의할 수 있다. 구체적으로 극장에서 보는 영화나 비디오·텔레비전 프로그램·책·신문·CD와 라디오로 듣는 음악·컴퓨터 게임, 우리가 매일 이용하는 인터넷으로 보는 모든 정보가 콘텐츠이다.[문화관광부 편, 『문화콘텐츠산업 진흥 방안』, 문화관광부, 2000. 3쪽] 특히, 인터넷과 모바일 환경 속에서 스토리텔링의 중요성을 강조함과 아울러 문화예술 콘텐츠의 활용에 주목하고자 한다. 문화예술 콘텐츠는 오프라인과 온라인을 망라한다. 뮤지컬·오페라·연극·무용 등의 공연 콘텐츠, 회화와 사진 등의 전시 콘텐츠, 영화와 다큐멘터리·애니메이션 등의 영상 콘텐츠, 드라마와 기획 프로그램 등의 방송 콘텐츠, 가요와 OST 등 음악 콘텐츠, 웹툰(webtoon)과 모바일 게임 등 온라인 콘텐츠에 이르기까지 그 범위가 매우 광범위하다. [조우찬, 위 논문]
10 부안문화원編, 『동학농민혁명과 부안』, 부안문화원, 2011.; 부안동학농민혁명기념사업회, 『부

사 역시 일천(日淺)하지는 않다.[11] 그런데도 막상 부안 동학농민혁명은 백산대회를 제외하고 선뜻 떠오르지 않는다. '앉으면 죽산이요, 일어서면 백산이라.'는 상징어에도 불구하고 백산과 부안 동학농민혁명에 관한 관심이 적었던 이유는 다양하다.

무엇보다 부안 동학농민혁명에 관한 기초연구가 부족했다는 점을 지적할 수 있지만, 그나마 이를 대내외에 알리지 못한 측면도 무시할 수 없다. 즉 교육과 홍보의 부족이다. 더 나아가 부안군민의 동학농민혁명에 대한 기초적인 인식 부족도 무시할 수 없다. 학문적 연구와 대중화의 괴리(乖離)는 지금도 계속되고 있으며, 그것은 대중화의 첨병이 되어야 할 부안 동학농민혁기념사업회의 구성과 역할, 그리고 구체적인 활동에서 미루어 짐작할 수 있다.

본고는 부안 동학농민혁명 역사문화자원을 먼저 확인하고, 부안 동학농민혁명의 문화콘텐츠 현황을 파악하고, 이를 바탕으로 문화콘텐츠를 개발하고 활용하는 방안을 서술하고자 한다.

2. 부안 동학농민혁명 역사문화자원

부안 동학농민혁명은 문학적으로 상징화 한 '앉으면 죽산이요, 일어서면 백산이라(坐竹山 立白山)'와 '부안에서 꽃이 피고, 부안에서 결실을 보리라(花開於扶安 結實於扶安)'로 집약된다. 전자는 인권을 기반으로 하는 민주사회 실

안 동학농민혁명 자료집』, 2016.; 한국역사문화원, 『백산과 동학농민혁명 학술연구용역 보고서』, 부안군, 2016.; 박대길·강민숙, 『부안의 동학과 동학농민혁명』, 부안군, 2019.; 홍영기 외, 『부안의 동학농민혁명과 민족운동』, 부안동학농민혁명기념사업회·전북대학교이재연구소, 2020.; 기행현 著, 『홍재일기』 탈초집, 동학농민혁명백산봉기기념사업회, 2017.
11 동학농민혁명백산봉기기념사업회를 조직하고, 매년 기념식을 개최하는 등 활동을 시작한 것은 20여 년이 넘는다.

현과 자주독립 국가를 염원한 동학농민혁명을 본격적으로 시작한 백산대
회를 상징하며, 후자는 부안에서 소통과 화합을 통해 상생을 이룰 것이라
는 해월 최시형의 법설이다.

이것은 여타 지역과 다른 차별성을 가지며, 이를 토대로 '소통과 화합,
상생의 땅 부안'으로 특징지을 수 있고, 도울 '扶'와 평안한 '安'으로 이름한
한자 역시 평안을 돕거나 떠받드는 부안이라는 의미와 상통한다.

1) 부안인(扶安人)이 남긴 문헌 자료

1894년을 전후로 하여 부안인이 작성한 기록으로 현존하는 자료는 『김
낙철 역사』·『김낙봉 이력』·『홍재일기』·『임하유고[제행일기]』 등이 있다. 『김
낙철 역사』와 『김낙봉 이력』은 동학 교도로 동학농민혁명에 직접 참여한
김낙철과 김낙봉이 남긴 기록이다. 『홍재일기』와 『임하유고[제행일기]』는 그
당시 부안에 살던 유생(儒生) 기행현과 김방선이 남긴 기록이다. 참여자와
비참여자가 기록한 문건으로 상호 비교를 통한 스토리텔링도 가능하리라
본다. 이외 『동학사』 등을 비롯한 민간의 기록과 정부와 진압군이 남긴 기
록 등이 부안 동학농민혁명과 백산대회를 수록하고 있으나 본고에서는 부
안 연고자와 직접 관련된 자료를 대상으로 하였다.

『金洛喆 歷史』

동학의 부안 대접주 김낙철(1858~1917)이 1890년 동학에 입도한 후
1917년 천도교 성도사(誠道師) 임명첩을 받을 때까지 국한문으로 기록한
자전적 기록이다. 동학의 입도와 함께 교세를 확장한 점, 고부봉기에 관한
교단의 입장과 동향, 백산에 집결했던 동학농민군의 부안 관아 점령을 비
롯하여 송정과 줄포에 道所를 설치한 것, 부안 현감과 함께 치안을 유지한

점 등이 기록되어 있다. 1894년 12월 관군에게 붙잡혀 나주 招討營를 거쳐 서울 巡査廳 감옥으로 이송된 후 구사일생의 살아난 것, 그 과정에서 전봉준·손화중·최경선 등이 체포당한 후 서울로 압송당한 사실을 기록하였다.

이와 함께 1898년 최시형을 대신하여 붙잡힌 후 석방된 것, 이후 천도교와 시천교의 분파 과정 등이 기록되어 있다. 특히 손화중의 시신을 수습하지 못한 사실을 구체적으로 기록하고 있는데, 이는 전봉준과 김개남의 시신 행방이 전혀 알려진 바가 없는 것과 다르다.

『金洛鳳 履歷』

부안에서 형 낙철과 함께 동학에 입도하여 1894년 동학농민혁명을 직접 체험한 김낙봉(1860~1937)이 1937년까지 자신이 겪었던 일들을 회고 형식으로 남긴 자전적 기록이다. 표지가 없이 본문 첫 장에 「金洛鳳 履歷이라」는 제목이 쓰여 있으며, 127쪽 분량의 한지에 국한문 혼용으로 쓰여 있다.

고부봉기 이후 어떻게 대응해야 하는가에 대한 해월의 답, 백산대회 이전 충청도 금산·진산 일대에서 봉기한 동학농민군이 서장옥의 지휘를 받고 있었다는 사실 등 1차 봉기와 관련하여 주목할 만한 내용이 포함되어 있다. 『金洛喆 歷史』와 중복된 부분이 많은데, 저자의 기억에 의존한 일이어서 구체적인 사실에 확인이 필요하다.

『鴻齋日記』

기행현(奇幸鉉, 1843. 4. 20~)의 초명은 행현(幸鉉), 자는 성첨(聖瞻), 호는 홍재, 족보명 기태현(奇泰鉉)이다. 1890년 전후 부안현 주산면에서 훈약(訓約)을 지냈다. 『홍재일기』는 기행현이 1866년 3월부터 1911년 12월 30일까지 기록한 일기로 전체 7책으로 구성되어 있으며, 19세기 말 격변기에 대해서 시골 선비의 시선으로 부안군 일원의 생활사는 물론 주변의 사건 사고를 비롯하여 중앙에서 일어나는 정치적 변동과 외세의 움직임까지 기록한 중요한 사료이다.

특히 동학농민혁명 백산대회에 관한 기록이 주목된다. 백산대회를 전후로 하여 '東學徒'나 '東學之人'를 '東學軍'으로 지칭하는 등 백산대회의 실체를 증명하는 사료로 가치가 높다. 이와 함께 동학이 부안에 전래되는 시기와 교세의 확산, 동학인의 동향 등이 꾸준히 기록되어 있으며, 동학농민혁명 당시 부안 동학농민군 지도자 김낙철의 행적, 동학농민혁명 참여자의 희생[처형], 1895년 을미사변(乙未事變)으로 촉발한 의병 활동이 1908년 전후까지 전개되었고, 의병을 진압하기 위해서 출동한 일본군을 기록하였다. 또한 일기는 1866년부터 1894년 동학농민혁명이 발발하기 전까지의 물가의 변동, 가뭄, 세금 관련 내용은 물론 동학농민혁명의 발발 원인, 혹은 혁명의 전사(前史)를 밝히는 중요한 자료이다.

일기는 1900년 이후 변화하는 경제 상황을 기록하였는데, 1905년 재정 고문 메가다 수타로(目賀田種太郎)[12]가 주도한 근대 화폐와 엽전의 사용, 그리고 백동화 금지 등을 통한 생활의 변화상을 담고 있다. 기행현은 1900년대 물가앙등의 이유로 의병과 일본 경찰 등의 횡행으로 인한 사회 불안, 그리고 화폐 문제를 꼽고 있다.

---

12 1874년 하버드대학교 법과를 졸업한 뒤 귀국해 문부성·사법부·대장성 등에서 근무하였다. 일제는 러일전쟁 중 제1차 한일협약(第一次 韓日協約)을 체결하고, 대한제국을 속국화하기 위해 재정 고문으로 '메가다 수타로(目賀田種太郎)'와 외교 고문으로 '스티븐스'를 파견하여 조선을 간접 통치하였다. 메가다는 1905년 조선 화폐의 뿌리를 뽑고, 조선에서 일본 화폐를 유통하여 경제적 침탈을 쉽게 하려고 '화폐제도의 문란을 바로잡고, 인플레이션을 진정시킨다.'라는 명분으로 '화폐정리사업'을 단행하였다. 결과적으로 대한제국의 화폐를 장악하고 경제를 파탄시켰다. 이외 토지조사사업의 준비작업을 수행하였고, 도로와 항만을 개량하고 세관을 설치하는 등 조선에 대한 경제 침탈의 기초를 다졌다. 1907년 본국으로 돌아 갔다.

『『林下遺稿』[濟行日記]』

부안 유생(儒生) 김방선(金邦善, 1843~1901)이 서술한 일기로. 내제(內題)는 「甲午九月 日 濟行日記」이다. 주요 내용은 1894년 1월 고부봉기가 전명숙(全明淑·全璘準)·정일서(鄭一西)·김도삼(金道三) 등 3인을 중심으로 일어났으며, 이후 전봉준은 민군을 해산하고 부하 50명을 거느리고 무장(茂長)의 손화중에게 가서, 동학도 5, 6천 명을 거느리고 무장 인내(人川·林內)에서 기포하였다. 또한 교조 최제우 이후 도(道)를 전하여 접장(接長)·접주(接主)라 칭하고, 전라도는 서장옥(徐長玉), 충청도는 최시형이 각각 맡았다고 기록하였다.

또한 황토현 전투와 함께 전주성 점령과 완산 전투의 전말을 기록하였다. 한편 9월 27일 이후 10월 22일까지의 기록은 저자가 동학농민혁명을 피해 부안현 동문 중리(中里)를 떠나 서쪽으로 10리 떨어져 있는 염소포(鹽所浦)에서 출발하여 제주도 우도(牛島)로 피난 가는 도중 벌어진 일과 소감을 서술하고 있다. 고부봉기와 무장기포에 대해 살펴 볼 수 있으며, 부안지역 유생들의 동정과 동학농민혁명에 대한 시각 등을 엿볼 수 있다.

2) 참여자에 관한 기억

부안 동학농민혁명 참여자 후손 증언록으로 「동학 조직 재건에 앞장선 김낙철, 손자 영웅」·「부안 농민군 대장으로 활약한 김기병, 증손 영태·형호」·「백산 부근에 살다 참여한 부안 농민군 김병철, 종손 영신」·「부안 접주로 활동한 송성구, 증손 영태」 등 4인의 참여자 후손의 증언이 있다.

이들의 증언은 구체적인 기록보다 구전이 다수이며, 어떤 경우는 역사적 사실에 부합하지 않는 내용도 있다. 따라서 역사적 사실과 비교검토가 필요하다. 이는 부안 동학농민혁명의 역사적 사실을 기반으로 문화콘텐츠를 개발하고 활용하는데 기초적인 선행 작업이다. 4인 중 송성구와 김기병에 관한 검토내용은 다음과 같다.

□ 송성구(宋聖九)에 관한 증언록[13]

일본군과 정부군이 부안 일대로 들어온 1894년 11월 어느 무렵 그도 최후를 맞이하고 있었다. "일본 놈의 총칼에 패전을 하니, 친구 곽모 씨와 함께 토굴 속에 은신하셨어요. 공작리 앞들에 있는 작은 산(개암산) 밑에, 증조할머니께서 밤에 아무도 모르게 토굴을 파면서 흙을 함지에 담아 머리에 나르시며 고생을 하여 토굴을 완성하셨어요.

두 분이 은거하실 때, 일본군이 숨어있는 동학군을 찾는 데 혈안이 되어 밤낮으로 증조할머니를 괴롭혔는데, 한번은 식칼로 자신의 왼팔을 찌르면서까지 은신처를 불지 않았지만, 친구 곽씨의 부인은 고문 끝에 숨어있는 곳을 밝혀 두 분이 부안 관아로 끌려가 곽씨는 석방되고, 증조할아버지께서는 부안 동구밖(현재 부안 동국민학교로 추정)에서 일본군이 총을 쏘자 힘을 불끈 쥐며 방어하니 총알이 몸에 박히지 않을 정도로 힘이 장사였지만 연속되는 총탄 3발에 원통하게도 작고하셨습니다.'

족보에 송성구의 기일은 1895년 1월 11일로 되어 있다. 그렇다면 그가 총살당한 시기도 같은 날이거나 이 무렵이었을 것이다. 이렇게 총살된 그의 시체는 수습되어, 현재 부안 변산에 안장되어 있다. 그러나 그 뒤 그의 부인은 홀로 가세를 일으키지 않을 수 없었다.

□ 송성구 증언록 비교검토

증언록	사실 확인 및 정정
'친구 곽모'	송성구와 같이 체포당한 인물은 거괴(巨魁)로 표현된 곽덕언(郭德彦)이다.[『홍재일기』]
'곽씨는 석방되고'	송성구가 1895년 1월 12일 박문표·김봉보와 함께 처형당한 것과 달리, 곽덕언은 1월 중 소모소(召募所)의 관문(關文)으로 인해 고부로 압송당하였는데, 이후 행적은 확인되지 않는다. [『홍재일기』]
'부안 동구밖 (현재 부안 동국민학교로 추정)'	동구를 동네 입구로 해석할 수 있으나, 동국민학교가 있던 자리는 남문 밖이었다. 동문 밖에서도 처형이 있었으나 『홍재일기』에는 남문 밖으로 기록되어 있다.
'1895년 1월 11일'	『홍재일기』에는 1월 12일로 되어 있다.

---

13 우윤, 『전봉준과 그의 동지들』, 역사비평사, 1997.

증언록의 기록이『홍재일기』에 수록한 내용과 거의 같다는 점으로 보아, 후손에게 전승된 송성구에 관한 증언은 비교적 정확하다고 볼 수 있다. 따라서 이에 관한 더 심층적인 조사와 연구를 통해 기억할 수 있는 공간과 시설 마련을 검토할 수 있다.

□ 김기병 행적비

김기병 묘역은 부안군 상서면 감교리 산116번지에 있다. 묘소와 함께 '우재부녕김공기병지묘비(優齋扶寧金公基炳之墓碑), 행적비(行蹟碑)가 조성되어 있다. 행적비의 내용은 증언록과 거의 같다. 따라서 사료를 통한 검토 과정을 거쳐 보완이 필요하다.

「동학농민혁명군 대장 우제 김기병 행적비」

• (전략) 1831년 1월 21일 부안군 상서면 내동마을에서 탄생 (중략) 이러한 국가 사회의 비극상에 비분강개하던 김기병은 1894년 1월 10일 전봉준이 '보국안민' 등의 기치를 들고 동학농민혁명을 추진하자 결연히 동참하여 <u>부안 기포 두목이 된 후</u> 정열적으로 의기투합한 농민들을 설득 취합하여 부안농민혁명군을 조직하고 <u>부안 변산 해창에 있었던 국방용 무기고를 접수</u>하여 농민군을 무장시킨 후, <u>우덕동 앞 들에서 무기 사용법을 훈련시켜</u> 주민들로부터 환호와 경탄을 받았다.
• 1894년 4월 1일 부안군 하서면에서 500여 명의 농민군으로 조직을 확장하여 지휘하며 <u>부안성을 무혈 함락</u>하고 백산성 총집결에 참여, 전봉준 장군과 합세한 후 4월 7일 황토현 전투, 4월 27일 전주성 함락, <u>10월 21일 우금치 전투</u> 등 모든 전투에서 전봉준 장군과 함께 하였으나 구체적 내용은 전하지 않는다.
• 우금치 전투에서 참패한 동학군은 관군의 체포와 총살 대상이 되었으나 김기병과 생존 부하 동학군은 굴하지 않고 부안에 잠입, <u>지하농민혁명운동을 계속</u>하다가 주민의 밀고로 관군의 기습공격을 받고 체포되어 <u>부하 8명과 함께 1895년 2월 10일 부안읍 동문 밖</u> 형장에서 향년 65세로 처형되었다.
• 국가에서는 봉건제도의 개혁과 일제의 침략으로부터 국권 수호를 위한 동학농민혁명 참여자의 애국애족 정신을 기리고 이를 계승 발전시켜 민족정기를 선양할 목적으로「동학농민혁명 참여자 등의 명예회복에 관한 특별법(2004. 3. 5 법률 제7177호) 제정으로 본인의 명예회복 및 손자녀까지 <u>국가 유공자 유족으로 결정</u>하였고, 이어 2007년 1월 26일 법류 제8277호에 의거 고손자녀까지 확대하여 국가 유공자 유족으로 결정하였다.

□ 김기병 행적비 비교검토

행적비	사실 확인 및 정정
'부안 기포 두목이 된 후'	고부봉기 이후 부안의 움직임은 대접주 김낙철을 중심으로 움직였고, 접주들의 명단은 확인이 어렵다.
'부안 변산 해창에 있었던 국방용 무기고를 접수'	해창은 전세(田稅)로 받아들인 곡물(穀物)을 배로 실어 나르기 위하여 저장(貯藏)하는 바닷가에 있는 창고(倉庫)를 말한다.[『大典通編』] 그 당시 변산에 있는 해창에 국방용 무기고가 있었다는 기록은 전하지 않는다.
'우덕동 앞 들에서 무기 사용법을 훈련시켜'	동학농민군이 상서면 감교리에 있는 장전평[長田坪·장밭들]에 주둔하면서 [邑前洞 敎鍊私習基] 활쏘기 등을 훈련하였다고 『홍재일기』에 기록되어 있는데, 1894년 9월 22일로 2차 봉기 이후이다.
'1894년 4월 1일 부안군 하서면에서 500여 명의 농민군으로 조직을 확장하여 지휘하며'	『홍재일기』 4월 1일에 "대란의 소식을 듣고 장정을 모집하였으나 도망하는 자가 많았다. 민심이 심하게 흔들렸다. 도소봉에 올라 멀리 장갈리를 바라보니, 김여중[낙철]이 수백 명을 모아 [하동면] 분토동 김씨 재실에 둔취(屯聚)하였다."라고 기록되어 있다.
'10월 21일 우금치 전투'	가장 치열한 전투는 11월 8일~9일에 있었다.
'부하 8명과 함께 1895년 2월 10일 부안읍 동문 밖'	『홍재일기』 2월 12일에 "본 읍 동학 9인을 남문 밖에서 처형하였다."라고 기록되어 있다.
'국가 유공자 유족으로 결정'	'국가 유공자의 유족으로 결정한 것'은 아니다. 그간 동학농민혁명에 참여한 분들이 '역적'이라는 억울한 누명을 쓰고 있었는데, 애국애족의 정신으로 일제에 맞서다 희생당한 분들로 명예를 회복시켜 준 것이다.

김기병 묘역

□ 사발통문 서명자 황홍모 묘소

이와 함께 「사발통문거사계획」 참여자 황홍모의 묘소가 부안에 있다. 황홍모는 사발통문 참여자 20인 중 1인이며, 본관은 우주(紆州)이고, 자는 필수(弼守), 호는 죽음(竹蔭)으로 1855년 10월 16일 고부군 서부면(西部面) 죽산리(竹山里)[14]에서 태어나 1895년 1월 26일에 사망하였다.[15] 황홍모의 행적은 그다지 알려지지 않지만, 1893년 11월 사발통문거사계획과 1894년 고부봉기와 백산대회에 참여하였으며, 11월에 체포당한 뒤 1895년 1월 나주에서 처형을 당한 것으로 정리된다. 그러나 집안에서는 40세 때 체포당한 뒤 전주에서 처형당한 것으로 전한다.

황홍모의 묘는 본래 집안 땅이 있는 고부면 신중리 주산마을의 백호봉 신좌에 모셨는데, 일제강점기에 그 땅이 다른 사람에게 넘어갔고, 그 뒤 땅 주인의 항의로 증손 황창호가 부안군 주산면 사산리 3-11번지로 이장하였다.

3) 부안 동학농민혁명 유적지

구분	유적지	내용	비고
1	백산[白山]	백산대회 개최 장소 격문, 4대명의, 12개조 규율	국가문화재 사적 제409호 백산면 용계리 산8-1번지
2	행안도소[신원재]	동학농민군 자치 공간	행안면 역리(고성산 아래)
3	쟁갈 마을	부안 대접주 김낙철 생가	부안읍 봉덕리[長葛里] 세멀
4	신리 마을	해월 최시형 방문지	동진면 내기리[윤상오]
5	옹정 마을	해월 최시형 방문지	부안읍 옹중리 상리[김영조]
6	호암수도원	동학·천도교 수련원	상서면 감교리 449 [상서면 병목골길 67-5]

---

14 현 정읍시 고부면 주산리(舟山里).
15 우주황씨보첩편찬위원회, 「우주황씨족보(紆州黃氏族譜0」卷之 四」, 1990. ; 동학농민혁명참여자명예회복심의위원회.

7	부안 관아 터	동학농민군 점령	전봉준·손화중·이철화 現부안군청 [부안읍 동중리]
8	줄포 도소 [춘원장/추정]	동학농민군 자치	줄포면 장동리 산6 [각동마을]
9	부안읍성 남문 밖	동학농민군 순국터	부안읍 동중리
10	부안읍성 동문 밖	동학농민군 순국터	부안읍 동중리
11	도소봉[道所峯]	동학농민군과 천제[天祭]	주산면 백석리 홍해[예동]마을
12	내소사(來蘇寺)	동학농민군과 천제[天祭]	진서면 석포리 268
13	부안향교[儒會所]	동학농민군 석전대제 [釋奠大祭]	부안읍 서외리 255
14	줄포 세고 [稅庫·南倉]	고부봉기 후 점령 [식량 확보]	줄포면 줄포리
15	줄포 사정[射亭]	동학농민군 주둔지	줄포면 장동리
16	부흥역[扶興驛]	동학농민군 주둔지	행안면 역리[驛里]
17	성황산(상소산)	동학농민군 주둔지	부안읍 동중리, 행안면 역리
18	분토동 김씨재실	부안 동학농민군 최초 집결지	부안읍 모산리 분포동 모산리 대모산 분포재 [粉圃齋]
19	장전평 [長田坪·장밭들]	동학농민군 주둔지	상서면 감교리[소재지]
20	읍전동 훈련장	동학농민군 훈련장	邑前洞 敎鍊私習基
21	위도	동학농민군과 일본 상인	위도면 / 동학농민군 400명
22	황홍모 묘소	사발통문 서명자	주산면 사산리
23	김기병 행적비와 묘역	부안 동학농민군 지도자	상서면 감교리
24	사포	제주 동학농민군 상륙지	?[전라도고부민요일기]
25	부안 둔포	정부(관)군 주둔지	?[오하기문] 충청도 서산(?)

동학농민혁명을 본격적으로 시작한 백산대회가 개최된 백산을 비롯하여 도소 2, 초기 동학 유적지 2, 순국 터 2, 동학농민군 주둔지 4, 동학농민군 훈련장소 1, 부안 동학농민군 최초 집결지 1, 동학농민군이 하늘에 제사를 지낸 2곳 등 문헌 자료를 통해 확인한 부안지역의 동학농민혁명 유적

지는 모두 25곳이다. 이중 사포와 부안 둔포는 검증이 필요하다. 특이한 점은 인근의 정읍·고창·김제와 달리 전적지가 없고, 집강소와 의미가 같은 도소가 부안읍과 줄포 두 곳에 설치되었으며, 도소봉과 내소사에서 천제를 지냈다는 사실이다.

그러나 백산을 제외하고 유적지 원형을 확인하지 못하였다. 송정 도소는 새로 지은 건축물이고, 줄포는 터마저 불분명하다. 2020년 부안군은 25곳 중 부안 동학농민혁명 집강소[부안 도소 신원재], 부안 동학농민군 첫 집결지 분토동, 부안 동학농민혁명 지도자 김낙철과 쟁갈 마을, 부안 동학농민군 순국 터·부안읍성 남문 밖, 줄포세고 터, 동학농민혁명의 본격적인 시작을 알린 백산대회 – 앉으면 죽산이요, 일어서면 백산이라 – 등 6곳에 안내판을 설치하였다.

특히 백산 정상에 설치한 안내판은 백산대회의 개요와 함께 혁명의 본뜻을 알린 「격문」, 혁명의 강령에 해당하는 「사대명의」, 혁명군이 지켜야 할 군율인 「12개조 규율」 등을 일반인이 쉽게 이해할 수 있도록 설치하였다. 이와 함께 1894년 당시 백산을 좀 더 쉽게 이해할 수 있도록 1918년에 제작된 지도를 첨부하였다.[16] 그리고 백산대회 개최일을 분명히 확인할 수 있는 『홍재일기』 원본을 게시하였다. 이를 통해 방문객이 백산대회의 역사적 사실은 물론 백산대회의 의의와 동학농민혁명에서 백산대회가 차지하는 위상 등을 쉽게 이해할 수 있도록 안내하고 있다.

---

16 백산 동북쪽에서 서북쪽으로 흐르는 동진강은 일제강점기 말엽에 직강 공사로 인해 지형이 몰라보게 변하였다.

2010년 경 설치한 안내문

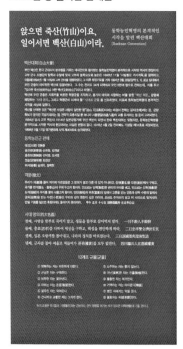

2020년 설치한 백산대회 안내문

좌측 사진은 2010년경 백산 정상에 설치한 안내문이고, 우측 사진은 2020년에 기존의 것을 철거하고 새로 설치한 안내문이다.

좌측 안내문은 동학농민혁명 비전문가 작성한 문안으로 제목도 '백산성과 동학농민운동'으로 되어 있다. 지금도 검인정한국사교과서는 '운동'으로 정의하고 있으므로 틀렸다고는 할 수 없으나, 본문에서는 '혁명'과 '운동'을 혼용하고 있어, 읽는 이에게 혼란을 주고 있다.

이와 함께 "동학운동의 선두에 나섰던 동학교도들은 교수형을 받고 최후를 마쳤다."라는 비문(非文)은 물론 대중적으로 알려진 김개남을 생소한 '김기범'으로, 백산대회에 직접적인 관련이 있는 '격문', '사대명의', '12개조규율'은 아예 언급조차 하지 않고, 백산대회와 직접적인 관련이 없는 사발통문을 게시하였는데, 정작 4개항에 들어있는 서울로 직향하겠다는 내용을 누락하였다.

동학농민혁명 유적지에 설치하는 안내문이나 시설은 단순히 사실만을 전달하는 게 아니라 답사를 통해 현장을 확인하고자 하는 이들에게 간접적으로나마 동학농민혁명을 체험할 수 있는 기회를 제공할 수 있어야 한다. 다시 말해 기존에는 단순한 안내판과 안내문이었으나 이제는 답사하는 이들의 이성과 감성을 자극하는 문화와 결합한 새로운 안내판과 안내문이어야 한다. 이를 위해서 역사적 사실에 관한 검증을 토대로 문화와 결합한 새로운 콘텐츠 개발이 필요하다.

3. 부안 동학농민혁명 문화콘텐츠 현황과 방안

동학농민혁명을 더 쉽게 이해하고 기억하고 기념할 수 있도록 소설과 시 등 문학 작품은 물론 노래와 그림과 영상, 최근에는 스마트폰과 웹 등 첨단 장비를 활용한 다양한 매체를 동원하고 있다. 그러나 부안 동학농민혁명을 단일 주제로 하는 문화콘텐츠 개발은 눈에 띄지 않는다. 부안 동학농민혁명은 문화콘텐츠 분야에서 이제 막 걸음마를 시작한다고 해도 지나친 말이 아니다.

1) 그림[繪畫]

동학농민혁명 전개 과정을 연작으로 형상화한 작품은 1984년 「황토현전적지 성역화사업」의 하나로 제작되었다. 작품은 정읍 황토현전적지 舊전시관에 전시되었는데, 서양화가 이의주 작품이다. 「3월 봉기도」·「집강소 시기」·「9월 봉기도」·「우금치 전투」 등 모두 4폭의 대작이다. 그런데, 「3월 봉기도」의 배경이 낮은 야산으로 되어 있어, 3월 봉기를 백산대회로 이해하기도 하였다.[17]

3월 봉기도

집강소

17 「동학농민혁명 특별법」에 명시된 3월 봉기 이전에는 백산대회를 3월 봉기로 이해하였다. 따라서 1984년 작가가 3월 봉기로 명명할 때는 백산대회로 이해했을 가능성이 크다. 그런데, 백산대회보다 6일 먼저 있었던 무장기포를 3월 봉기로 표기하고 확산되면서 3월 봉기는 무장기포를 가리키는 것으로 정착되고 있다.

9월 봉기도   우금치전투

　부안 동학농민혁명과 관련하여 가장 널리 알려진 그림으로 「동학농민군의 백산봉기」 또는 「백산봉기도」가 있다. 그러나 유화(油畫)로 그려진 이 그림의 본래 제목은 「동학 교주 전봉준」이다. 서양화가 오승윤이 그린 「동학 교주 전봉준」은 박정희 정권이 추진한 민족기록화[18] 사업의 하나로 1976년 제작되었고, 1998년 이후 독립기념관에서 보관하고 있다. 언젠가부터 「동학농민군의 백산봉기」 또는 「백산봉기도」로 제목이 바뀌었고, 한때 초등학교 교과서에 수록되었다.

　작품은 "백산성 정상에서 한 손에 결의문을 움켜쥐고 결연한 표정을 짓고 있는 전봉준을 중심으로 동학농민군이 죽창과 농기구를 들고 뒤따르고 있다. 옆에는 갓을 쓴 노인이 격문을 작성하고 있고, 오른편에는 빠진 수레바퀴와 황소가 그려져 있어 봉기의 성격을 상징적으로 표현하고 있다. 무릎을 꿇고 칼을 쥔 굳은 표정의 농민군은 산 아래쪽을 손가락으로 가리키며 전봉준을 올려다보고, 그 옆의 강아지는 길을 재촉하는 듯한 눈길로

18 민족기록화는 박정희 정권이 '민족'의 가치와 '근대화'를 명분으로 삼아 1967년부터 1979년까지 정부 예산을 지원, 당대의 저명한 화가들이 그린 기록화이다. 1967년 7월 경복궁 미술관에서 처음으로 55점을 전시하였는데, 그 당시 '5·16군사쿠데타'의 주역 김종필이 초대 이사장으로 있던 '5·16장학회'가 주최하였다. 이후 1970년대 초 우리 민족의 국난극복과 경제발전상을 미술계 중진 작가들이 그림으로 표현, 영구히 보존하자는 계획으로 문화공보부에 의해 추진되었다. 1974년 추진위원회가 구성되었고, 전승(戰勝)·경제(經濟)·구국위업(救國偉業) 등으로 나눠 작업이 이뤄졌다.

전봉준과 동학농민군을 보고 있다."라고 설명한다.

「동학 교주 전봉준」 오승윤 작. 1976년

「동학농민군의 백산봉기」와 「3월 봉기도」를 참고하여 백산대회를 대중이 쉽게 이해할 수 있도록 동학농민혁명 초기 전개 과정[사발통문거사계획·고부봉기·무장기포·백산대회]을 연작[한국화·서양화]으로 제작한 「백산대회도(白山大會圖)」를 제작하여 널리 홍보하고, 백산 채석장을 활용하여 대형 걸개그림 또는 야간에 레이저 빔 등으로 홍보하는 것도 하나의 문화콘텐츠라고 할 수 있다.

채석으로 인해 파괴된 백산 북서쪽

2) 노래[음악]

동학농민혁명을 소재로 한 가요는 「새야 새야 파랑새야」 등 그 당시 부른 가요와 함께 1980년대 민주화운동 과정에서 나온 「죽창가」를 비롯하여 여러 편이 있다. 그러나 「죽창가」 등은 80년대 이른바 '운동권 노래'라는 이미지로 인해, 일반 대중이 접할 기회가 적었다. 그렇다고 일반 대중이 쉽게 접하고 함께 할 수 있는 노래가 발표된 적도 없다. 이러한 현실을 감안하여 일반 대중이 쉽게 접하고 따라 부를 수 있는 노래 발굴과 제작이 필요하다.

동학농민혁명에 관한 부안 연고자의 작품으로 「갑오동학혁명의 노래」가 있다. 이 노래는 부안 출신 신석정(辛夕汀) 시인의 시를 가사로 쓰고, 동요 곡집 「새야 새야 파랑새야」를 비롯하여 「물가에서」·「산 너머 저쪽」·「산유화」·「동심초」 등을 작곡한 김성태(金聖泰)가 작곡하였다.[19] 1963년 황토현 전적지에 '갑오동학혁명기념탑'을 건립할 당시 신석정 시인은 이 시를 썼다, 그러나 이 노래는 대중적으로 알려진 바가 없고, 이러한 노래가 만들어진 것도 아는 이가 드물다.

---

19 악보는 前전북향토문화연구회 이치백 회장이 소장하고 있다.

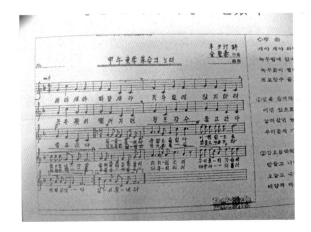

새야 새야 파랑새야 녹두밭에 앉지 마라
녹두꽃이 떨어지면 청포장수 울고 간다
울고 간다.

① 징을 울려라 죽창도 들었다
　이젠 앞으로 앞으로 나가자
　눌려 살던 농민들이 외치던 소리
　우리들의 가슴에 연연히 탄다

② 갑오동학혁명의 뜨거운 불길
　받들고 나아가라 겨레의 횃불
　오늘도 내일도 더운 피 되어
　태양과 더불어 길이 빛내라

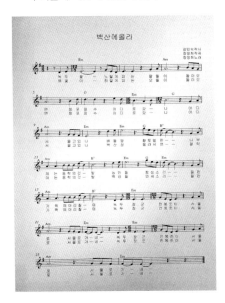

이와 함께 2019년 강민숙 시인이 시를 쓰고, 장정희가 작곡하고 노래를 부른 「백산에 올라」가 있다. 대중가요 가수이자 작곡가인 장정희와 백산 출신의 여류 시인 강민숙이 함께 만들었는데, 2020년 발표 이후 코로나19 등으로 인해 공개 행사에서 공연된 바가 없다.

3) 시[문학]

부안 동학농민혁명보다 백산대회는 소설이나 시, 또는 드라마나 그림 등으로 동학농민혁명 관련 작품으로 약방 감초처럼 소개되었다. 그간 발표된 시는 다양하고 그 양도 만만치 않다. 그러나 부안 동학농민혁명과 백산을 단일 주제로 한 시는 그간 없었다. 최근 들어 부안 백산 출신 여류 시인 강민숙의 작품이 여러 편 발표되었다. 오로지 부안 동학농민혁명을 주제로 한 시는 아니지만, 그간 간과하였던 부

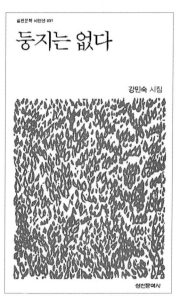

강민숙 시집

안 동학농민혁명을 소재로 한다는 점에서 의미가 크다.

2019년 강민숙 시인이 발표한 『둥지는 없다』 시집에는 백산대회가 개최된 부안 백산을 공간으로 「솟대의 꿈」과 「파랑새는 알고 있다」·「백산에 올라」 등이 수록되었다. 이 시는 부안 동학농민혁명을 처음으로 형상화한 것으로, 지역 출신 작가가 쓴 첫 번째 작품이다.[20] 백산에서 나고 자란 작가

---

20 동학농민혁명 지도자 김개남 후손과 만남을 쓴 '김개남, 후손을 만나고 오던 날', 그리고 동학농민혁명 5대 지도자 중 가장 □었던 손화중을 2019년 광화문에서 개최한 첫 번째 동학농민혁명 기념식에서 불러낸 '손화중, 광화문에서 만나다' 등 5편의 시가 수록되어 있다.

는 대학 진학 이후 고향을 떠났으나 뒤늦게 백산의 중요성을 알게 되었고, 부안 동학농민혁명 기념사업에 참여하고 있다.

　2020년 1월, 강민숙 시인은 부안군에서 발간한 『부안의 동학과 동학농민혁명 － 녹두꽃은 지지 않는다 』에 18편의 동학농민혁명 관련 시를 발표하였다. 동학농민군의 의연한 기개를 담은 「무릎 끓지 않으리」를 비롯하여 「만석보를 지나며」·「배들평야에 서면」·「풀은 칼이다 － 무명 동학농민군에게」·부안 동학 대접주로 동학농민혁명에 참여한 김낙철을 생각하며 쓴 「뜨거운 피」 등이다.

　부안이 배출한 시인이나 동학농민혁명 관련 시를 발표한 시인들을 중심으로 '시인학교'를 운영하거나 '시인과 함께하는 동학농민혁명' 등 프로그램을 개설하고 구체화하며, 부안 동학농민혁명을 홍보하는 방안 등이 있다.

　지역 작가의 작품 활동은 물론 타지역 작가의 부안 동학농민혁명 작품 활동을 지원하고, 나아가 동학농민혁명의 전국화와 세계화를 위한 방법의 하나로 「백산 동학농민혁명 문학상」 제정과 시행을 검토할 필요가 있다.

　정읍의 「동학농민혁명 대상」과 고창의 「녹두 대상」은 동학농민혁명 연구자 또는 기념사업에 공로가 있는 개인이나 단체를 대상으로 매년 시상하고 있다. 그러나 동학농민혁명을 주제로 하는 문학상은 없다. 또한 백산대회처럼 '앉으면 죽산, 서면 백산'이라는, 문학적으로 형상화한 사건도 없다. 동학농민혁명에서 백산대회가 차지하는 위상을 더욱 공고히 하고 홍보하는 방안의 하나로 소통과 화합, 상생의 땅 부안을 문학[시·소설·영상 등]으로 형상화하고, 이를 지원하는 문학상 제정과 시행은 뒤늦은 감이 있다. 특히 해월 최시형의 '부안에서 꽃이 피고, 부안에서 결실을 보리라'는 법설이 실현될 공간으로 부안 백산을 설정한다면, 더욱 뜻깊은 의미를 가질 것이다.

앞서 언급한 그림과 노래와 시를 하나로 묶는 문화컨텐츠 개발과 활용을 적극적으로 모색할 필요가 있다. 특히 백산을 중심으로 조성할 「부안 백산 성지 조성 및 세계시민혁명의 전달 건립사업」과 결합하여 추진하는 것이 바람직하다.

4. 마무리

본 연구는 부안군민은 물론 부안을 찾는 이들에게 부안 동학농민혁명의 역사적 사실과 부안지역의 정체성, 나아가 역사의 교훈을 체험할 수 있는 공간으로 널리 알리는 방안의 하나로 부안 동학농민혁명 문화콘텐츠를 연구하는 데 있다.

이를 위해서 부안 동학농민혁명 역사문화자원을 문헌과 증언록, 그리고 유적지를 살펴보았다. 이외에도 유용한 자료가 있을 것으로 기대하지만, 본고에서 제시한 역사문화자원을 문화콘텐츠로 개발하고 활용하는 것이 현실적이다.

부안인이 기록한 4점의 문헌 자료는 현재 부안군에 없다. 모두 타지에 있으며, 보존관리마저 확인되지 않는다. 가능한 빠른 시일내 이들 자료의 소재를 확인하고, 부안으로 가져와 콘텐츠로 개발하고 활용하는 방안을 찾아야 한다. 특히 2022년 번역이 완료될 『홍재일기』는 동학농민혁명 뿐 아니라 19세기 부안과 20세기 초반 부안 사회를 들여다 볼 수 있는 귀중한 사료이다. 따라서 『홍재일기』를 통한 콘텐츠 개발과 활용은 아무리 강조해도 지나치지 않는다. 이를 위해 원본을 부안군이 소장할 필요가 있다.

부안 백산대회를 상징하는 「동학농민군의 백산봉기」나 「백산봉기도」는 대중에게 익히 알려졌지만, 처음 제작 과정과 이후 활용, 그리고 그림의 형태 등으로 보아 다시 제작하는 방안을 검토할 필요가 있다. 백산대회 뿐 아니라 전후에 일어난 초기 전개 과정을 일목요연하게 이해할 수 있는 연작의 백산대회도이다. 이는 백산을 중심으로 추진하고 있는 「부안 백산성지 조성 및 세계시민혁명의 전당 건립사업」에도 유용하다. 이와 함께 부안 동학농민혁명, 대한제국기 부안 의병, 일제강점기 독립운동을 한데 묶어 근대 부안 민족운동사로 정립하고, 부안 사람들이 접근하기 쉽고 상징성을 갖는 공간에 「부안 민족운동 역사공원」을 건립하는 방안도 모색할만하다.

이제 막 걸음마를 시작한 부안 동학농민혁명을 소재로 한 시와 노래는 대중에게 알려지지 않았다. 따라서 향후 이들 콘텐츠를 널리 알리는 홍보는 물론 대중과 함께 할 기회를 마련하는 것이 필요하다. 기왕 개발할 콘텐츠를 적극적으로 활용하면서 새로운 콘텐츠를 개발하는 것이 필요하다. '앉으면 죽산이요, 일어서면 백산이라'로 형상화된 이미지와 '부안에서 꽃이 피고, 부안에서 결실을 보리라'는 최시형의 법설을 더욱 확장하는 대중적인 방법의 하나로 「동학농민혁명 백산 문학상」을 제정하고, 시인과 소설가 등 대중성이 강한 문학인들이 참여하는 「시인학교」나 「창작교실」 등을 운영하는 방안을 진지하게 고민해야 한다.

이와 함께 역사학을 전공한 동학농민혁명 연구자는 역사적 사실을 우선하는 반면에, 비전공자들은 역사적 사실보다 브랜드와 상징화를 내세운 콘텐츠 제안을 우선한다는 지적을 받아들여, 양자를 결합한 협업의 중요성은 아무리 강조해도 지나치지 않다.

참고문헌

사료

『김낙철 역사』
『김낙봉 이력』
『홍재일기』
『임하유고[제행일기]』
『동학사』

단행본

부안문화원編, 『동학농민혁명과 부안』, 부안문화원, 2011. [비매품]
부안동학농민혁명기념사업회, 『부안 동학농민혁명 자료집』, 2016. [비매품]
한국역사문화원, 『백산과 동학농민혁명 학술연구용역 보고서』, 부안군, 2016.
박대길 · 강민숙, 『부안의 동학과 동학농민혁명』, 부안군, 2019.
홍영기 외, 『부안의 동학농민혁명과 민족운동』, 부안동학농민혁명기념사업회 · 전북대
　　학교이재연구소, 2020.

논문

박맹수, 「김낙철계 동학농민군 활동과 갑오 이후의 동향」, 『동학학보』 제17호, 동학학회.
이선아, 「19세기 부안 유생 기행현의 홍재일기와 동학농민혁명의 실상」, 『동학학보』 제
　　50호.
이병규, 「동학농민혁명 기념사업의 역사적 전개와 과제」 『역사연구』 28, 역사학연구소,
　　2015.
김철배, 「전라도 부안 사족 기행현의 홍재일기와 19세기 후반기 부안의 경제사정」, 『전
　　북사학』 제46호, 2015.
최길순, 「김천지역 동학농민혁명 전개 과정과 문화콘텐츠 활용방안 - 사적지를 중심으
　　로」, 『동학학보』 제41호, 동학학회, 2016.
조성운, 「부안지역의 동학농민운동과 백산대회」, 『역사와 실학』 61, 역사실학회, 2016.
최길순, 「수원지역 동학농민혁명 전개 과정과 문화콘텐츠 활용방안」, 『동학학보』 제45
　　호, 동학학회, 2017.
최길순, 「영동 동학농민혁명사 전개 과정과 문화콘텐츠 활용방안 연구」, 『동학학보』 제
　　48호, 동학학회, 2018.
최길순, 「원주 동학농민혁명사 전개 과정과 문화콘텐츠 활용방안 연구」, 『동학학보』 제
　　49호, 동학학회, 2018.
김영준, 「19세기 후반 전라도 부안현 호구 및 결가 조사의 실제적 양상 - 남하면 훈집
　　기행현의 홍재일기를 중심으로 -」『전북사학』 제53호, 2018.

조우찬, 「문화예술 콘텐츠로써 동학농민혁명의 확장성과 스토리텔링의 활용」, 『문화콘텐츠연구』 17, 건국대학교 글로컬문화전략연구소, 2019.

부안지역의 동학과 김낙철
-전봉준 노선과의 차이를 중심으로

임형진(경희대 후마니타스칼리지 교수)

부안지역의 동학과 김낙철
-전봉준 노선과의 차이를 중심으로

1. 동학의 출현과 부안

1876년 개항 이후 조선사회는 기존의 왕조사회에 대한 새로운 도전으로 커다란 변화의 길목에 들어섰다. 안으로는 봉건적 사회모순의 심화였으며, 밖으로는 서세동점에 대한 대응이 그것이었다. 19세기 중엽 이후 동북아의 국제정치적 위상은 전통적인 중국 중심의 화이 관념을 기조로 하는 세계관이 해체되면서, 구미제국 중심의 이른바 근대적인 국제체계[1] 속에 강제로 편입해 가는 과정이라고 할 수 있다. 이러한 서세동점의 충격은 국제관계의 변화에서만 그치지 않고, 전통적인 동양문명에 전혀 새로운 서구문명의 침투를 수반하였다.

이러한 서구문명은 당시 전근대적 미몽에서 헤어 나오지 못하던 조선으로서는 도저히 수용하기 어려운 이질문명이었으나, 근대화의 과정에서 피할 수 없는 거대한 파고였다고 할 수 있다. 즉, 조선에 있어서의 '개항'과 '근대화'란 의미는 서구의 충격에 대응하여 성립한 역사적 개념이라 할 수 있다. 따라서 근대화는 종래에 지속되어 오던 폐쇄사회의 고수를 포기하

---

1 이 시기는 세계사에 있어서 가장 치열한 제국주의 시대였다. 1840년대에 영국을 시작으로 1880년대에는 프랑스와 독일이 식민지 쟁탈전에 뛰어 들었고, 1890년대에서 1900년까지는 이탈리아와 미국이 식민지 확보를 위해 아시아와 아프리카로 진출하였다. 이에 따라 1880년대에서 1890년대에 걸쳐 대부분의 아프리카대륙이 서구 제국주의 국가에 흡수되어 갔고, 아시아에서도 버마, 말레이시아, 파키스탄, 인도, 필리핀 등이 영국, 프랑스, 미국 등의 서구 열강의 식민지로 전락했다.

고, 점차 정치, 경제, 문화, 사상 등의 제 측면에서 서구세계를 향하여 국가를 개방한다는 이른바 개방사회에로의 전환을 의미하는 것이었다.

이러한 서구 제국주의의 침략에 맞선 조선으로서는 한편으로는 국내의 봉건질서를 변혁해야 하는 과제와 함께, 다른 한편으로는 군사력과 경제력을 배경으로 하는 구미 열강에 대항하여 자국의 대외적인 독립과 부강을 추구해야만 하는 이중적인 전략적 과제를 수립해야 했다. 즉, 개항기의 조선사회는 대외적으로 제국주의 외세의 유입에 대응하여 자주권을 유지 강화하고, 대내적으로는 정치·경제·사회·문화 등 제 분야에서 봉건적 잔재를 해소하여 근대적 발전을 이룩해야 하는 역사적 과제를 안고 있는 시기였다.

그러나 조선의 상황은 어느 것 하나도 제대로 대응할 수 없을 정도로 심각했다. 특히 전근대적인 사회모순으로의 토지문제와 조세문제가 가장 극심하였다. 양반지주의 토지소유의 확대와 관리들의 탐학은 국가재정의 파탄으로 이어졌고, 결국 조세수탈의 가중으로 민중들은 고통에 시달리고 있었다. 이와 함께 서구열강들의 서세동점으로 주권이 유린되는 현실이 구체적으로 드러나고 있었다. 더욱이 청과 일본의 경제적 침탈은 더욱 두드러져 농민층의 분화도 더욱 가속화되었다. 이러한 왕조 말기의 모순을 극복하기 위해 창도된 동학은 민중들에게 희망의 메시지를 전해주었다. 동학은 삼남을 중심으로 세력을 확장하였으며, 동학조직은 1894년에 이르러 반봉건 반외세의 기치로 기포한 동학혁명의 주체세력으로 성장하였다.

부안지역의 동학 역시 이러한 시대적 배경을 담고 출발했다. 이 지역에서의 동학농민혁명 역시 여느 지역 못지않게 크게 기포한 곳이다. 부안은 예로부터 바다와 강이 합류하는 지역으로 물산이 풍부하여 인심좋고 사람

좋은 고장이었다. 동학농민혁명 당시에는 혁명의 발발지인 정읍의 고부와는 아주 밀접한 지역으로 혁명 당시부터 그 영향을 가장크게 받은 지역이었다. 그리고 호남 포덕이 크게 성해지자 동학도들 사이에 상징적인 사건이 발생한 지역이기도 하다.

그것은 호남의 동학도가 급증하자 동학도 사이에 분규가 발생하였다. 최고 지도자인 해월 최시형은 공주사람 윤상오와 낮은 신분의 남계천을 각각 전라좌도와 우도의 편의장으로 삼았지만 호남의 동학도들은 남계천의 낮은 신분을 구실로 수용할 수 없다고 반발하였다. 남계천의 문제를 해결하기 위해 1891년 7월 해월이 직접 호남으로 내려갔다. 해월이 부안 신리에 머물게 되자 부안의 동학도인 수백 명을 배알하였다. 이들 앞에서 해월은 교조 수운 최제우의 여노비 두명을 신분 해방시키고 나이가 들은 여종은 큰며느리로 삼고 어린 여종은 수양딸로 삼아 함께 살았다는 예로 들어 동학은 신분보다 능력을 중시한다고 설법하였다. 신분이 낮은 남계천은 능력을 인정하는 해월의 모습은 평등을 염원하는 호남 백성들의 마음을 사로잡았다.[2] 이를 계기로 부안의 포덕은 삽시간에 늘어나 1892년과 1893년에는 관할하는 교인이 수만 명에 이르렀다.[3]

그 중심에는 용암 김낙철(龍庵 金洛喆) 대접주가 있었다. 김낙철을 중심으로 한 동학의 포덕이 크게 일어난 지역이 부안이다. 그러나 동학농민혁명 시기의 부안지역의 동학은 가까운 고부의 소식을 들었음에도 불구하고 전봉준 휘하의 동학과는 차별되었다. 혁명 당시 부안군이 점령당하는 등 다른 지역과는 다를 바가 없었지만 크나큰 마찰이나 갈등 없이 혁명의 소용돌이 속에 있었다. 부안의 동학도들은 교주인 해월 최시형의 지시에 철저

---

2 「김낙철 역사」, 『동학농민혁명국역총서』5, 167-168쪽; 「김낙봉 이력」, 『동학농민혁명국역총서』5, 220-221쪽.
3 「김낙철역사」, 『동학농민혁명국역총서』5, 168쪽.

히 따른 그래서 전봉준 등의 동학농민혁명의 주력 세력과는 약간의 차별성이 있었던 것이다. 그 이유와 결과는 어떠했는지는 여전히 동학 연구자들의 과제로 남아 있다. 소위 전봉준 노선과 김낙철 노선의 차이는 과연 무엇인가. 본 연구의 주 목적 역시 이와 관련한 작은 초석이라고 할 수 있다.

2. 부안 지역의 동학 전파와 확산-김낙철 형제

1860년 4월 5일 득도를 한 수운 최제우는 자신의 득도에 대한 경계심에 이후에도 1년 이상을 다시 공부하고 수련생활을 계속했다. 이를 통해 자신이 깨달은 도가 거짓이 아님을 알게된 수운은 비로소 이듬해인 1861년 6월부터 주변에 자신의 체험과 득도 과정을 주변에 전파하기 시작했다. 무엇보다도 양반이나 천민이나 차별없이 시천주(侍天主)한 인간 즉, 사람은 누구나 한울님을 모신 존귀한 존재라는 주장은 당시의 신분적 폐해가 극심했던 조선 사회에 커다란 충격이었다. 수운의 이러한 지적에 동의하고 함께 하고자 했던 이들은 양반과 상놈을 가리고, 적서차별을 일삼으며 관존민비와 사농공상의 신분적 질서사회에 질리고 지친 사람들이었다.

기존의 틀에 박힌 사회구조에 얽매이던 조선 사회의 주류 밖의 사람들 즉, 사회적 소외자들에게는 구원과도 같이 들린 수운의 외침에 수많은 사람들이 감동하여 찾아왔다. 심지어 그들이 답례품처럼 가지고 왔던 감 열매에 매달린 감나무 가지만으로도 동네사람들이 땔감을 했을 정도라고 하니 당시 수운의 외침에 대한 파장이 얼마나 컸는지가 짐작된다. 그러나 이같이 주변 사람들의 이목이 집중되면 당연히 관이 이를 수상히 여기고 감시하는 등 수운에 대한 관의 압박이 심해졌다.

그해 8월에 이르러 경주의 주변 유생들은 동학을 설파하고 있던 수운의 행위를 이단으로 규정하고 비판하였다. 사대부 유림뿐 아니라 문중에서조차 비난하였고 심지어는 서학의 일종이라는 비난과 험담이 난무했다. 최제우의 설파행위는 용담으로 찾아오는 선비들이 그 대상이었기 때문에 최제우와 함께 찾아오는 선비들 모두 피해자가 될 상황이었다. 결국 수운의 깨우침에 대한 전파는 오히려 이를 듣고자 찾아오는 사람들에게 해가 될 것으로 판단해 1861년 11월(양 12월 초) 고향 경주의 용담을 스스로 떠나야만 하였다.

떠나면서 수운은 그동안 자신이 주장했던 바를 글로서 남겨야 할 필요를 느꼈을 것이다. 이를 위해선 누구의 간섭도 받지 않고 조용히 침잠할 수 있는 새로운 땅이 필요했다. 울산, 부산과 승주 등을 거쳐서 그가 찾아낸 새로운 땅이 전라도 남원이었다.

남원은 지리산을 끼고서 영남에서 호남으로 오늘 길목에 위치한 지역으로 예부터 영호남 교류의 중심지였다. 지리산 자락의 남원에서 교룡산성 내의 은적암(隱跡庵)을 선택한 수운은 이곳에서 자신의 사상을 정리하여 완성했다. 여기서 지은 「논학문」에서 그는 자신의 주장은 동학(東學)이라고 명명했다. 이전까지는 무극대도(無極大道)라고 했던 수운의 도는 비로소 동학이라는 명칭으로 탄생한 것이다.

은적암 생활을 마친 수운은 1862년에 6월 하순경에 고향인 경주로 돌아갔다. 『천도교남원군종리원동학사』에는 다음과 같이 기록되어 있다.

"同3年 壬戌春에 大神師 隱跡庵으로부터 還鄕하신 後에 徐亨七, 梁亨淑, 孔昌允 等이 龍潭亭에 來往하야 道脈을 通하다가 同5年 甲子春에 大神師慘變後에 隱伏되다."[4]

4 『남원군동학사』

수운이 경주로 돌아간 다음에는 도인들은 경주 용담을 왕래하며 도맥을 이어 왔음을 알 수 있다. 즉, "…서형칠, 양형숙, 공창윤 등이 용담에 왕래하며 도맥을 유지하다가 포덕5년 갑자 춘에 대신사가 순도하자 완전히 끊어져 버렸다"[5]고 하여 상당기간 경주를 왕래하며 수운으로부터 직접적인 도를 전수 받았음을 알 수 있다. 특히 『천도교회월보서』에서 박래홍의 「전라행」에는 "양형숙이 16세시에 용담에 가서…12일을 유하였다"[6]라는 기록을 보아 전라도 지역의 도인들이 경주로 수운을 찾아가 만나 직접적인 가르침을 받았음을 알 수 있다.

이처럼 수운이 남원에 와서 포덕함으로써 많은 제자들이 동학에 입도하게 한 후 이들이 향후 호남 동학의 출발이었고 이후로 남원을 중심으로 한 호남 동학의 근원으로서 확고한 주춧돌 역할을 하였다. 또한 이들은 수운이 남원을 떠난 이후에도 계속해서 교조인 수운 최제우 고향인 동학의 성지, 경주 지역 답사를 꾸준히 다녔음을 전술한 자료들을 통해 확인해 볼 수 있다.

그러나 1864년 3월 10일 수운이 좌도난정율에 의해 순도하자 교도들은 드러내놓고 동학을 하기가 어려워지자 호남의 도맥은 점점 쇠퇴하였으며 결국 끊어지고 말았다고 한다. 그러나 지하로 숨은 동학의 맥은 꾸준히 이어졌으니 특히 동학의 2대 교조인 해월 최시형에 의해서 계승되었다. 『천도교임실교사(天道敎任實敎史)』에 의하면, 해월 최시형은 장수 도인 김신종을 대동하고 1873년 3월에 임실지역을 방문하여 새목터(청웅면 입석리)

---

5 『남원군종리원사』
6 『천도교회월보서』 통권제167호(1924년 8월호) 현피(박래홍)의 〈전라행〉, "양형숙은 당시 77세였으므로 1848년생이 된다. 그리고 16세 때에 용담에 갔다 하였으므로 1863년(계해)에 해당되므로 이해 3월에 간 셈이다.

의 허선(許善)의 집에 체재하면서 포교활동을 전개한 사실로 보아,[7] 이때부
터 호남포덕이 시행되었으리라고 추정된다. 이때 남원 지역의 최봉성 등
지역 인물 다수가 동학에 입교한 것으로 파악된다. 특히 최봉성은 1889
년 남원에 거주하고 있던 사위 김홍기에게 도를 전하여 입교시켰다. 김홍
기는 입교 후 활발하게 포교활동을 전개하였으며 1894년 동학농민혁명
당시 남원동학의 주요 인물로 활동하였다.[8]

또한 1882년경에 동학이 본격적으로 호남지역에 퍼지기 시작하였는데,
『천도교서』[9]에 해월은 고산 도인 박치경(朴致京)의 주선으로[10] 1884년 6월
에 익산군 금마면 사자암(獅子庵)으로 가서 여러 도인들을 만났다고 한 기
록이 있다. 아마도 1882년경부터 이 지역에 동학이 본격적으로 포교되었
음을 알 수 있다.[11]

동학의 종통을 이은 해월 최시형은 1871년 영해교조신원운동 이후 강
원도 영월과 정선, 그리고 충청도 단양 등지에서 은신하면서 동학을 재건
하였다. 산간지대를 중심으로 동학을 포덕하던 해월이 드넓은 평야지대로
내려온 것은 이제 자신을 숨겨줄 교도들이 많아지고 자신감도 생겼기 때
문이었다. 여전히 중앙정부의 탄압이 지속되는 와중인 1884년 해월은 익
산 금마면에 있는 미륵산 동쪽 계곡의 사자암에 들어갔다. 이곳에서 49일
기도를 마친 해월은 육임제(六任制)를 마련하였다.[12] 이 육임제는 수운 이후

7 『천도교임실교사』에 의하면 최봉성의 입도는 해월이 장수 도인 김신종을 대동하고 1873년 3월
   에 새목터(청웅면 입석리) 허선의 집에 왔을 때라고 하였다.
8 전북역사문화학회, 앞의 책, 52-53쪽. "同30年(1889) 己丑年에 金洪基씨가 敎의 大源을 往來
   하야 布德의 先驅가 된바 金榮基, 金種成, 李起冕, 李起東, 金種黃, 柳泰洪, 諸賢이 布德의 機
   軸을 잡고, 黃乃文, 李圭淳, 崔鎭岳, 邊洪斗, 鄭東勳 諸氏가 同情하야 布德이 數千에 達하였
   다." 『남원군동학사』.
9 『천도교서』는 1920년 4월에 천도교청년강사강습소 교재로 간행되었다.
10 「익산종리원연혁」, 『천도교회월보』 189, 1926.9.
11 『천도교서』 제2편 해월신사 편, 171쪽.
12 『천도교서』 포덕 25년조.

동학교단에서 두 번째 만든 조직체였다.[13] 이로 볼 때 이미 익산군에 동학 조직이 상당히 있었음을 알 수 있다. 즉 호남지역의 동학포덕이 어느 정도 시작된 것이 1880년대 였고 본격적으로 교세가 형성된 것은 1890년대라 할 수 있다.

사자암 49일 기도 이후에도 해월은 호남지역을 순회하면서 포교를 하였 는데, 부안지역에도 동학이 포교되기 시작하였다. 부안지역에서 첫 동학 에 입도한 인물은 1890년에 입도한 김낙철과 김낙봉 형제이다.

김낙철은 1858년 현 전북 부안군 부안읍 봉덕리 쟁갈마을에서 태어났 다. 쟁갈마을은 안쟁가리, 용성리, 새멀, 송학동 등 네 개의 마을로 형성 되었는데, 김낙철은 새멀에서 산 것으로 추정된다. 김낙철의 본관은 부안 이며, 자는 여중(汝仲), 도호[14]는 용암(龍菴)이었다. 부안에서 1천여 년을 넘 게 터를 잡은 김낙철 집안은 명문고족이었으며, 선대에 5대째 독자로 내 려오다가 김낙철 아버지 대에 이르러서야 형제를 둘 정도로 자손이 귀한 집안이었다.[15] 집안에는 '하인이 수십 명이었다'고 전해올 정도로 천석꾼이 었다고 한다.[16] 삼형제 중 장남인 김낙철은 동생 김낙봉과 함께 1890년 6 월 7일 동학에 입도하였다. 이어 10일 후인 6월 17일 막내동생 김낙주,

---

13 육임은 교장(教長) · 교수(教授) · 도집(都執) · 집강(執綱) · 대정(大正) · 중정(中正)인데 이들의 선 정 기준을 보면 다음과 같다. 교장은 자질이 알차고 신망이 두터운 사람으로 하고, 교수는 성 심으로 수도하여 가히 남에게 도를 전할 수 있는 사람으로 하고, 도집은 위풍이 있고 기강을 밝혀 경위와 한계를 따질 줄 아는 사람으로 하고, 집강은 시비를 밝히고 가히 기강을 잡을 수 있는 사람으로 하고, 대정은 공평하고 근후한 사람으로 하고, 중정은 능히 바른 말을 하고 강 직한 사람으로 정하였다. 해월신사는 이들에게 교단의 중요한 교화를 담당하도록 했다.
14 '道號'는 동학교단에서 사용하는 호이다.
15 「김낙봉 이력」, 『동학동민혁명국역총서』5, 동학농민혁명참가자명예회복심위위원회, 2009, 220쪽.
16 허철희, 「동학대접주 용암 김낙철」, 『부안21』, 2003.1; 「부안에서의 동학」, 『부안독립신문』 2009년 5월 5일자; 박맹수, 『사료로 본 동학과 동학농민혁명』, 모시는사람들, 2009, 174쪽. 「김낙봉 이력」에는 "아버지 대에서 형제분이 나와 맨손으로 집안을 이루어 몸소 수만 환(□)의 재산을 이루었다"라고 하였다.

그리고 종제 김낙정과 김낙용도 함께 동학에 입도하였다.[17]

동학에 입도한 김낙철은 형제들과 적극적으로 포교하여 1891년 3월에 이르자 따르는 교인이 수천 명이 되었다.[18] 이는 전적으로 김낙철 형제가 당시 주변의 신임을 받는 양반이었기에 가능한 결과였다. 그러나 그들 형제는 동학을 포덕하는 과정에서 가산은 점점 줄어들었다. 이는 김낙철 형제의 포교로 집안에 빈객이 가득하였기 때문이었다.[19] 이처럼 부안지역에 동학의 교세가 크게 형성될 즈음 해월 최시형은 공주 보평(洑平) 윤상오(尹相五)의 집으로 이주하였다.[20] 김낙철은 동생 김낙봉, 김영조, 손화중과 함께 여러 번 문안을 드렸다. 이때 해월 최시형은 "天心을 잃지 않고 食道를 미리 갖추고 氣를 바르게 하는 것이 가장 어렵다. 또한 먹는 것이 한울님이다"라고 가르침을 주기도 하였다.[21] 이는 동학의 핵심적인 가르침인 '수심정기(守心正氣)'와 '식고(食告)'의 중요성을 강조한 것이다.

같은 해 7월에는 해월 최시형이 부안 신리에 머물게 되자 교인 수백 명을 이끌고 배알하였다. 다음날 옹정의 부안접주 김영조의 집에서 하루를 머문 다음날 태인 동곡 김낙삼의 집으로 떠나면서 "부안에 꽃이 피고 부안에 열매가 맺힐 것이다(花開於扶安 結實於扶安)"[22]라고 하였다. 이를 계기로 김

---

17 「天宗列賢錄」, 『구악종보』2, 1914.7, 61쪽;『용암성도사역사약초』; 「김낙철역사」, 『동학농민혁명 국역총서』5, 167쪽. 당시는 삼불입(三不入)이라 하여 양반, 유생, 부자는 동학에 입도하지 않았다. 그러나 양반출심임에도 불구하고 김낙철 형제 일가가 동학에 입도한 것은 매우 선진적인 사고를 가지고 있었기 때문이었다. 즉 시천주의 만민평등사상, 보국안민사상, 척왜양의 민족주체사상, 그리고 유무상자의 경제적 평등을 추구하는 동학에 매료되었던 것으로 보인다.
18 「김낙철 역사」, 『동학농민혁명국역총서』5, 167쪽; 박맹수, 『사료로 보는 동학과 동학농민혁명』, 174쪽.
19 「김낙봉 이력」, 『동학동민혁명국역총서』5, 220쪽.
20 이에 대해 「김낙봉 이력」에는 1890년 가을 해월 최시형이 김연국과 함께 공주 신평 윤상오의 집에 머물렀다고 하였다. 그런데 이 기록은 김낙봉이 잘못 기록한 것이다.
21 「김낙철 역사」, 『동학농민혁명국역총서』5, 167쪽.
22 「김낙철 역사」, 『동학농민혁명국역총서』5, 167-168쪽; 「김낙봉 이력」, 『동학농민혁명국역총서』 5, 220-221쪽. 그런데 이 기록 역시 차이를 보이고 있다. 김낙철은 1891년 7월 김영조의 집에서 김낙삼으로 떠날 때이고, 김낙봉은 같은 해 5월 금구 김덕명의 집에서 한 것으로 각각 기

낙철 형제는 더욱 동학을 포교하였는데, 1892년과 1893년에는 관할하는 교인이 수만 명에 이르렀다.[23] 이처럼 김낙철, 김낙봉 형제가 부안지역에서는 확고한 동학 지도자의 위치를 확보했다고 할 수 있다.

1892년과 1893년 동학교단은 신앙의 자유를 획득하기 위해 교조신원운동을 전개하였다. 1892년 5월 들어 호서지역과 호남지역의 동학교인들이 관헌과 지역 토호들의 탄압에 견디지 못하고 길거리로 내쫓기기 시작하였다. 이들은 갈 곳이 없자 동학지도부가 있는 보은 장내리와 금구 원평으로 모여들었다. 이와 같은 상황을 타개하기 위해서는 무엇보다도 동학의 공인이 급선무였다. 즉 신앙의 자유를 획득하는 것이었다.

이에 따라 동학의 중견 지도자인 서병학과 서인주는 1892년 7월부터 교조신원운동을 추진하였다.[24] 서병학과 서인주는 해월 최시형을 찾아가 교조신원운동을 전개할 것을 요청하였지만 해월 최시형은 "때를 기다림만 못하다"고 하여 신중하게 접근하였다.[25] 그러나 서인주와 서병학뿐만 아니라 일반 교인들도 교조신원운동의 필요성을 제기함에 따라 해월 최시형은 이해 10월 공주에서 교조신원운동을 전개하였다.[26] 이어 11월에는 삼례에

록하였다.
23 「김낙철역사」, 『동학농민혁명국역총서』5, 168쪽.
24 『천도교서』, 포덕 33년조; 『해월선생문집』임신년조.
25 표영삼, 『동학』2, 통나무, 2005, 196쪽. 해월 최시형의 신중함은 1871년 영해교조신원운동에서 많은 교인들이 희생당하였기 때문이었다. 더욱이 영해교조신원운동은 병란적 성격을 가지고 있었기 때문에 서인주와 서병학의 요청 또한 병란적으로 전환될 것을 염려하였다.
26 교조신원운동은 크게 세 가지 요구를 내걸고 전개되었다. 첫째는 동학 교조의 억울한 죽음을 풀어달라는 요구(동학포교의 자유를 인정해달라는 요구), 둘째 동학 포교를 禁한다는 핑계로 동학교도 및 일반민중들의 재산을 불법으로 수탈하는 지방관들의 부당한 행위를 막아 달라는 요구(가렴주구 금지 요구), 셋째 나날이 만연하고 있는 西學과 불법적인 침탈을 벌이고 있는 일본상인을 비롯한 외국에 대항하자는 요구(척왜양의 요구)가 그것이다. 이 세 가지 요구는 기본적으로 동학교도들의 요구였지만 동시에 당시 일반 민중들의 요구이기도 했다. 박맹수, 「敎祖伸寃運動期參禮集會에대한再檢討」, 한국독립운동사연구 28(독립기념관한국독립운동사연구소, 2007), 2쪽.

서 교조신원운동을 재차 전개하였다.[27] 그런데 이 두 차례의 교조신원운동
에 김낙철은 참가하지 않았다. 이에 대해 김낙봉은 다음과 같이 기록하였
다.

> 서장옥이 교조신원운동을 할 때, 성훈에 "허락하지 않았다"고 하고 승인을 받을 것
> 을 말하며 조금도 돌아보지 않았다.[28]

이는 김낙철, 김낙봉 형제가 공주와 삼례에서 전개한 두 차례의 교조신
원운동에 참여하지 않았음을 알 수 있다. 그렇다면 김낙철, 김낙봉 형제는
왜 교조신원운동에 참여하지 않았을까. 이는 김낙철과 김낙봉의 연원[29]이
김연국계였기 때문이다. 김연국계에서 정리한 『해월선생문집』에 의하면,
공주와 삼례의 교조신원운동은 해월 최시형의 허락없이 서인주와 서병학
이 주도로 전개한 것으로 기록하였는데,[30] 이러한 인식은 김연국계인 김낙
철 형제도 마찬가지였던 것이다. 그렇지만 이듬해 광화문에서 전개한 교
조신원운동에는 적극적으로 참여하였다. 광화문 교조신원운동은 공주와
삼례에서 교조의 신원을 지방 관찰사를 상대로는 목적을 달성할 수 없다는
사실을 확인하였기 때문에 중앙정부를 상대로 전개한 것이다. 1893년 3
월 29일 왕세자 탄신일을 맞아 전개된 광화문교조신원운동은 소두 박광호
를 비롯하여 김연국, 손병희, 손천민, 박인호, 김낙철 형제 등이 참여하
였다.[31] 이에 대해 김낙철과 김낙봉은 다음과 같이 기록하였다.

27 오지영, 『동학사』, 영창서관, 1938, 70쪽.
28 「김낙봉 이력」, 『동학농민혁명국역총서』5, 221쪽.
29 동학에서 연원의 의미는 전교인과 수교인의 관계이다. 김낙철과 김낙봉은 1891년 3월 해월 최
   시형이 공주 보평에 머무를 때 김연국이 수행하였다. 이때 김낙철 형제는 김연국과 연원관계
   를 맺었고, 동학교단이 천도교와 시천교로 분화될 때 김연국을 따라 시천교로 갔다.
30 표영삼, 『동학』2, 205-206쪽.
31 『동학도종역사』계사년조; 『해월선생문집』 계사년조; 『천도교회사초고』계사년조.

계사년 3월에 대선생님(수운 최제우-필자)의 신원을 하러 동생 낙봉이 김영조와 교
도 몇 백 명과 함께 서울에 갔으나 대선생님의 억울함을 풀어드리지 못하고 돌아왔
다. 그때 나는 도내의 도도집(都都執)을 맡고 있었다.[32] 그러다가 다음해 계사년
(1893년-필자) 봄 대궐 문 앞에서 복합상소를 할 때에 참여하였다.[33]

  광화문교조신원운동에 김낙철 형제는 부안지역 동학교인 수백 명을 이
끌고 참여하였다고 밝히고 있다. 그리고 김낙철은 당시 도도집(都都執)으로
호남지역 동학교단의 책임을 맡고 있었다. 광화문교조신원운동 결과 왕으
로부터 집으로 돌아가 생업에 종사하면 소원에 따라 베풀어 준다고 하였지
만[34] 실제적으로는 동학교인에 대한 탄압은 더욱 심하였다. 김낙철은 광화
문교조신원운동 이후 상황을 "이때부터 각도와 각읍에서 지목이 크게 일
어나 붙잡힌 자와 죽음을 당한 자가 이루 헤아릴 수가 없었다"[35]라고 하였
다.

  이와 같은 관의 탄압이 오히려 더욱 극심해 지자 동학 지도부는 3월 10
일 수운 최제우 순도일을 기해 충북 보은 장내리에서 다시 한 번 집회를
갖기로 했다. 이에 동학교단의 지도부는 충북 청산군 포전리에서 수운 최
제우 순도향례를 한 후 팔역의 도인은 장내로 모이라는 통유문을 발송하였
다.[36] 그런데 이 통유문에는 기존의 교조신원 뿐만 아니라 외세에 대한 저
항 즉 반침략의 내용을 포함하였다.[37] 이는 앞서 광화문에서 전개한 교조

---

32 「김낙철 역사」, 『동학농민혁명국역총서』5, 168쪽.
33 「김낙봉 이력」, 『동학농민혁명국역총서』5, 221쪽.
34 『시천교종역사』 제2편 계사년조.
35 「김낙철 역사」, 『동학농민혁명국역총서』5, 168쪽.
36 『천도교회사초고』 계사년조 ; 『동학도종역사』 계사년조.
37 외세에 대한 반침략적 내용은 다음과 같다.
  "(전략) 밖으로는 침략세력이 더욱 떨치게 되었다. (중략) 생각다 못해 다시 큰 소리로 원통한
  일을 진정하고자 이제 포유하니 각 포 도인들은 기한에 맞추어 일제히 모여라. 하나는 도를 지
  키고 스승님을 받들자는데 있고, 하나는 나라를 바로 도와 백성을 편안하게 하는 계책을 마련
  하는데 있다."

신원운동 과정에서 서구열강들의 침략성을 직접 눈으로 확인하였기 때문이었다. 이로써 보은의 교조신원운동은 척왜양창의운동으로 전환될 수 있었다.

그러나 통유문을 받은 김낙철은 보은 장내리 취회에는 참석하지 못한 것으로 보인다. 보은 장내리에는 각지의 동학교인들이 집결하여 수만 명에 달하였다. 보은에 모일때는 거리에 따라서 달리 참여할 수밖에 없었을 것이다. 해월 최시형은 보은에 집결한 각 포의 조직에 포명을 부여하는 한편 대접주를 임명하였다.[38] 김낙철도 동생과 함께 부안지역 동학교인들을 이끌고 보은 장내로 향하였다. 그러나 동생인 김낙봉의 기록에 의하면 보은으로 향하였지만 고산(高山)까지 밖에 못갔다고 한다.

> 연이어 계사년 3월 보은 장내에 입회가 있어 고산 등지로 올라갔다가 해산하라는 명령을 듣고 집에 돌아왔고, 나중에 올라가 뵈었다.[39]

즉 김낙철과 김낙봉 형제는 보은으로 가던 중 고산에서 해월의 해산 명령을 듣고 되돌아갈 수밖에 없었던 것이다. 여기서 주목할 만한 점은 후술하겠지만 소위 남북접의 문제이다. 특히 교조신원운동의 과정을 통하여 이른바 전봉준 등의 남접 세력은 척왜양창의의 독자적인 세력으로 성장할 수 있었다는 연구에는 문제가 있음이 드러난다.[40] 즉, 북접 계열인 김낙철 등이 오히려 광화문 복합상소 등에 적극적으로 참여내지는 주도하고 있었

---

38 『동학사』에 의하면 부안대접주에 김낙철이 임명된 것으로 기록하고 있다. 이처럼 현장에 오지도 않은 김낙철에게 부안대접주를 임명한 것은 이미 부안지역 일대에서 그가 차지하는 비중이 어느 정도였는지를 가름하게 하는 한 단면이라고 할 수 있다. 오지영, 『동학사』, 83~84쪽.
39 「김낙봉 이력」, 『동학농민혁명국역총서』, 5, 221쪽.
40 교조신원운동 단계부터 남북접이 대립했다는 견해는 국내의 鄭昌烈과 재일연구자 趙景達의 연구가 대표적이다.

다는 점은 피상적인 차원에서 탁상에서 나온 남북접의 갈등 등을 확대하려는 해석이라는 점이다.

3. 부안 지역의 동학농민혁명

19세기말 조선왕조는 봉건적 수탈이 개선될 조짐이 보이지 않는데다가 일본상인으로부터 생활기반이 유린되어 가는 가운데 일본의 군사적 침략 위기마저 증대되는 상황에서 조선의 농민들은 그대로 몰락하여 주저앉든지 아니면 개혁과 저항의 주체로 등장하든지 하는 갈림길에 서 있었다. 이러한 위기적 정국을 눈앞에 두고도 집권 민씨정권은 외세의 틈바구니 속에서 자신들의 정권유지와 봉건적 수탈에만 급급하였다. 농민들의 고통은 더욱 심해졌고, 이럴수록 일본을 비롯한 외국자본은 더욱 농촌경제를 압박하였다. 이제 농민들의 선택은 더 이상 미룰 수 없었다.

이 때 1893년부터 불기 시작한 동학도들의 교조신원운동이 관의 회유와 탄압으로 실패한 가운데 그들의 함성이 들불처럼 번져 나가기 시작했다. 최초로 1894년 1월 10일(음력) 전봉준이 주도한 고부에서의 기포는 그 신호탄이었다. 그것은 고부군수 조병갑의 학정에 대한 저항이었지만 오랜 압제와 수탈을 거부한다는 농민들의 항거였다. 그리고 전국에 "우리가 의를 들어 이에 이르름은 그 본의가 결코 다른 데에 있지 아니하고 창생을 도탄 속에서 건지고 국가를 반석 위에다 두고자 함이다."는 취지의 격문을 날렸다. 탐학한 관리들을 처단하고 중앙의 무능한 정치를 바로 잡는다는 투쟁 목표를 밝힌 것이다. 이에 고무되어 수많은 농민들이 죽창을 들고 몰려왔다. 그리하여 전라도 무장(3월 20일)에서 기포한 농민군은 백산(3월 26-29일)에서 대오를 형성했다. 고부 황토현(4월 7일)에서 관군을 물리

치고, 장성 황룡촌(4월 23일)에서 경군을 격파한 뒤 전주성(4월 27일)에 입성하여 대대적인 개혁을 요구했다.

그러나 집권 민씨정권은 대신들의 반대에도 불구하고 청과의 전통적 사대관계 속에서 청의 군사를 불러 농민들을 진압하고자 했다. 이는 과거 임진왜란 때 명나라의 군사가 파병되어 왜군을 물리친 것과 같은 논리였다. 조선에 대한 종주권을 내세우고 있던 청은 당연하다는 듯 군사를 파병했고, 이런 조짐을 눈치 챈 일본은 청과의 보합 국면을 일거에 뒤바꾸고 조선침략을 본격적으로 시도할 수 있는 다시없는 기회라고 보고 청군 보다 먼저 조선에 상륙하였다. 상륙의 명분은 천진조약에서 이미 확보하고 있었다.

전주화약 이후 집강소를 통하여 폐정개혁에 주력하면서 날로 변해가는 청과 일본의 국제관계를 관망하여 오던 동학군은 일본의 전쟁도발과 청군의 대패로 조선이 완전히 일본의 독점적인 강점 하에 들어가는 현실을 경계하였다. 특히 일본이 일찍이 개화를 말하고 자주와 독립으로 조선을 유인하다 갑자기 대군으로 왕궁을 점령하여 친일정권을 수립하고 청일전쟁을 도발하면서 개혁이라는 미명아래 조선의 정치·경제·사회 모든 면에 걸쳐 파괴와 침략을 자행한 것에 통탄해 마지않았다.

이에 대세를 관망하고 있던 전봉준은 일본군의 침략이 노골화 되자 국가와 운명을 같이할 생각으로 항일구국의 대열을 갖추기로 결심하였다. 그리고 1차 혁명과는 달리 교주인 해월 최시형의 적극적인 동의를 요청했다. 1차 혁명 당시 소극적 지지를 보였던 동학 교주 해월 최시형은 결국 전국의 전 동학조직을 총동원하라는 총기포령을 내리고 남쪽의 지휘자 전봉준을 정식으로 인정하고 북쪽의 지휘자로 손병희를 지명했다. 비로소 남북쪽의 동학도들이 갈등을 극복하고 하나가 되어 본격적인 공동전선을 수립하고 보국안민의 동학이상을 실천하는 길로 나가가게 된 것이다. 이 때가 9월 18일로 비로소 그동안 호남지방에 국한되었던 동학혁명이 경상도와 충청도, 강원도와 경기도 그리고 황해도까지 확대되는 전국적인 혁명으로 이어졌다.

동학군은 일본군을 몰아내려면 조선의 모든 관리나 시장잡배까지도 손을 잡아야 한다고 호소하였다. 이제 동학농민군의 안목은 민족 전역량을 결집시키자는 단계에까지 이르고 있었다. 여기에 호응하는 수많은 애국지사들이 총집결지인 논산으로 달려와 호응했다. 10월 9일 논산에서 합류한 남북의 동학군은 10월 16일 충청도 관찰사에게 격문을 띄워 농민군과 협력하여 항일전선을 공동으로 펼칠 것을 촉구하면서 다시 한번 농민군의 대의를 천명하였다.

이렇게 재봉기한 동학농민군은 논산을 거쳐 공주까지 진격하였으나 공주에서 정부군과 일본군의 연합군에 의해 더 이상 진격하지 못하고 그들의 화력과 신형 무기 앞에 수많은 희생자를 내고서 후퇴하게 되었다. 특히 공주 우금치 전투에서 동학농민군의 피해가 가장 컸다. 후퇴하는 동학농민군은 논산, 원평전투에서 전기를 회복하지 못하고 연합군에 패하고 연이은 복실전투에서도 많은 희생자를 내고 흩어지고 말았다.

전봉준, 김개남, 손화중 등 동학농민혁명군의 지도자들은 모두 체포되어 김개남은 전라감사 이도재의 신문을 받고 정식 재판도 없이 처형되었고, 전봉준은 일본 영사관에서 심문을 받고 일본관리의 입회, 감시 아래 손화중과 함께 재판의 결과로 처형되었다. 그리고 동학혁명의 괴수로 지명 수배되었던 해월 최시형도 1898년 4월 6일 원주에서 체포되어 그해 6월에 처형됨으로써 조선의 근대를 열었던 역사적 사건은 이렇게 종결되었다.

1, 2차에 걸쳐 전개되었던 갑오년의 동학혁명은 조선말기 농민들의 대
표적인 반중세·반봉건운동이었고, 반침략·반제국주의 애국운동이었다.
구체적으로 제1차 동학혁명이 반봉건 반침략의 성격이 복합된 농민운동으
로서 반침략보다는 반봉건적 성격이 더욱 강한 농민혁명운동이었다면 제2
차 동학혁명은 반봉건적 성격도 내포되어 있었지만 반봉건적 성격보다는
일본침략군을 자기의 조국강토에서 몰아내기 위한 반침략적 반제국주의적
성격이 전면에 부각된 민족해방운동이었다. 1, 2차 동학혁명을 통하여 동
학군들은 많게는 무려 60여만 명 적게는 30여만 명의 희생을 치르면서 조
선 땅에 더 이상의 봉건적 잔재를 일소하고 일본침략군을 한반도에서 몰아
내고 '보국안민'과 광제창생을 실현하려한 조선 근대의 최대 사건이었다.

고부에서 기포한 전봉준에 대한 김낙철의 첫 인식은 부정적이었다. 즉
전봉준이 고부에서 동학농민혁명의 첫 기포를 하였지만 김낙철은 적극적
으로 참여하거나 협력하지 않았다. 우선 김낙철은 고부기포의 동향을 파
악하였다.

> 갑오년 3월부터 고부 전봉준이 민요의 장두로서 고부 경내의 인민을 선동한다는 말
> 이 들리므로, 은밀히 그 속을 탐문해 보았더니 외면은 민요의 장두이나 내면은 스스
> 로 동학의 두목이라 부르며 다른 사상을 품고 있었다.[41]

김낙철은 전봉준의 고부기포를 민요(民擾)로 인식하였다. 그리고 그를 진
정한 동학교인이 아니라고 보았다. 그렇기 때문에 전봉준의 고부기포에
대한 동향 파악을 무엇보다도 우선하였다. 그가 파악한 동향은 직접 언급

---

41 「김낙철 역사」, 『동학농민혁명국역총서』5, 168쪽.

하고 있지는 않지만 '다른 사상'으로 우회적으로 표현하였다. 그렇다면 '다른 사상'은 무엇인가. 이에 대해서는 그의 동생 김낙봉은 "고부의 전봉준이 자신의 아버지가 해당 군수 조병갑의 손에 죽은 일을 보복하기 위해 민란을 일으켰다가 마음대로 되지 않아"[42]라고 하여, 아버지의 억울한 죽음에 대한 복수로 인식하였다.

즉, 전봉준의 아버지 전창혁이 고부군민을 대표하여 등소할 때 수장두로 나섰다가 죽음을 맞은 것이다. 이에 전봉준은 억울하게 죽은 아버지의 원한을 갚기 위해 동학 우두머리라 칭하고 민요를 일으킨 것으로 보았다. 즉 김낙철과 김낙봉 형제는 전봉준의 고부기포를 사적 원한을 해소하기 위한 것으로 인식하였음을 보여주고 있다.

이와 같은 인식하에 고부기포의 동향 보고서를 동생 김낙봉으로 하여금 옥천군의 청산 문암리(문바위골)에 있는 해월 최시형에게 전달하였다. 이에 해월 최시형은 "이것도 시운이니 금할 수가 없다"라고 고부기포의 당위성을 인정하였다. 그렇지만 해월 최시형은 김낙봉에게 "너는 형과 상의하여 접의 내부를 정중히 단속하고 숨어 지내는 것을 위주로 하라"고 하면서 답장과 첩지 4천여 매를 주었다.[43] 즉 전봉준에 동조하지 말고 자중할 것을 당부하였다. 이에 김낙철은 관내 각 접에 해월 최시형의 뜻을 전달하고 수도에만 매진하였다.

이처럼 김낙철은 해월의 명령에 따라 자중자애하고 있었지 처음부터 동

---

42 「김낙봉 이력」, 『동학농민혁명국역총서』5, 221쪽.
43 「김낙봉 이력」, 『동학농민혁명국역총서』5, 221쪽. "此亦 時運이니 禁止키 難하다"고 한 해월의 말을 미루어 그동안 해월은 동학군의 기포에 부정적이었다는 인식은 재고되어야 한다. 비록 해월이 적극적인 참여 독려는 안했다 하더라도 최소한 전봉준의 기포를 묵인 내지는 방조하였다고 볼 수 있다. 즉 동학의 도맥을 지켜야 하는 최고 지도자로서의 고뇌를 읽어야 한다는 것이다. 특히 해월은 이미 이필제의 의거로 인하여 크나 큰 피해를 경험했기에 그의 심사숙에는 그 트라우마가 깊숙이 배어있음을 기억해야 한다.

학농민혁명에 참여한 것은 아니었다. 그러나 그해 3월에 무장기포를 마친 전봉준 세력이 백산으로 진출하면서 부안을 들려 김낙철에게 참여를 종용하자 그는 결국 참여하게 된다. 그러나 여전히 김낙철은 전봉준의 무조건 적인 참여에는 반대였다.

> 그러나 뜻밖에 전봉준이 고부성을 무너뜨린 뒤에 각처의 교인을 선동하여 보전하기 어려울 때에 다시 각처의 무뢰배가 전봉준과 김개남의 포에 몰려들어 각읍을 어지럽혔다. 그 때에 부안군수 이철화씨가 향유 및 이호와 상의하고 여러 차례 요청하기를, 고을 일이 어떤 지경이 될지 알 수 없으니 들어와서 성을 지켜 외적을 막아 달라고 했기 때문에 어쩔 수 없이 갑오년 4월 1일 교인 수백 명과 함께 서도 송정리 신씨네 재각에 가서 도소를 설치하였다. 그대에 군수가 향촌의 유생 및 이호와 함께 경내의 호에 배정하고 난 뒤에 다시 부민인 요호에게 배정하였다. 동생 낙봉은 신소능과 함께 부안 줄포에 도소를 설치하였다.[44]

이 글에 의하면, 전봉준이 무장에서 기포한 후 부안으로 진출하자 부안 군수 이철화는 김낙철에게 도움을 요청하였다. 이에 김낙철은 4월 1일 교인 수백 명과 함께 송정리에, 그리고 동생 김낙봉은 줄포에 도소를 설치하였다.

김낙철이 도소를 설치한 이틀 후인 4월 3일 전봉준과 손화중은 동학군 4천여 명을 이끌고 부안으로 들어와 군수 이철화를 처형하고자 하였다. 이에 김낙철은 손화중을 설득해 처형은 이루어지지 않았다. 이처럼 김낙철이 동학군의 진출 자체를 부정하지는 않았지만 일방적인 살생에는 반대한 것이다. 그리고 김낙철이 손화중에게 부안을 자신에게 맡겨줄 것을 요구하였을 때 손화중은 부안에서도 호응한다면 그렇게 하겠다고 하였다.

이에 김낙철은 "나도 갈 터이니 진을 옮기라"고 하여 동학농민혁명에 동참하였다.[45] 이후 김낙철, 김낙봉 형제는 전봉준, 손화중과 함께 고부로 진출하여 황토현 전투에 참여하였다. 그렇지만 황토현 전투 이후 김낙철과 김낙봉 형제는 더 이상 전봉준, 손화중과 연대하지 않고 부안으로 돌아왔다.[46]

이 같은 김낙철의 제1차 혁명 참여는 전봉준의 기포에 호응하는 형태를 취하긴 했으나, 도소 설치 이후 그는 부안 농민군을 이끌고 전봉준의 농민군과는 '독립적인' 행동을 취하고 있었다. 즉, 부안현 관내만 장악하여 치안을 유지할 뿐 타지역으로 이동하거나 전봉준의 농민군에 합류하지는 않았다. 이처럼 김낙철이 지휘하는 부안 농민군이 전봉준이 이끄는 농민군 본대와 '독립적으로' 행동한 데는 그 나름의 이유가 있었다. 김낙철이 전봉준이 이끄는 농민군과 별개로 행동한 이유는 다음과 같다.

첫째 해월로부터 '자중하라'는 지시를 받은 것이 하나의 이유가 되었으며, 둘째 동학의 독특한 조직 체계인 포접제가 지닌 특성에서 기인한다고 할 수 있다. 즉 동학의 포접 조직은 각각 철저하게 독립적이며 자치적 성격을 가진 조직이었다. 따라서 각각의 포접을 이끄는 지도자, 즉 대접주나 접주는 오직 동학의 최고 지도자인 해월의 지시와 명령에만 귀 기울일 뿐, 다른 포접의 대접주나 접주와는 독립적이며 대등한 관계를 유지하고 있다는 점이 그것이다.[47]

셋째는 백산대회에서 정해진 동학농민혁명의 기본 강령인 "첫 번째 항,

---

45 「김낙봉 이력」, 『동학농민혁명국역총서』5, 224~225쪽.
46 「김낙봉 이력」, 『동학농민혁명국역총서』5, 225쪽. 그러나 기행현의 『홍재일기』에는 부안동학군도 전주성 입성에 함께 했으며 5월 9일에 부안으로 돌아갔다고 기록되고 있어서 추후의 확인이 필요하다. 『홍재일기』1894년 5월 9일.
47 박맹수, 「김낙철계의 동학농민군 활동과 갑오 이후의 동향」, 『동학학보』17, 2009, 6 참조.

사람을 죽이지 않고 재물을 손상시키지 않는다"는 정신에 철저하고자 했음이다.[48] 이미 혁명의 전선에 들어선 전봉준 등 동학농민군의 잘못된 일탈행위를 목격한 김낙철은 당연히 그들의 노선을 일방적으로 따를 수가 없었을 것이다.

1차 기포가 종결된 전주화약 이후 전라도 지역을 중심으로 형성된 집강소는 관민상화에 입각한 통치가 이루어졌다. 김낙철은 기왕에 도소를 설치한 두 곳에 집강소를 설치하였다.[49] 그러나 부안의 집강소는 다른 지역보다도 훨씬 농민군이 각 고을의 수령이나 재지사족(在地士族)과 연합하여 설치하는 타협적 집강소이다. 이 타협적 집강소는 농민군의 역량이 해당고을의 수령이나 향리 세력, 또는 재지사족의 반발을 완전히 압도할 만한 충분한 힘이 없을 때 농민군들이 해당 고을의 수령 및 향리세력, 재지사족들과 일정하게 타협하여 설치한 집강소를 말한다. 이 집강소는 갈등관계가 노출되기 보다는 진정한 관민상화와 민중자치가 이루어지는 모범적인 집강소 운영이었다고 볼 수 있다.[50] 따라서 그기간 동안 부안지역에서는 질서가 잘 잡히고 오히려 더욱 편안한 일상이 지속되었을 뿐 아니라 타 지역민의 구휼에까지 나섰다고 한다.[51] 이는 전적으로 부안의 김낙철 대접

---

48 백산대회에서 정해진 4대 기율은 1. 不殺人 不殺物(사람을 죽이지 않고 재물을 손상시키지 않는다) 2. 忠孝雙全 濟世安民(충효를 함께 갖추어 세상을 구제하고 백성을 편안하게 한다)
3. 逐滅倭夷 澄淸聖道(일본 오랑캐를 구축하고 성인의 도리를 맑고 깨끗하게 한다)
4. 驅兵入京 盡滅權貴 大振紀綱 立定名分 以從聖訓(군사를 이끌고 서울로 가서 권귀를 없애며, 기강 을 크게 떨치고 명분을 바로 세워 성인의 가르침을 따른다)이다. 鄭喬, 『大韓季年史』
49 西道面 松亭里(현재의 부안군 행안면 송정리)와 줄포(茁浦) 두 곳이다.
50 그러나 양반 입장에서 기술한『홍재일기』에 의하면 부안군에서도 동학도들의 횡포로 인하여 피해가 컸다고 기술하고 있다. 이는 그동안 핍박의 대상이었던 농민 등 민중계층의 원망에 기인한 것이 일차적 원인이엇으며 또 이러한 분위기에 편승한 불만세력 등이 동학을 핑계로 위세를 부린 측면이 있었을 수 있다. 그러나 무엇보다도 양반층의 상대적 박탈감으로 인한 사시의 눈초리가 부정적인 기술에 주안을 두었을 것으로 사료된다. 근본적으로 집강소는 관민화합과 화해를 바탕으로한 자치적 행정기구로서의 역할에 충실한 기구였다.
51 김낙철은 제주도 유민들을 구제하였다. 제주도는 1893년과 1894년 두해동안 가뭄이 들어 매우 어려운 상황에 처하였다. 제주도민들은 호남지역 각 포구로 나가 식량을 구하려고 하였지

주의 신뢰와 덕망 덕분이었다.

해월 최시형이 9월 18일 총기포령을 내리자 김낙철은 부안에서 기포하였다. 당시 부안에서 기포한 동학지도자는 김석윤, 신명언, 강봉희, 신윤덕, 이준서, 신규석 등이 있다. 소위 2차 기포에서 전봉준은 어떻게 해서든 김낙철을 참여시키려 했다. 즉 [전봉준판결선고서]에 의하면 그를 동모자 중 한명으로 언급하고 있다. 전봉준이 거론한 동모자는 대부분 지역의 대표적 동학접주였다. 부안 지역을 대표해서는 김낙철과 함께 의논해서 거사를 일으킨 것이라는 것이었다.[52]

그러나 전봉준의 구애와 해월의 최종 명령에도 불구하고 김낙철 등은 호남과 호서지역 동학군이 연합전선을 형성하는 논산으로 가지 않고 독자적으로 부안에 남아서 설치된 집강소에서 폐정개혁을 계속 수행하고 있었다. 김낙봉이력에는 이 부분을 이렇게 설명하고 있다.

十月에 郡守 尹始永씨가 新莅하여 舍伯(형님의 존칭으로 김낙철을 지칭함;주)을 대하여 言하기를 此處에 와 探問한 즉 一境人民이 君의 德으로 圖生하였으니 自此로 有한 事는 我가 擔當하고 濁亂軍의 禁止는 君이 擔當하라하기로 彼此 義가 自別하게 지내더니[53]

즉 김낙철은 전봉준 부대와 손병희 부대가 합류하는 논산으로 올라가지 않고 부안에 남아서 "탁난군의 금지" 그러니까 부안지역의 치안유지에 전

만 오히려 자신들의 물건을 빼앗기는 경우가 더 많았다. 그런데도 불구하고 줄포에서 식량을 구하던 제주도 유민들을 보살펴 주었던 것이다. 이들은 훗날 김낙철이 옥중에 있을 때 구명운동을 하기도 하였다. 「김낙철 역사」, 『동학농민혁명국역총서』5, 178-179쪽.

52 박맹수, 앞의 글 참조.

53 「김낙봉 이력」, 『동학농민혁명국역총서』5, 225-226쪽. "10월에 군수 윤시병씨가 새로 부임해서 형에게 말하기를 "이곳에 와서 탐문해보니, 온 경내의 인민이 그대의 덕으로 살게 되었다고 한다. 위로부터 하는 일은 내가 맡을 것이니 탁란배의 금지는 그대가 담당하라고 하여 서로간에 의리가 자연히 특별하였다."

념하였다는 것이다. 이는 해석에 따라서는 비겁한 모습으로 보일 수 있지만 모두가 다 전선에 설 수는 없는 것이고 누군가 후방의 책임을 맡아야 하는 것이라면 당시 군민의 절대적 신뢰를 받고 그리고 일정정도 사족층과 관료들에게도 신임이 있던 김낙철이야말로 최적임자가 아니었을까 하는 추측이 가능하다. 여하튼 분명한 사실은 부안지역은 동학농민혁명기간 내내 상대적으로 평온한 상태를 유지하였다는 것이다. 더욱이 부안은 동학농민혁명의 발발지인 고부, 총집결지인 백산과는 바로 이웃이자 한 동네 같은 지역이었음에도 불구하고 말이다.

동학농민혁명이 끝나갈 무렵인 12월 12일 김낙철과 김낙봉 형제는 일경에 피체되었다. 동학농민혁명 과정에서 부안부 접주로 활동하였던 것이 널리 알려졌기 때문이었다. 체포 당시 실제적으로 관군과 일본군과의 전투에 직접적으로 참여하지 않았던 김낙철은 쉽게 처리될 것으로 생각하였다. 그러나 동학을 토멸하고자 하였던 일본군들은 김낙철, 김낙봉 형제를 피체한 후 부안을 거처 나주감옥에 가두었다. 그리곤 전주로 압송하기 위해 김제-고부-정읍-장성-나주 북창점-장성을 거쳤지만 1895년 1월 3일 다시 나주옥에 감금되었다. 이때 전봉준, 손화중, 이방언 등도 함께 있었다. 나주옥에서 6,7일을 묵은 뒤 김낙철 형제는 장성-정읍-금구-전주-여산-노성-공주-천안-수원을 거쳐 서울에 도착 진고개에 있는 일본 순사청에서 신문을 받은 후 감옥소에 이감되었다. 이곳에서 4,5차례 더 조사를 받은 후 3월 21일 김방서, 이방언과 함께 풀려났다.[54] 김낙철 형제가 무사히 풀려날 수 있었던 것은 전술한 제주도민의 구명운동도 적지 않은 영향을 주었다.[55]

---

54 「김낙철 역사」, 『동학농민혁명국역총서』5, 169-174쪽.
55 「김낙철 역사」, 『동학농민혁명국역총서』5, 180쪽.

4. 결론-김낙철과 전봉준 노선의 차이

고향에 돌아온 김낙철은 1896년 2월 9일 부안 하동면 신성리로 이거하여 동학조직을 재건에 전력하였다. 그에 앞서 1895년 7월 임실의 김학종을 통해 해월 최시형을 비밀리에 만나 본 김낙철은 1896년 4월 상주 고대촌에 머물던 해월 최시형을 찾는 등 꾸준히 동학교단을 찾아 가르침을 받았다. 1890년대 후반 들어 동학교단은 구암 김연국, 의암 손병희, 송암 손천민 삼암이 교단을 실질적으로 이끌었는데, 김낙철은 구암 김연국을 따랐다. 그러나 최후에는 구암 김연국과 결별하고 천도교로 돌아와 의암 손병희를 따랐다.[56]

김낙철은 1898년 1월 4일 원주 전거론에서 해월 최시형과 동학의 지도부가 관군의 급습을 받아 위기에 처했을 때, 스스로를 해월이라고 위장해서 체포당하기까지 했다. 그가 해월을 대신하여 체포됨으로써 동학의 명맥을 살려 놓은 이야기는 너무나 유명하다. 김낙철은 체포당한 당시의 심정을 "만약 내가 피해 가버리고 저들이 다시 와서 선생님(해월 최시형-필자)과 구암 및 의암, 그리고 여러 사람이 모두 잡아간다면 도가 없어질 것이다. 다시 생각해서 마음을 정하였다. 나라를 위해 죽는 신하와 선생을 위해 죽는 제자가 마찬가지이다"[57]라고 하였다. 즉 스승인 해월 최시형을 위해 자

---

56 19006년 일진회를 이끌던 이용구 등 62명이 천도교로부터 출교 당하자 시천교를 설립하였고 김낙철의 연원주인 구암 김연국이 이용구를 쫓아 시천교로 가자 김낙철도 시천교에 합류하였다. 이용구의 사후 시천교는 송병준의 시천교와 김연국의 시천교로 다시 분화될 때 김연국의 시천교에서 활동하였다. 그러나 1914년 11월 그믐 "잘못했구나. 잘못이로다! 나의 출신이여. 의암 선생은 바로 해월 선생의 정통연원이고 3명 중에 주장의 임명을 받았다. 내가 이제 정통 주장의 연원으로 갈 것이다"라고 하면서, 정갑수를 불러 지난날의 상황을 설명하였다. 그리고 정갑수로 하여금 김낙철의 심정을 전달게 했다. 의암 손병희의 양해 아래 김낙철은 구암의 시천교와 절교하고 천도교에 귀의하였다. 1915년 2월 3일 의암 손병희를 찾아 전수식을 갖고 천도교에 복귀한 김낙철은 종교적 수행에 전념하다 1917년 12월 22일(60세) 생을 마쳤다.
57 『김낙철 역사』, 『동학농민혁명국역총서』5, 187쪽.

신의 목숨을 희생하기로 각오할 정도로 독실하고 신실한 도인이었다.

이런 그가 동학농민혁명기에 혁명의 최전선에 섰던 전봉준 노선과는 다른 노선 즉, 온건한 노선을 걸었다. 전봉준의 급진적 변혁보다는 점진적 변혁의 길을 모색한 것이다. 이는 전적으로 그의 평소 자세와 몸가짐에서 나온 것으로 추측된다. 언제나 자신보다도 주변을 배려하고 공동체 의식이 남달랐던 김낙철이었다.

특히 동학농민혁명기 전봉준 노선과 다른 길을 걸었던 김낙철을 두고 이를 확대해석해 남북접의 갈등이라는 등으로 하는 것은 경계해야 한다. 동학농민혁명시기의 남북접에 대해 천착한 삼암 표영삼 선생님의 연구에 의하면

"북접 호칭의 유래를 보면 신사(해월 최시형)가 북도중주인(北道中主人)으로 임명받음으로써 비롯됐다. 『도원기서(崔先生文集道源記書)』[58] 1863년 7월 23일조에 보면 북도중주인의 직책을 신사에게 임명한 경위가 기록되어 있다. "선생은 갑자기 파접(罷接) 날짜를 7월 23일로 정했다.… 때마침 최경상이 찾아와 상담한 후 북도중주인으로 특별히 정했다"고 했다.

동학의 포교가 1863년 가을부터 급속히 늘어나자 대신사는 그 많은 접주들을 직접 지도하기가 어렵게 됐다. 대안으로서 일부 지역을 신사에게 맡기기로 했다. 그리하여 7월 23일에 북도중주인이란 직책을 신사에게 임명했다."[59]

---

58 표영삼 선생은 도원기서의 문제점을 다음과 같이 들며 그 기록은 분명 문제가 있지만 그럼에도 일정정도 참고할 것은 있다고 한다. 문제점은 첫째, 도원기에는 신미년(포덕12년) 3월10일, 이필제가주관한 대신사 신원운동에 해월신사가 가담한 사실이 기록되어 있으므로 당분간 이를 세상에 알리지 않게 함이요, 둘째는 도원기의 내용이 미비하다는 점이다. 포덕6년부터 20년까지의 기간에 일어났던 것을 기록하였으나 가장 중요한(포덕 5년까지는 최선생문집에 이미 기술되어 있었음) 일시와 장소가 많이 빠져있으며 특히 해월신사의 법설은 전혀 없다. 그리고 교중 중요간부들의 활동보다는 강수 자신에 관한 기록에 편중된 감이 없지 않다 등이다. "예천군 수산리", 『신인간』, (1981. 1월호)
59 표영삼, "접포 조직과 남북접의 실상"(1995년 8월–9월호, 540-541); "남·북접의 실상"(1998년 9월호, 577))

이처럼 해월에게 전수된 북도중주인이 어느날 북접으로 문서화 된 것이 오지영의『동학사』였다. 오지영은『동학사』에서 '남·북접설은 수운 선생 당시에 우연히 생겨 나온 말이며, 해월 선생 사는 곳이 북쪽이 되어 북접이라 불렀던 것이라"고 했다. 이를 보면 마치 동학 초기부터 남·북접설이 있었던 것으로 인식되기 십상이다. 실제로 남접이란 조직이 해월이 이끌던 북접에 대비되는 독자세력이었다면 도대체 남접의 임첩을 준 인물은 누구인가를 묻지 않을 수 없다. 즉, 교주의 임명장과 같은 임첩을 내릴 수 있는 남접의 지도자가 존재했던가이다. 실제로 남접의 대표라고 할 수 있는 전봉준은 스스로 고부접주였다고 할 뿐이었으며 서인주는 황현에 의해 서포의 우두머리라고 평가되었지만 1892년 공주 삼례교조신원운동 이후 일체 등장하지 않고 있다. 서장옥 역시 충청도 좌도의 우두머리라고 판결선고문(1900. 9)에 기록될 정도였지만 동학농민혁명기의 활동은 미미할 뿐이었다. 따라서 전봉준이 공초에서도 말했듯 모든 교인에 대한 차출은 오직 해월 한 사람만의 권한이었던 것이다.

교조신원운동 당시부터 북접과 남접이 갈등이었다는 등의 논리는 매우 허구적이라는 지적이다. 더욱이 논산 결집이후로는 남북접의 구분조차 사라져 버렸음이 이미 증명되고 있다. 김낙철의 노선이 온건했다고 해서 마치 북접의 전체가 동학농민혁명을 거부한 세력으로 몰아세우는 것은 잘못이다.

김낙철은 부안의 양반가 출신이었다. 당연히 어린 시절부터 사서삼경 등 고학문을 익혔을 것이지만 퇴락하는 성리학적 세계관과 점증하는 외세에 대응할 수 있는 새로운 문명적 대안을 모색했고 그 때 등장한 것이 동학이었을 것이다. 특히 동학이 가지고 있는 만민평등의 시천주한 우주 질서의 회복은 그의 꿈이었을 수도 있다. 그래서 입도한 뒤로 그의 수련생활에 맹진하고 또 많은 포덕을 하여 수만의 도인들을 거느리는 대접주에 이를 수 있었다. 짧은 기간에 수많은 포덕자를 낸다는 것은 그만큼의 덕과 깊이가 있었고 평소의 군민들의 신뢰가 있었기에 가능한 일이다.

상대적으로 평안했고 여유로웠던 특히 탐관오리가 아니었을 부안군수 이철화의 치하에 있던 부안의 김낙철이 이웃인 고부에서 조병갑의 학정에 기포한 전봉준을 부정적으로 바라다보는 것은 어쩌면 당연한 것일 수도 있다. 그러나 급히 해월에게 상황보고서를 올리고 지시를 받고자 한 것은 당시의 시대상이나 붕괴되는 세계관에 대한 우려 때문이었을 것이다. 즉 부안과 달리 가렴주구를 일삼던 고부군의 심각성을 익히 알고 있었고 또한 마음에는 들지 않았지만 그래도 전봉준의 기포를 십분 이해하는 입장이었을 것이다.

예상대로 해월의 지도는 전봉준의 의거에 대한 반대가 아닌 묵시적 동조이면서 김낙철에게는 자중하라는 것이었다. 그러니까 부득이 따르데, 적극적으로 나서지는 말라는 의미였다고 판단했을 듯싶다. 그래서 김낙철은 전봉준의 1차 기포때나 2차 기포 때나 모두 소극적 참여에 머물렀다고 할 수 있다. 오히려 그가 빛난 현장은 집강소 활동이었다. 적극적으로 나서서 관리와 농민들의 사이에서 가교 역할을 하면서 갈등을 극복하고 관리들과 양반층의 불안감을 해소시키고 농민들의 상처를 위무하는 행위가 그것이었다. 특히 빈민 구휼에 적극 나서서 혁명의 와중에 소외되고 희생되는 백성을 구제하는 데에 전력을 기울였다. 멀리 제주도민들까지 구휼한 그의 행적을 미루어 부안군의 관민들에게 했을 그의 활동이 미루어 짐작이 된다.

혹자는 김낙철의 이러한 행동을 두고는 높은 종교성의 발휘였다고 평하기도 한다. 그러나 당시의 시국의 위중함 앞에서 전봉준의 기포와 혁명적 활동이 상대적으로 평가절하 되어서는 안된다고 본다. 동전도 양면이 있듯이 강이 있으면 온이 있고 동이 있으면 정도 있어야 한다. 전봉준 노선은 확실하게 강했고 동적이었다. 그에 비하여 김낙철의 노선은 온건했으면 정적이었다. 그렇다고 김낙철이 온건하기만 하고 정적인 인물이었다고 평할 수는 없다. 그는 누구보다도 강했고 과감했고 용기 있었던 인물이었다.

즉, 그는 전봉준이 고부에서 기포할 때 즉시 해월에게 보고하고 대책을 얻을 정도로 주도면밀하였고 전봉준의 대의명분에 동조해서 굳이 기포하지 않아도 될 정도의 부안 지역이었지만 주저 없이 기포하여 전봉준 부대에 합류했다. 그가 황토현 전투에까지 참여한 것이 이 사실을 방증하는 행동이었다. 그리고 전주화약 이후의 집강소 활동에서는 어느 지역보다도 활발하게 관민상화와 민중자치를 실현한 인물이었고 제주도민을 구휼한 그의 행동은 지역을 넘어서 휴머니티의 극치였다. 이른바 모든 사람이 한울님을 모셨다는 시천주이자 사람 대하기를 하늘대하듯 하라는 사인여천의 스승님 가르침을 실천한 참된 선각자의 모습이었다.

동학농민혁명의 2차 기포 때 역시 해월의 명령에 따라서 기포한 그는 비록 논산, 공주로 가지는 않았지만 결코 전봉준 노선에 반대한 것은 아니었다. 나주지역을 방어해야 했던 손화중이나 남원지역을 중심으로 청주지역을 거쳐 서울로 향하려 했던 김개남 부대처럼 그의 역할도 부안 지역을 지키는 것이었다. 그는 자신의 역할에 충실했고 또 훌륭하게 완수해 낸 인물이었다.

스승인 해월 최시형을 구하기 위해서 목숨까지 버릴 정도로 스승을 존경했던 그가 해월의 순도 이후 교단의 갈등에 잠시나마 휩싸였지만 곧 회복해 교단의 중심으로 자리 잡았다. 그가 중심을 잡았기에 오늘 호남 부안의 동학이 정착하고 제대로 뿌리 내릴 수 있었다는 점을 결코 잊어서는 안된다. 오늘 부안군에서는 그의 호를 따서 용암로(龍庵路)를 만듦으로서 그의 행적을 기리고 있다.

참고문헌

「김낙봉 이력」, 『동학동민혁명국역총서』 5
「김낙철 역사」, 『동학농민혁명국역총서』 5
「부안에서의 동학」, 『부안독립신문』 2009년 5월 5일
「여산종리원연혁」, 『천도교회월보』 203, 1927.11.
「익산종리원연혁」, 『천도교회월보』 189, 1926.9.
「전봉준공초」
「天宗列賢錄」, 『구악종보』 2, 1914.7.
『고종실록』
『남원군동학사』
『남원군종리원사』
『동학도종역사』
『東學推考』
『수록』
『시천교종역사』
『시천교종역사』
『용암성도사역사약초』
『주한일본공사관기록』 1
『천도교서』, 1920. 4.
『천도교임실교사』
『천도교회사초고』
『해월선생문집』
『홍재일기』
박문규, 『석남역사』
장봉선, 『전봉준실기』, 1936.
鄭喬, 『大韓季年史』

파계생, 「전라도고부민요일기」
황현, 『오하기문』

박맹수, 「敎祖伸寃運動期參禮集會에대한再檢討」, 한국독립운동사연구 28(독립기념관
　　한국독립운동사연구소, 2007)
박맹수, 「김낙철계의 동학농민군 활동과 갑오 이후의 동향」, 『동학학보』 17, 2009. 6.
박맹수, 『사료로 본 동학과 동학농민혁명』, 모시는사람들, 2009
박래홍, 「전라행」, 『천도교회월보서』 통권제167호(1924년 8월호)
오지영, 『동학사』, 영창서관, 1938
표영삼, "예천군 수산리", 『신인간』, (1981. 1월호)
표영삼, "접포 조직과 남북접의 실상", 『신인간』, 1995년 8월–9월호
표영삼, "남 · 북접의 실상", 『신인간』, 1998년 9월호.
표영삼, 『동학』2, 통나무, 2005
허철희, 「동학대접주 용암 김낙철」, 『부안21』, 2003.1

『홍재일기』를 통해 본 부안지역 동학과 동학농민혁명

성주현(1923 제노사이드 연구소 부소장)

『홍재일기』를 통해 본 부안지역 동학과 동학농민혁명*

1. 머리말

　부안은 동학농민혁명의 첫 기포지인 고부와 인접한 곳으로 동학농민혁명 당시 적극적으로 참여한 바 있다. 1894년 1월 10일 고부에서 동학농민혁명이 시작되자 그 영향은 부안에도 미쳤다. 1890년대 초반 부안에 전래된 동학은 김낙철, 김낙봉 형제의 입교와 포교로 교세가 확장되었으며, 전봉준의 고부기포는 곧바로 부안에 전해졌다. 뿐만 아니라 동학농민군의 활동과 백산대회 등 동향에 대해서도 전해졌다. 이후 부안지역의 동학 조직은 동요하기 시작하였고, 관에서는 동학농민군에 대항하기 위해 수성군을 모집하는 등 분주한 상황이 전개되었다. 결국 동학농민군은 부안관아를 점령하고 집강소를 설치하는 등 활발하게 혁명대열에 적극 참여하였다.

　이와 같은 동학농민혁명 당시 부안지역에서의 동향은 최근 발견된 『홍재일기』를 통해서 확인할 수 있다. 『홍재일기』는 부안군 남하면(현 주산면) 홍해마을에서 거주한 기행현이 1866년부터 1911년까지 쓴 일기이다. 기행현은 조선후기 유학자로 이름이 알려진 기대승의 집안으로, 기대승 아버지 기진의 11세 손이다.[1] 기행현이 쓴 『홍재일기』는 개인의 일상과 교우

*　이 글은 『부안의 동학농민혁명과 민족운동』(부안동학농민혁명기념사업회·전북대학교 이재연구소, 2020)에 게재하였던 『홍재일기』를 통해본 부안지역 동학과 동학농민혁명을 보완한 글

관계, 들려온 견문, 중앙의 민정과 각종 부세 행정, 미곡가를 비롯한 생필품의 물가 등 세세하게 기록하고 있다. 이러한 기록 중 부안지역의 동학과 동학농민혁명, 그리고 이후 동학 세력의 동향에 대해서도 비교적 자세하게 언급하고 있다. 그중에서도 논란이 되었던 백산대회에 대해서도 자신이 목격하고 들은 바를 가감 없이 기록하였다. 이러한 점에서『홍재일기』는 부안지역 동학과 포교와 교세의 확장, 동학농민혁명 당시 부안지역의 동향, 그리고 동학농민혁명 이후 동학 세력의 흐름에 대해서 어느 기록보다 중요한 사료적 가치가 있다고 할 수 있다.

그동안 부안지역의 동학농민혁명에 대한 연구 성과는 어느 정도 이루어진 바 있으며,[2] 새로 발굴된『홍재일기』를 기반으로 한 연구도 없지 않다.[3] 이들 연구는『홍재일기』의 발견 이전과 이후 상당한 차이를 보이고 있다. 발견 이전의 연구는 주로 김낙철 김낙봉 형제의 자료[4]를 기반으로 하였으며, 이후는『홍재일기』의 내용만 분석하였다는 한계가 있다. 이에 따라 본고에서는 기존의 자료와『홍재일기』를 통해서 부안지역의 동학과 동학농민혁명, 그리고 이후 동향에 대하여 추적해보고자 한다.

임을 밝혀둔다.

1 『홍재일기』와 기행현이 가계에 대해서는 김철배, 「『홍재일기』로 본 19세기 부안의 사회상과 동학농민혁명」, 『부안의 동학사상과 동학농민혁명』(부안 정명 600주년 기념 동학농민혁명 학술대회 자료집), 동학농민혁명백산봉기기념사업회, 2016를 참조할 것.

2 성주현, 「동학농민혁명과 백산의 의의」, 『동학농민혁명과 부안』, 부안문화원, 2011; 성주현, 「용암 김낙철과 부안지역 동학」, 『동학농민혁명과 부안』, 부안문화원, 2011; 윤석산, 「해월 최시형의 호남 포덕과 부안의 동학」, 『부안의 동학사상과 동학농민혁명』(부안 정명 600주년 기념 동학농민혁명 학술대회 자료집); 노용필, 「도소의 유형별 사례에 비춰본 1894년 부안 동학도소의 실상」, 『부안의 동학사상과 동학농민혁명』(부안 정명 600주년 기념 동학농민혁명 학술대회 자료집); 임형진, 「부안지역의 동학과 김낙철」, 『부안의 동학사상과 동학농민혁명』(부안 정명 600주년 기념 동학농민혁명 학술대회 자료집) 등이 있다.

3 김철배, 「전라도 부안 士族 奇幸鉉의 『鴻齋日記』와 19세기 후반기 부안의 경제사정」, 『전북사학』 46, 전북사학회, 2015; 이선아, 「19세기 부안 儒生 奇幸鉉의 『鴻齋日記』와 동학농민혁명의 실상」, 『동학학보』 50, 동학학회, 2019.

4 김낙철과 김낙봉의 자료는 『김낙철 역사』와 『김낙봉 이력』이 있다.

2. 동학의 포교와 교세의 확장

수운 최제우는 1860년 4월 5일(음) 동학을 창명하였지만 포교를 한 것은 이듬해인 1861년 6월 이후였다. 당시 조선 정부는 성리학을 기반으로 한 통치 이데올로기였기 때문에 성리학 이외에 대해서는 강력하게 탄압하였다. 동학을 이단 또한 사학으로 본 조선 정부는 동학을 탄압하였지만 교세는 크게 확장되었으며, 1862년 12월 경주를 포함한 경상도, 경기도 일부 지역에 접주를 임명하는 접주제를 시행하였다.[5] 그렇지만 당시만 해도 호남지역에는 동학이 전래 되지 않았다.[6]

호남지역에 동학이 본격적으로 전래된 것은 해월 최시형이 익산 사자암에서 특별기도를 한 이후였다. 부안지역에 동학이 전래된 것은 1890년 초반이었다. 『홍재일기』 1890년 7월 29일조에 의하면, "동학의 설이 크게 일어났다"라고 기록한 바 있다. 이는 이 시기 부안 일대에 상당한 동학 세력이 형성되었음을 알 수 있다.

부안에서 동학에 처음으로 입도한 사람을 현재 확인된 기록으로는 김낙철과 김낙봉 형제이다. 김낙철은 1858년 현 전북 부안군 부안읍 봉덕리 쟁갈마을에서 태어났다. 쟁갈마을은 안쟁가리, 용성리, 새멀, 송학동 등 네 개의 마을로 형성되었는데, 김낙철은 새멀에서 산 것으로 추정된다. 김낙철의 본관은 부안이며, 자는 여중(汝仲), 도호[7]는 용암(龍菴)이었다.[8] 부안에서 1천여 년을 넘게 터를 잡은 김낙철 집안은 명문고족이었으며, 선대

---

5 윤석산 역주, 『초기 동학의 역사 도원기서』, 신서원, 2000, 67~68쪽.
6 호남지역에 동학이 처음으로 전래된 것은 수운 최제우가 1860년 말경 남원 은적암에 머물 때였다. 그렇지만 수운 최제우가 1963년 3월 10일 교형을 받은 후 계승되지 않았다.
7 '道號'는 동학교단에서 사용하는 호이다.
8 김낙철에 대해서는 성주현, 「용암 김낙철과 부안지역 동학」, 『동학농민혁명과 부안』, 부안문화원, 2011을 참조할 것.

에 5대째 독자로 내려오다가 김낙철 아버지 대에 이르러서야 형제를 둘 정도로 자손이 귀한 집안이었다.[9] 집안은 '하인이 수십 명이었다'고 전해올 정도로 천석꾼이었다고 한다.[10] 삼형제 중 장남인 김낙철은 동생 김낙봉과 함께 경인년 즉 1890년 6월 7일 동학에 입도하였다. 10일 후인 6월 17일 막내 동생 김낙주, 그리고 종제 김낙정과 김낙용도 함께 동학에 입도하였다.[11]

부안 명문고족으로 알려진 김낙철 형제들이 동학에 입도함에 따라 부안 일대에 동학의 교세가 크게 확장되어 갔다. 동학에 입도한 김낙철과 형제들의 적극적인 포교로 1891년 3월에 이르러 따르는 교인이 수천 명이 되었다고 한다.[12] 이러한 상황에 대해 『홍재일기』 1891년 7월 24일 일기에는 1년 전과 같이 '동학이 크게 일어났다'[13]고 하였으며, 9월 8일에는 동학의 주문을 외일 정도로 부안지역에 동학이 큰불처럼 번졌다.[14] 동학의 교세가 점차 확산됨에 따라 위기의식을 느낀 유림 세력은 부안향교 청금안[15] 중에서 동학을 믿는 교인들을 찾아 명단에서 삭제하였다.[16] 이로 볼 때 유림 중에서도 상당한 인물들이 동학에 입도하였음을 알 수 있다.

향교에서 동학을 배척하였음에도 교세가 점차 확산되었고, 관과 유림은

---

9 「김낙봉 이력」, 『동학동민혁명국역총서』 5, 동학농민혁명참가자명예회복심의위원회, 2009, 220쪽.
10 허철희, 「동학대접주 용암 김낙철」, 『부안21』, 2003.1; 「부안에서의 동학」, 『부안독립신문』 2009년 5월 5일자; 박맹수, 『사료로 본 동학과 동학농민혁명』, 모시는사람들, 2009, 174쪽. 「김낙봉 이력」에는 "아버지 대에서 형제분이 나와 맨손으로 집안을 이루어 몸소 수만 환(圜)의 재산을 이루었다"라고 하였다.
11 『天宗列賢錄』, 『구악종보』 2, 1914.7, 61쪽; 「김낙철 역사」, 『동학농민혁명국역총서』 5, 167쪽.
12 「김낙철 역사」, 『동학농민혁명국역총서』 5, 167쪽; 박맹수, 『사료로 보는 동학과 동학농민혁명』, 174쪽.
13 『홍재일기』 1891년 7월 24일.
14 『홍재일기』 1891년 9월 8일.
15 '靑衿案'은 향교에 적을 두고 있는 양반 유생의 명단을 기록한 책이다.
16 『홍재일기』 1891년 9월 15일.

동학을 탄압의 대상으로 삼았다. 특히 이 시기 호남과 충청지역에 동학이 크게 일어났으며 관리의 지목이 심하여 동학교인들은 편안하게 지낼 수가 없었을 뿐만 아니라 생명과 재산을 부지하기 어려울 정도였다.[17] 부안 관아는 치안을 유지한다는 명분으로 동학교인을 잡아들였고, 동학교인들은 죄를 면하기 위해 300냥을 바쳤다.[18] 뿐만 아니라 동학교인을 적발하라는 회문을 향교에 보냈다.[19] 이처럼 동학교인은 토색의 대상으로 전락하였지만, 교세는 점점 조직화되어 1892년 말경에는 공주와 삼례에서 신앙의 자유를 요구하는 교조신원운동을 전개하였다. 부안지역의 동학교인은 참가하지 않았지만, 공주와 삼례에서 전개되었던 교조신원운동의 소식이 부안까지 전해졌다.[20] 『홍재일기』에 의하면 동학교인들이 제출한 의송장 즉 의송단자를 보았다고 기록하였다.[21]

그렇지만 1893년 1월 광화문 앞에서 전개한 교조신원운동에는 부안지역 교인들도 참가하였다.[22] 광화문 교조신원운동에 참가한 동학교인 박문숙[23]은 고종의 답신에 대해 기행현에게 전해주었는데, 그 내용은 다음과 같다.

---

17 오지영, 『동학사』, 영창서관, 1938, 70쪽.

18 『홍재일기』 1892년 7월 19일.

19 『홍재일기』 1892년 8월 11일.

20 『홍재일기』 1892년 10월 30일. 『김낙봉이력』에 의하면 "임진년 서장옥이 교조신원운동을 할 때 성훈에 허락하지 않았다고 하고, 승인을 받을 것을 말하며 조금도 돌아보지 않았다"라고 하였다. 이는 부안지역 동학교인은 1892년 공주와 삼례에서 전개된 교조신원운동에는 참여하지 않았음을 알 수 잇다. 『김낙철역사』에도 "임진년과 계사년 사이에 포교를 하여 신도 수가 몇 만 명에 이르렀다"고 하여, 교조신원운동에 참가하였다는 기록이 없다.

21 『홍재일기』 1892년 11월 30일.

22 『김낙철역사』 계사년조; 『김낙봉이력』 계사년조. 부안지역에서는 김낙봉과 김영조 등 몇 백 명이 참가하였다.

23 박문숙은 박문표의 동일인물로 보인다. 『홍재일기』 1893년 3월 21일자에는 박문숙으로 기록하였지만 이후 박문숙에 대한 기록이 없다. 대신 박문표에 대한 기록이 상당부분 차지한다는 점에서 박문숙과 박문표는 동일인물로 추정된다. 다만 『홍재일기』에 朴文才, 朴文達, 朴文贊, 朴文孝 등 박씨 문중의 이름이 거론된다는 점에서 집성촌의 인물일 가능성도 배제할 수 없다.

삼천리 강산의 오백년 성학(聖學)이 방백 수령의 상호 침어(侵漁)로 부지할 수 없다
고 하니 지금 이후로 침어하지 말고 향교에서는 강학(講學)을 하도록 하라. 만약 다
시 침어하는 방백 수령이 있거든 법률로 시행하라.'고 하였다. 또 이르기를, 『예기
(禮記)』에 백성을 교화시키고 풍속을 이루는 것은 반드시 학문에 있다고 하니 우리
도[斯道]를 강구해서 밝혀야 한다. 너희들은 물러가 더욱 익히고 닦는 일에 힘쓰면
무슨 근심이 있겠는가? 이설(異說)은 조정에서 처리할 것이다.[24]

광화문에서 수운 최제우의 신원을 요구한 동학교인에게 고종은 "너희들
은 물러가 더욱 익히고 닦는 일에 힘쓰면 무슨 근심이 있겠는가?"라고 하
였는데, 이는 천도교단의 기록과 크게 차이가 나지 않는다.[25] 즉 동학교인
들은 고종의 답신을 집으로 돌아가 생업에 종사하면 뜻대로 베풀어 준다
고 인식하였다. 이외에 『홍재일기』에 의하면, 동학교인을 대상으로 향교에
서 강학을 할 것과 동학교인을 침어하는 방백이 있으면 법률로 시행할 것
을 당부와 조치를 아울러 밝혔다. 이는 성리학 이데올로길르 동학교인에
게 주입시킬 것과 동학교인들의 탄압을 막기 위한 강온양면의 모습을 보여
주고 있다. 동학교인도 국왕인 자신의 백성이라는 것을 강조하기 위한 의
미이지만, 실제 향교에서 동학교인에게 강학을 하였는지는 확인되지 않고
있다.

그렇지만 정부는 동학에 대한 탄압을 더욱 강화하였는데, 광화문 교조
신원운동 이후 상황에 대해 김낙철은 "이때부터 각도와 각읍에서 지목이
크게 일어나 붙잡힌 자와 죽음을 당한 자가 이루 헤아릴 수가 없었다"[26]라
고 하였다. 이와 같은 관의 탄압에도 불구하고 김낙철은 선약으로 병을 구

---

24 『홍재일기』 1893년 3월 21일.
25 이돈화, 『천도교창건사_제2편』, 천도교중앙종리원, 1933, 53쪽. "爾等은 各其 家에 歸하여 其
業에 各安하면 所願에 依하여 施하리라."
26 「김낙철 역사」, 『동학농민혁명국역총서』 5, 168쪽.

제하는 일을 하며 동학을 포교하는데 보다 적극적으로 활동하였다.[27]

이어 동학교단은 3월 10일 충북 보은 장내에서 교조신원과 척왜양운동을 전개하였는데, 부안지역 교인들은 김낙봉의 지휘 아래 금구 원평에서 집회를 갖고 보은으로 가려고 하였으나 해산하는 지도부의 명령으로 되돌아왔다. 그렇지만 원평에서는 궁을진의 진법으로 '왜양을 쓸어버리자'는 깃발을 세우고 집회를 가졌다. 당시 원평집회에 참가한 동학교인은 3천여 명이었다. 이러한 일련의 활동에 대해 『홍재일기』는 다음과 같이 기록하였다.

동학인 3,000여 명이 이미 금구의 원평에 모여 진을 이루었는데 진법(陣法)은 궁을진(弓乙陣)이고 깃발의 이름[旗名]은 창의(倡義)인데 깃발에 '중의지사(忠義之士)에게 물어 도모하여 저 왜양(委洋)을 쓸어 버리자.'라고 썼다. 다음달 2일에 행군(行軍)하여 팔도(八道)에서 합세하여 왜양(委洋)을 쫓아낼 것이다.[28]

동학교단이 보은 장내에서 전개한 척왜양창의운동은 정부의 강온대응[29]에 의해 해산하였는데, 당시의 상황이 부안에도 전달되었는데, 그 내용은 다음과 같다.

동학의 무리들이 각자 물러나 생업에 종사하라는 윤음을 받들어 각자 향리로 돌아가서 조금도 경거망동하지 말라는 뜻으로 면내의 각 지역에 칙유하였다.[30]

이처럼 부안지역은 1890년대 동학이 전래되었으며, 2,3년 사이에 교

27 「김낙철 역사」, 『동학농민혁명국역총서』 5, 168쪽.
28 『홍재일기』 1893년 3월 21일.
29 보은 장내에서 동학교단이 교조신원과 척왜양운동을 전개하자, 정부는 어윤중을 선유사로 파견하여 협상을 하게 하는 한편 홍계훈을 초토사로 파견하여 동학을 토벌하고자 하였다.(이돈화, 『천도교창건사_제2편』, 55~56쪽)
30 『홍재일기』 1893년 4월 11일.

세가 크게 확장되었다. 동학의 교세가 확장되자 유림세력은 동학교인을 색출하여 추방하였으며, 관아에서는 동학교인을 잡아 죄를 뒤집어씌우는 등 재산과 생명을 위협하였다. 그럼에도 부안지역 동학세력은 1893년 광화문에서 전개한 교조신원운동에 참여하면서 종교의 자유를 추구하고자 하였다. 뿐만 아니라 원평에서 집회를 갖고 척왜양창의를 주장하였다. 부안지역 동학교인들이 원평집회에서 주장한 척왜양창의는 보은 장내에서 전개한 척왜양창의운동과 일맥상통한다고 할 수 있다.

3. 동학농민혁명과 부안지역 동학 세력의 동향

1894년 1월 10일 고부에서 전봉준이 중심이 되어 기포한 동학농민혁명은 2일 후인 1월 12일 "고부에서 민란이 크게 일어났으며 조병갑이 도주하였다"고 부안지역에도 전해졌다.[31] 그렇지만 김낙철이 이끄는 부안의 동학 세력은 적극적으로 호응하지 않았다. 이는 『홍재일기』에서도 보이는데, 1월 28일까지 20여 일 동안 동학 세력의 움직임에 대한 전혀 기록하지 않고 있다. 1월 29일에도 고부의 민란이 점점 심해지고 있다고 할 정도였다.[32] 이후에도 고부에서의 동학농민혁명의 동향만 기록하고 있는데, 다음과 같다.

예방의 아전 김응건(金應建)의 편지가 왔는데 고부민들이 곧 소요를 일으킬 것이라고 하였다.[33]
고부의 민란이 갈수록 심해지고 있다. 자객 27명은 스스로 호병대(胡兵隊)라 칭하

31 『홍재일기』 1894년 1월 12일.
32 『홍재일기』 1894년 1월 29일.
33 『홍재일기』 1894년 2월 11일.

면서 민란 속으로 들어갔다. 도로 잡아 가둔 한 사람이 죽임을 당했다.[34]

　이처럼 부안지역 동학 세력이 동학농민혁명에 적극 참여하지 않은 것은 김낙철과 김낙봉 등 지도부가 전봉준의 기포에 대해 정당성을 부여하지 않았기 때문이다. 김낙봉은 전봉준이 고부기포를 일으킨 것은 아버지의 죽음에 대한 복수로 인식하였던 것이다.[35] 그렇지만 2월 27에 이르러 부안에서는 동학농민군에 대응하기 위해 군사를 모집하여 성을 지키려는 움직임이 시작되었으나[36] 직접 동학농민군과 접촉을 하지는 않았다. 이는 고부군수로 부임한 박원명이 고부기포를 잘 수습할 것으로 기대하였는데,[37] 그 결과에 대해 『홍재일기』에서는 "고부에서 일어난 민란이 스스로 해산되었다"고 기록하였다.[38] 이후에도 부안지역의 동학 세력의 동향이 없었기 때문에 무장기포와 백산대회 등 동학농민군의 동향에 대해서만 기록하였다.

　안핵사로 파견된 장흥부사 이용태는 동학교인을 무고하게 잡아들이는 등 작폐가 크게 심하였다.[39] 이는 동학농민군이 무장에서 다시 기포하는 요인이 되었다. 전봉준 등 동학교인들은 무장에서 다시 기포하고 백산으로 이동하였다는데, 『홍재일기』에는 이에 대해 "4,000여 명의 동학인들이 남쪽에서 다시 고부 백산으로 모인다"[40]고 기록하였다. 부안보다 남쪽에 있는 무장에서 4천여 명의 동학교인들이 기포하여 백산으로 이동한다는 것이다. 실제 3월 21일 무장에서 기포한 동학농민군은 3월 25일 백산으로 이진하였다. 이 과정에 대해 『홍재일기』는 보다 명확하게 기록하였다.

34 『홍재일기』 1894년 2월 25일.
35 「김낙봉 이력」, 『동학농민혁명국역총서』 5, 221쪽.
36 『홍재일기』 1894년 2월 27일.
37 『홍재일기』 1894년 3월 3일.
38 『홍재일기』 1894년 3월 8일.
39 『홍재일기』 1894년 3월 12일.
40 『홍재일기』 1894년 3월 24일.

동학교도들이 어제 고부읍에 들어가 군기(軍器)를 탈취하였는데 화약고(火藥庫)가
불에 탔고 두서너 명이 피해를 입었다고 한다.[41]

동학인이 무장, 고창, 흥덕, 고부 4읍에서 군기를 탈취하여 고부의 마항(馬項)에 둔
취(屯聚)하였다고 한다.[42]

동학군이 어제 백산으로 진을 옮겼는데, 오늘 본읍에 들어온다고 한다.[43]

위의 기록은 3월 25일부터 27일까지 일기인데, 무장에서 기포한 동학
농민군이 백산으로 이진하기까지의 긴박한 상황을 확인할 수 있다. 무장
에서 기포한 동학농민군은 고부, 무장, 고창, 흥덕 등 4개 지역의 관아를
차례로 점령하고 말목장터에 집결하였으나 여러 가지 전략상 불편하였기
때문에 3월 26일 백산으로 이동하여 주둔하였다. 그리고 백산대회를 개
최한 동학농민군은 전봉준을 동도대장으로 추대하고 혁명군으로써 재정비
하였다.

이 과정에서 흥미로운 것은, 고부기포에서 백산에 이르기 전까지는 '동
학인(東學之人)'이라고 하였지만 백산으로 이진한 다음에는 '동학군(東學軍)'
으로 표기하였다는 점이다. 이는 기행현이 백산대회를 계기로 동학교인을
오합지졸이 아닌 군사로, 그리고 단순한 민란이 아니라 '군인'으로 인식하
였다고 할 수 있다.[44]

무장기포 이후 부안지역에서도 동학농민혁명에 참여하는 분위기 형성
되었다. 우선 기행현이 사는 주산면 흥해마을의 박문표와 강일봉이 참여

---

41 『홍재일기』 1894년 3월 25일.
42 『홍재일기』 1894년 3월 26일.
43 『홍재일기』 1894년 3월 27일.
44 기행현은 유림이었음에도 불구하고 『홍재일기』에는 동학에 대해 부정적인 인식은 크게 드러나
　 지 않고 있다. 그는 '동학군'을 '반란군' 또는 '역적'이라기보다는 '동학 도인' '동학인'으로 표기
　 하였다.

하였다.[45] 그동안 관망하던 부안에서도 동학 세력이 혁명 전선에 참여함에
따라 수성군을 모집하기로 하였다. 수성군을 모집한다는 소식에 징집을
피해 도망자가 발생하는 등 부안군에서는 오히려 민심이 동요되었다.[46] 그
렇지만 김방헌을 대장으로 1백 명으로 수성군이 결성되었다.[47]

부안 관아에서 수성군을 모집한다는 소식을 들은 김낙철이 이끄는 1백
여 명의 동학농민군은 분토동 김씨 재각에 집결하였다.[48] 이어 40여 명의
동학농민군과 함께 부안 관아에 돌입하였다. 당시의 상황에 대해『홍재일
기』는 다음과 같이 기록하였다.

> 김여중의 무리 40여 명이 갑자기 성안으로 돌진하여 감옥 문을 부수고, 군정들을
> 모두 쫓아냈다. 이들은 곧바로 동헌으로 가서 본읍 수령을 꾸짖기를 "어찌하여 장정
> 을 모으는 것인가"라 하고는 다시 장정을 모집하지 말라는 뜻으로 신신 당부하였다.
> 오늘은 포고문을 남문에 붙이고, 이방과 호방을 잡아갔다가 백미 10석과 전 2백 냥
> 을 즉시 납부하라는 뜻으로 분부하여 내보냈다. 본읍 수령이 크게 화를 내며 따르지
> 않겠다고 하였다. 또 읍의 폐단과 백성들에 대한 폐해 여러 조항에 대해 바로잡으라
> 는 뜻을 써서 돌려보았다.[49]

동학농민군은 관아에 돌입하여 감옥 문을 부수는 한편 수성군으로 모집
한 장정을 성밖으로 내쫓았다. 이어 군수에게 장정 즉 수성군을 모집하지
말라고 당부하였다. 이방과 호방을 잡아 군량미 등을 제공할 것을 압박하
고 폐정을 개혁할 조항을 군수에게 전하였다. 군수가 이를 거절하고 수성
군을 다시 모집한다는 소식을 들은 동학군 1만여 명은 성내로 돌입하였
고, 군수는 도피하려다가 동학농민군에 붙잡혔다. 이날 저녁에는 "불빛이

---

45 『홍재일기』 1894년 3월 24일.
46 『홍재일기』 1894년 4월 1일.
47 『홍재일기』 1894년 4월 2일.
48 『홍재일기』 1894년 4월 1일.
49 『홍재일기』 1894년 4월 2일.

하늘을 가리고 포성이 천지를 진동하였다"⁵⁰하였듯이, 관군과 동학농민군의 격렬한 전투가 다음날까지 이어졌다.⁵¹ 이러한 상황은 동학농민군이 부안 관아를 수중에 넣었으며, 폐정개혁을 단행하고자 하였던 것으로 보인다.⁵²

부안읍성을 점령한 동학농민군은 깃발과 창칼 등을 높이 세워 위세를 올렸으며, 향교의 문서를 찾으려고 하였으나 찾지 못함에 따라 청금안과 교생안 등을 불태워버렸다.⁵³ 동학농민군이 부안관아를 점령하는 동안 고부 황토현에서도 동학농민군이 대승하였다는 소식이 부안에 전해졌다.⁵⁴ 이후 부안의 동학농민군은 전봉준이 이끄는 동학농민군에 합류하였으며, 장성 황룡촌 전투에 참가하였다. 이에 대해 『홍재일기』는 다음과 같이 기록하였다.

우리 마을 동학인 강일봉(姜一奉)이 왔으므로 물으니 23일 오시에 떠난다고 하였

50 『홍재일기』 1894년 4월 4일.
51 『홍재일기』 1894년 4월 5일.
52 『홍재일기』에 의하면, 동학농민군은 관아를 점령하고 폐단을 시정하는 것으로 기록하였는데, 『김낙철 역사』와 『김낙봉 이력』에는 이와 다르게 기록하고 있다.
"그때 부안군수(扶安郡守) 이철화가 유생 및 이방과 호장이 와서 상의하고, 여러 차례 와서 요청하기를, "고을 일이 어떤 지경이 될지 알 수가 없으니 들어와서 성을 지켜 외적을 막아 달라"고 했기 때문에 어쩔 수 없이 갑오년 4월 1일에 교인 수백 명과 함께 서도 송정리 신씨네 재각에 가서 도소를 설치하였다. 그때 군수가 유생 및 이호와 함께 경내의 호에 배정하고 난 뒤에 다시 부민인 요호에게 배정하였다. 동생 낙봉은 신소능과 함께 부안 줄포에 도소를 설치하였다. 전봉준·김개남·정일서의 포가 동도라고 하며 각 포구와 부민을 어지럽히는 것이 매우 심했기 때문에 밤낮으로 힘을 내어 방어를 하였다. 그래서 온 고을이 편안하기가 요순의 시대와 같아서 온 고을의 사람들의 칭송이 자자하였다."(『김낙철 역사』)
"부안군수 이철화가 이방·호장과 상의하고, 형을 청하여 성안을 보전하려고 했기 때문에 어쩔 수 없이 성에 들어가 머물렀다. 4월 3일에 전봉준과 손화중 등이 포병 4,000여 명을 인솔하여 부안 성안으로 들이닥쳐 군수 이철화를 잡아 꿇어 앉히고 칼을 빼어 목을 쳐서 거의 죽을 지경에 이르렀다. 그래서 형이 진을 치고 들이닥쳐서 손화중에게 말하기를, "네 선산이 이 성 밖에 있으니 나의 성주가 바로 너의 성주이다. 성주는 부모와 마찬가지인데 어찌 이런 도리가 있는가"라고 하니, 손화중도 역시 감화가 되어 이철화가 참혹한 화를 면하였다."(『김낙봉 이력』)
53 『홍재일기』 1894년 4월 5일.
54 『홍재일기』 1894년 4월 7일.

다. 장성의 월평에서 교전하였는데 경군 사망자가 수백 명, 동학인 사망자 수십 명
이고 어제 정읍(井邑)에 홍대장이 왔으나 어디에 머무는지 모른다고 하였다.[55]

　무장기포 이후 박문숙과 함께 동학농민혁명에 참가하였던 강봉일이 4월
23일 부안을 떠나 장성 황룡촌 전투에 참가하였다. 황룡촌 전투에서 동학
농민군은 수십 명만 희생되었지만, 중앙에서 파견된 경군 측은 수백 명이
죽은 대승을 거두었다. 황룡촌 전투 이후『홍재일기』는 전주성 입성 등 동
학농민혁명의 동향에 대해 기록하고 있지만,[56] 부안지역에서의 활동은 전
혀 언급하지 않고 있다. 이는 부안지역의 동학농민군이 전봉준의 주력부
대와 함께 전주성 입성에 참여하였기 때문이다.

　부안지역에서 동학농민군의 활동이 재개된 것은 5월 9일부터이다. 『홍
재일기』에는 전주성 입성에 참여하였던 동학농민군이 5월 9일 부안으로
향하였다고 기록하였다.[57] 이는 이른바 전주화약으로 각지에 집강소를 설
치하기로 하였기 때문이다. 이로 볼 때 부안에도 집강소가 설치되었다고
할 수 있다.

　집강소가 설치된 이후『홍재일기』에 의하면, 부안의 동학농민군은 자신
들의 활동무대를 확장해나갔다. 집강소가 설치되기 이전에는 분토동에 집
결하여 근거지로 삼았지만, 집강소 설치 이후에는 부안 관내 전방위로 활
동무대를 넓혀갔다. 『홍재일기』에 나타난 동학농민군의 활동한 곳을 정리
해보면 다음 〈표 1〉과 같다.

55 『홍재일기』 1894년 4월 26일.
56 『홍재일기』에 의하면 1894년 4월 27일부터 5월 8일까지 전주성 점령과 이후 동향에 대해서만
　언급하였다.
57 『홍재일기』 1894년 5월 9일.

<표 1> 집강소 설치 이후 동학농민군이 활동한 곳

지명	활동 내용	비고(1894년)
眞洞 幸山	동학농민군이 들어간 곳	6월 8일
外蓼村	백원장의 집, 동학농민군이 주둔한 곳	6월 9일, 6월 23일
禮洞	기행현 아들 동환 잡아간 곳	6월 10일
所山堤	화포를 가지고 간 곳	6월 20일
士山	동학농민군이 들어간 곳	상동
遜溪店	동학농민군이 들어간 곳	상동
柳洞	동학농민군이 들어간 곳(장성수의 집)	6월 21일
內禮洞	동학농민군이 들어간 곳(민윤국의 집)	6월 21일
石堤	접소(접주 김도삼)	6월 23일
格浦	동학농민군이 군수품을 탈취한 곳	6월 26일
茁浦	동학농민군이 집결한 곳	6월 28일
本邑	동학농민군이 주둔한 곳	6월 27일, 9월 17일
四巨里	도소가 있는 곳	7월 12일
長田坪	동학농민군이 집결한 곳, 都會를 한 곳	7월 14일
來蘇寺	동학농민군이 천제를 지낸 곳	8월 9일
道所峰	동학농민군이 천제를 지낸 곳	9월 18일
邑前洞	동학농민군이 기초훈련을 한 곳	9월 22일

위의 〈표 1〉에 의하면, 동학농민군의 도소는 사거리[58]에 설치하였으며, 외료촌과 본읍, 장전평, 줄포 등은 동학농민군이 집결하거나 주둔하였음을 알 수 있다. 외료촌은 기행현의 친구이며 동학접주인 백원장이 있는 곳으로 동학지도부의 중요한 역할을 하였던 곳으로 추정된다. 불교 사찰인 내소사와 부안의 주봉인 도소봉에서는 천제를 지냈다. 동학농민군이 천제를 지냈다는 기록은 잘 확인되지 않고 있지만, 『홍재일기』에만 천제의 기록이 보인다는 점에서 다른 점이라고 할 수 있다.[59] 읍전동에서는 동학농

---

58 『김낙철 역사』에 의하면 동학농민군의 도소는 송정리 신씨 재각과 줄포에 설치하였다고 한다.
59 동학 교단에서 천제를 전혀 없었던 것은 아니다. 1871년 영해에서 전개된 교조신원운동(일명 이필제의 난)에서도 형제봉 정상에서 천제를 지냈다는 기록이 있다. 천제는 중요한 일의 시작을 알리고 무사히 이루어질 것을 기원하는 행위로 동학농민혁명 과정에서 많이 있었을 것으로

민군이 기초적인 군사훈련을 한 곳으로 동학농민군이 관군에 대응하기 위한 훈련이 있었음을 알 수 있다. 여하튼 위의 〈표〉에서 보듯이 동학농민군은 집강소를 설치함에 따라 그 이전보다 폭넓게 활동하였다고 할 수 있다.

이처럼 광폭하게 활동하는 가운데, 『홍재일기』에 의하면 동학농민군으로 인해 부민과 유림들에게 상당한 피폐가 적지 않았음을 알 수 있다. 이와 관련된 기록을 살펴보면 다음과 같다.

> 요즘 동학인이 집안에 들어와 의관가산(衣冠家産)을 적몰해 간다고 한다. 동학인이 곳곳에서 횡행하는데, 방백과 수령을 두려워하지 않으며 부민(富民)이 먼저 그 피해를 당하고 있다.[60]

> 동학인 10여 명이 어제 친구 김모(金某)의 집에 들어가 헤아릴 수 없는 악행을 저지르고 돈 100냥을 훔쳐갔다. 30여 명이 지금 백석의 친구 최태보(崔泰甫)의 집에 들어가 돈 400냥을 훔쳐갔다. 백계중(白癸中)과 백사준(白士俊)이 금단하기 위해 왔다.[61]

> 곳곳의 동학인들이 당당하게 활보하고 못된 짓을 저질러 폐를 끼치고 거리낌 없이 살인을 저지르니 대소민인들이 그 형세를 두려워하였다. 밤마다 동학인이 들이닥친다고 한다. 난리를 피하는 방도가 전적으로 섬멸하는데 있으나 어떻게 다 죽이겠냐고 하였다.[62]

> 우리 마을 동학인이 사거리 도소에 갔다가 와서 '전 이방(吏房) 신정식(辛正植)이 도소에 잡혀 있다가 태장 30여 대를 처벌한 이후 지목전 ▯백▯냥을 이번 달 15일을 納上하는 기한으로 정하였다고 말하였다.[63]

추정된다. 또한 동학농민혁명 당시 충남 내포지역 동학농민군은 출정하기 전에 의식을 가진 바 있는데, 이러한 의미에서 동학농민군의 출정의식을 천제로 표기한 것으로 추정된다.

60 『홍재일기』 1894년 6월 5일.
61 『홍재일기』 1894년 6월 7일.
62 『홍재일기』 1894년 6월 17일
63 『홍재일기』 1894년 7월 12일.

벗 김순일(金順一) 또한 동학 도인의 일로 연일 피신해 있다가 근래에 집으로 왔는
데 또 도인들 때문에 지금 막 길을 닦으라고 하며 왔다가 가다고 한다.[64]

우리 마을의 김내경(金乃京)이 우리 마을 동학 접주 박문표가 머무는 곳에서 죄를
얻어 형벌을 받았는데 범상치 않다고 하였다.[65]

인촌(仁村)에 정화순(鄭和順), 김진안(金鎭安) 등 여섯 부자들이 함께 살고 있었는
데, 동학에 죄를 얻어 집을 비우고 밖으로 나가 도피하였다고 하였다.[66]

위의 기록에 의하면, 동학농민군은 의관과 가산을 몰수하고 수령과 방
백을 두려워하지 않았으며, 부민이나 유림들에게 악행을 저지르고 돈을
탈취하는 등 민폐를 끼치는 활동이 적지 않았음을 알 수 있다. 이로 볼 때
집강소 설치 이후 동학농민군은 유림이나 요호부민들과 상당한 적대관계
였다고 할 수 있다. 이와 같은 관계는 9월 재기포까지 이어졌다.[67] 『홍재일
기』를 쓴 기행현 역시 동학농민군에게 여러 차례 피해당하였다. 죽이겠다
는 협박을 받았는가 하면[68] 아들 동환은 구타당하고 잡혀가기도 하였다.[69]
돈 100냥을 주고 동환을 다시 데려올 수 있었다.[70] 기행현은 당시의 심정
을 다음과 같이 기록한 바 있다.

집안이 적료하였으며, 사문과 대나무 창살이 모두 부수어졌다. 방안에는 늙은 아
내만 있고 뜰 아래에는 아이 하나만 있다. 아들 동환은 장독으로 불러도 혼자서 마
루 위를 올라오지 못하였다. 서로 붙들고 대성통곡도 못하고 슬프게 흐느끼니 동학

64 『홍재일기』 1894년 7월 4일.
65 『홍재일기』 1894년 7월 24일.
66 『홍재일기』 1894년 9월 6일.
67 『홍재일기』 1894년 9월 6일. "인촌(仁村)에 정화순(鄭和順), 김진안(金鎭安) 등 여섯 부자들이
   함께 살고 있었는데 동학에 죄를 얻어 집을 비우고 밖으로 나가 도피하였다고 하였다."
68 『홍재일기』 1894년 6월 9일.
69 『홍재일기』 1894년 6월 10일.
70 『홍재일기』 1894년 6월 11일.

교인들이 소리를 듣고 오는 것을 두려워하였다. 난리를 형용하자니 정말로 가련하다.[71]

기행현은 동학농민군의 괴롭힘으로 주로 제내 서당에서 지냈다. 기행현이 동학농민군의 표적이 된 것은, 그가 훈집으로 활동할 당시 동학접주 박문표와 김자현이 불이익을 당하였다고 생각하였기 때문이었다. 이에 대해 이들은 유감을 품고 앙갚음을 한 것이다.[72] 그럼에도 기행현은 동학교인들과 적대적 관계에 있지만 않았다. 친구들이 동학에 입도하였지만, 그들과 필요에 따라서 교류를 이어갔다. 특히 백원장은 기행현과 함께 백학래의 문하에서 수학하였다. 이런 관계로 백원장이 동학에 입도하였음에도 교의를 이어갔다.[73]

한편 동학농민군은 집강소 시기 교세를 확장하기 위해서도 적극 노력하였다. 『홍재일기』를 쓴 기행현에게도 입도할 것을 권유하였으며,[74] 친구 고응찬과 김여교, 최성운 등이 동학에 입도하였다.[75] 고응찬은 "북접 최시형의 경통을 보고 일제히 분발하여 큰 뜻으로 함께 나아가 있는 힘을 다해 ▢▢하여 임금 앞에서 원통함을 호소하였으니, 최제우 선생의 신원을 해결하고 종사의 위급함과 어려움에 힘을 다해 달려가서 대의에 일체로 종사하여 보답하기 위해" 동학에 입도하였다.[76] 이들 외에도 동학에 입도하는 사례에 대해 다음과 같이 밝히고 있다.

71 『홍재일기』 1894년 6월 12일.
72 이선아, 「19세기 부안 유생 기행현의 『홍재일기』와 동학농민혁명의 실상」, 111쪽.
73 이선아, 「19세기 부안 유생 기행현의 『홍재일기』와 동학농민혁명의 실상」, 111쪽 각주 94 참조.
74 『홍재일기』 1894년 7월 4일 및 9월 29일. 기행현에게 동학 입도를 권한 사람은 그의 친구 김봉보와 고응찬이었다.
75 『홍재일기』 1894년 7월 10일 및 8월 4일.
76 『홍재일기』 1894년 9월 29일.

대소인민이 그 세력을 두려워하여 제를 지내고 동학당에 들어가고 있다.[77]
외료촌에 돌아오니 동학인이 곳곳에 주둔하고 있었는데 오늘 밤에 새로 들어온 사람
이 30여 명이라고 하였다. 바로 박문표의 집에 들어갔다. 이 마을에서 동학에 입도
하는 사람이 밤마다 3~4명이었는데 오늘 밤 또한 4명이라 하였다.[78]

하룻밤에 30여 명이 동학에 들어갔으며, 마을마다 3, 4명이 동학에 입
도하였다. 이처럼 동학에 입도하는 사람이 늘어나고 교세가 확장되자, 향
교의 일도 동학농민군의 세력 아래 놓이게 되었다. 향교의 훈집을 동학교
인들 중에서 선정하였으며,[79] 석전대제도 동학교인들이 헌관으로 주도하
였다.[80] 이는 집강소 시기 향권은 동학농민군이 장악하였다고 할 수 있다.
이는 동학교인들이 동학농민혁명 이후 유림세력에게 체포되는 등 피해를
당하는 요인이 되었다.

1894년 9월 18일을 전후하여 동학농민군은 일제의 경복궁 점령에 대
응하여 재기포하였다. 부안에서 기포령이 전달됨에 따라 재기포를 위한
움직임이 시작되었다. 9월 15일 백원장에게 기포령이 전달되었고,[81] 전봉
준이 삼례에서 기포하였다는 소식도 전해졌다.[82] 이처럼 긴박한상황이 전
개되자 부안 동학농민군은 도소봉에서 천제를 지내고[83] 장전평으로 집결하

77 『홍재일기』 1894년 6월 17일.
78 『홍재일기』 1894년 6월 23일.
79 『홍재일기』 1894년 7월 8일.
80 『홍재일기』 1894년 8월 3일.
81 『홍재일기』 1894년 9월 15일. 기포령의 내용은 다음과 같다.
"각읍의 접주는 모두 기군기포(起軍起炮)하고, 본읍도소(本邑道所)를 읍내의 작청에 다시 설치하
며, 사통(私通)이 왔는데, 각 접주는 오늘 저녁 전에 기포하고 창검(創劍)을 들고 부리나케 와
서 모이라.'
82 『홍재일기』 1894년 9월 16일. "전봉준이 군대 1만 명을 일으키고 삼례(三禮)에 가서 진을 쳤
고, 최경선(崔敬善) 또한 군대 1만여 명을 일으키고, 정일서(鄭一西)도 만여 명을 일으켰으며
손여옥(孫汝玉)도 정읍에서 군대를 일으켰다고 하였다."
83 『홍재일기』 1894년 9월 18일.

였다.[84] 읍전동에서 기초훈련을 받은[85] 동학농민군은 삼례의 전봉준 부대에
합류하여 공주 우금치 전투에 참여하였다.

4. 동학농민혁명 이후 동학 세력의 동향

공주 우금치 전투 이후 동학농민혁명의 패색이 짙어지자[86] 각지에서 동
학을 배척하고 탄압하였다. 감영에서는 "옛 무리가 부추겨 현혹된 자와 새
로 혼란과 작폐한 자는 일일이 잡아들이라"[87]라는 감결을 각지에 내렸다.
이에 따라 각 지역마다 관과 유생들은 민보군을 조직하여 동학 세력을 뿌
리 뽑고자 하였다. 부안에서도 관과 민보군이 동학농민혁명에 참여한 동
학군을 체포하였다. 유림 세력은 "동학의 옛 교도와 새로운 교도 가운데
난리를 일으킨 자는 근원을 뽑아 뿌리를 없애서 후환을 막는다는 뜻으로
같은 마음으로 함께 힘내자"고 하였다.[88]

부안지역 동학의 거괴로 알려진 백사준, 김도삼, 이상용, 손수일, 김석
윤, 곽덕언, 신명언 등 7인에 대한 체포령이 내렸으며,[89] 곽덕언과 송성구
가 먼저 체포되었다.[90] 이어 박문표, 김봉보, 이일화 등도 곧이어 체포되
었다.[91] 이외에도 신소룡은 고창에서 체포되었고, 김도삼도 잡혔다.[92]

유림 세력의 동학 발본색원은 동학농민혁명 이듬해인 1895년까지 이어

---

84 『홍재일기』 1894년 9월 19일.
85 『홍재일기』 1894년 9월 22일. 기행현은 동학농민군의 훈련에 대해 '참으로 장관'이었다고 하였
   다.
86 『홍재일기』에는 전봉준과 김개남의 패전 소식을 전해 듣고 이를 기록하였다.
87 『홍재일기』 1895년 1월 11일.
88 『홍재일기』 1895년 1월 24일.
89 『홍재일기』 1895년 1월 4일.
90 『홍재일기』 1895년 1월 5일.
91 『홍재일기』 1895년 1월 7일
92 『홍재일기』 1895년 1월 10일.

졌다. 『홍재일기』에는 동학교인의 체포와 이후에 대해 기록하였는데, 이를 정리하면 〈표 2〉와 같다.

〈표 2〉 동학농민혁명 이후 1895년 부안지역 동학 세력 탄압 사례

탄압사례	기록일자	비고
관가에 나와 향교에서 의논하고 고을의 유생 20여 명이 거괴와 옛 동학교도를 체포하였다고 하였다.	1895년 1월 4일	
거괴 곽덕언(郭德彦)과 송성구(宋成九)를 잡았다고 하였다.	1895년 1월 5일	
본 고을의 옛 동학교도 박문표를 잡아갔다. 도산(道山) 김봉보(金奉甫), 이화일(李化一)을 잡아갔다고 한다.	1895년 1월 7일	
신소롱(申小龍)이 고창에서 체포되었다고 하였다. 김도삼(金道三) 또한 잡혀왔다고 하였다.	1895년 1월 10일	
영의 감결 내용에 '옛 무리가 부추겨 현혹된 자와 새로 혼란과 작폐한 자는 일일이 잡아들이'라고 하였다.	1895년 1월 11일	
박문표 김봉보 송성구를 금일 기시에 남문에서 포살하였다.	1895년 1월 12일	
동학의 옛 교도와 새로운 교도 가운데 난리를 일으킨 자는 근원을 뽑아 뿌리를 없애서 후환을 막는다는 뜻으로 같은 마음으로 함께 힘내자고 하였다.	1895년 1월 24일	
강일봉(姜日鳳)이 체포되었고 그 연소자들을 불쌍히 여겨 도로 풀어주었다.	1895년 1월 26일.	
동학당이 고산 산중에 모여 있다고 한다. 오늘 들으니 감영에서 병사를 보내 이를 공격하니 죽은 사람이 30명이고, 생포한 사람이 16명이라고 한다.	1895년 2월 6일	대둔산 전투
본 고을의 동학 9명을 남문 밖에서 총살시켰다고 한다.	1895년 2월 12일.	
오늘 동학 7명을 총살시켰다고 한다.	1895년 2월 22일.	
동학인이 체포되는 것이 근래에 더욱 심하다고 하였다.	1895년 2월 26일	
동학 김석윤(金碩允)을 총살시켰다고 한다	1895년 3월 18일	
본 고을 동학 거괴(巨魁) 백사중(白士重), 손수일(孫秀一), 이상용(李相用), 신명언(辛明彦), 신공선(辛公先) 등 5명을 불가불 체포하였다	1895년 3월 23일	

우리 읍 동학 거괴로 나주에서 상경하였다가 살아 돌아온 김여중을 붙잡으러 온 김에 장차(將差) 노대규(盧大圭)와 노입문(盧入文)을 발송하고 사람을 때려죽인 이규로(李奎魯), 이성오(李成五)도 잡혀 왔다고 하였다.	1895년 5월 22일	
동학인을 잡았다는 관문이 근래에 내려왔다고 한다.	1895년 11월 9일	

〈표 2〉에 의하면, 부안지역에서는 1895년 11월까지 동학농민군에 참여한 동학 세력을 추적하여 잡아들였음을 알 수 있다. 김석윤 등 체포된 이들은 대부분 총살당하였다. 동학농민군을 총살한 곳은 남문이었다.

이에 비해 동학에 입도하였던 사람들 중에는 다시 유교로 귀화하는 사례도 적지 않았다. 부안에서도 이와 같은 사례가 이어졌다. 동학농민혁명의 패색이 깊어지자 1894년 12월 10일 최성운이 가장 먼저 귀화하였으며,[93] 10여 일 후에는 12월 19일에는 유회에서 "비록 동학인이라 해도 귀화하면 나의 양민"[94]이라고 하면서 동학교인의 적극적인 귀화를 도모하였다.

그럼에도 〈표 2〉에서 보는 것과 같이 후환을 없애기 위해 동학농민혁명에 가담하거나 참여한 자는 체포하는데 열중이었다. 이는 유림 세력이 동학농민혁명으로 무너진 향촌질서를 회복하기 위해 방안이기도 하였다. 기행현의 마을은 오가작통제를 실시하고 명단을 다시 작성하였으며,[95] 유림 세력은 각 지역별로 유회를 재조직하여 현안을 의논하여 해결하기도 하였다. 동학세력이 집강소 시기 향교를 장악하였듯이, 향교가 중심이 되어 향촌의 질서를 회복하는 구심적 역할을 담당하였다. 향교 임원을 새로 선출

---

93 『홍재일기』 1894년 12월 9일. 최성운은 1894년 6월 22일 동학에 입도하였다.(『홍재일기』 1894년 6월 22일)
94 『홍재일기』 1894년 12월 19일.
95 『홍재일기』 1895년 1월 17일.

하는[96] 한편 향교와 동헌에서 향음주례를 시행하였다.[97] 훼손된 향교를 낙성하고 백일장을 개최하기도 하였으며,[98] 흥학계를 마련하여 유학을 보급하였다.[99]

이와 같은 유회와 향교가 중심이 되어 향촌사회가 안정되어감에 따라 동학 세력은 점차 위축되었다. 이는 『홍재일기』에서도 동학과 관련된 기록이 1896년까지 한동안 기록이 없다는 점에서도 확인할 수 있다. 이처럼 위축된 동학 세력은 1896년 3월 29일 기록에 의하면 기우만 의병진에게 퇴치되기도 하였다.[100]

1897년 3월과 9월에 동학이 다시 크게 일어난다는 소문이 부안에 전해졌다.[101] 그렇지만 실제로 동학 세력의 동향에 대한 기록이 없다는 점에서 소문에 불과한 것으로 보인다. 이듬해 1898년 1월 정읍에서 동학인 6명이 담양에서 체포되었으며,[102] 동학의 최고 책임자 최시형이 강원도에서 체포되었단 소식도 전해졌다.[103] 이 시기 부안에서의 동학 세력의 활동보다는 부안 외 지역에서의 동향만을 기록하였는데, 이는 기행현은 동학의 동향에 대해서도 상당한 관심을 가졌음을 알 수 있다. 그런데 당시 부안지역에서 동학 세력의 활동이 전혀 없었던 것은 박문표 등 주요 지도자들이 총살 내지 포살됨에 따라 활동하는 조직이 사실상 와해되었으며, 또한 김낙철, 김낙봉 등은 동학농민혁명 이후 해월 최시형을 보좌하면서 여주 등

---

96 『홍재일기』 1895년 2월 6일.
97 『홍재일기』 1895년 4월 9일 및 4월 12일; 4월 20일.
98 『홍재일기』 1895년 5월 5일; 5월 7일. 詩題는 '克己復禮'이고 賦題는는 '無口匏'였다.
99 『홍재일기』 1895년 11월 12일; 1896년 3월 18일.
100 『홍재일기』 1896년 3월 27일.
101 『홍재일기』 1897년 3월 26일; 9월 4일.
102 『홍재일기』 1898년 1월 30일.
103 『홍재일기』 1898년 4월 29일. 일기에는 崔濟愚라고 하였지만, 崔時亨의 오기이다. 해월 최시형은 4월 5일 강원도 원주 송골에서 체포되었다.

지에서 도피생활을 하였기 때문이었다.[104]

1899년 동학의 일부 잔여세력은 정읍과 고창 등지에서 영학당이라는 이름으로 활동한 기록한 바 있지만,[105] 『홍재일기』에는 부안에서의 구체적인 참여 사례는 없다. 다만 이 시기 부안에서 접주 8명이 모임을 가졌는데, 부안 접주 백사준이 참가하였다.[106] 백사준은 동학군 10여 명을 이끌고 기행현의 집에 난입하여 아들 김동환을 구타한 인물이었으며,[107] 동학농민혁명 이후 체포령이 내려지기도 하였다.[108] 백사준은 이를 피해 여전히 부안접주로 활동하였던 것이다. 그렇지만 영학당운동에 부안지역에서 김낙철과 이춘서 등 7명이 참가한 것으로 밝혀진 바 있다.[109]

이후 1900년 초 전주, 진주, 무주 등지에서 동학교인들이 봉기하였다는 소식이 전해졌으며,[110] 전주에서는 동학교인들이 포살되었다.[111] 그렇지만 부안에서는 동학교인에 대한 체포를 중지하라는 훈령이 전달되었다.[112] 이에 부안지역 동학 세력은 점차 회복되었고, 1903년 12월 민요를 일으켰으나[113] 장두 김군화가 도주함에 따라 곧바로 진압되었다.[114]

동학 세력이 다시 활동하기 시작한 것은 1904년이었다. 『홍재일기』 8월 20일 일기에 "동학의 설이 크게 불길처럼 일어났다"[115]고 하였다. 이는

104 『김낙철 역사』 무술 1월 4일조.
105 『홍재일기』 1899년 3월 28일; 4월 10일
106 『홍재일기』 1899년 4월 11일.
107 『홍재일기』 1894년 6월 10일.
108 『홍재일기』 1895년 1월 4일.
109 이진우, 「기해농민봉기의 주요 인물 분석」, 기해농민봉기 120주년 기념학술대회 기해농민봉기에 대한 재조명 발표문, 2019. 이 발표문에 의하면 이춘서, 김여중, 김순필, 박영삼, 최사인, 박영일, 임중현 등 7명이 참가하였다고 밝힌 바 있다.
110 『홍재일기』 1900년 2월 9일; 2월 13일.
111 『홍재일기』 1900년 2월 29일.
112 『홍재일기』 1900년 3월 4일.
113 『홍재일기』 1903년 12월 2일.
114 『홍재일기』 1903년 12월 3일.
115 『홍재일기』 1904년 8월 20일.

이 시기 동학교단에서 근대문명을 수용하는 이른바 갑진개화운동이 전개
되었기 때문이다. 동학농민혁명을 지도한 전봉준을 비롯하여 교단의 최고
책임자인 해월 최시형 등 주요 지도자들이 관에 체포되어 처형되었으며,
그동안 관과 유림 세력의 지목과 탄압에 숨죽여 있던 동학교단은 진보회를
조직하여 사회활동을 재개하였다.[116] 정부의 체포령을 피해 일본으로 망명
한 손병희는 근대문명을 경험하고 흑의단발을 전 교인에게 지시하였다.
이에 따라 전국의 동학교인들은 지역별로 모여 단발을 단행하였다. 부안
의 동학 세력은 1904년 9월 1일 용두시장에서 모여 단발하였다.[117] 『홍재
일기』에 의하면, 최원경 등 동학교인이 단발하였다고 기록하였다.[118] 이해
11월 12일에는 일진회원 40여 명이 동학에 가입하였으며,[119] 일진회원이
동학에 가입한 것은 11월 초 진보회와 일진회가 통합하였기 때문이다. 2
일 후인 11월 14일에는 남문 안 주점 벽에 일진회 문서가 부착되기도 하
였다.[120] 부안 일진회장은 윤두병이었으며 회원은 1백여 명 정도였다.[121]

진보회와 일진회의 통합 후 동학 세력은 크게 일어났으며,[122] 지역사회
및 의병 세력과 잦은 충돌이 일어나기도 하였다.[123] 1905년 8월 27일의
기록에 의하면, 일진회장은 '장곡천(張谷天) 일인(日人)', 부안 일진회장은
김사진과 김정규, 부안읍 회장은 홍내천이었다.[124] 장곡천(張谷天)은 하세가

---

116 이에 대해서는 성주현, 「1904년 진보회의 조직과 정부 및 일본의 대응」, 『경기사학』 8, 경기사
    학회, 2004; 이용창, 「동학교단의 민회설립운동과 진보회」, 『중앙사론』 21, 한국중앙사학회,
    2005를 참조할 것.
117 『홍재일기』 1904년 9월 1일; 9월 9일.
118 『홍재일기』 1904년 9월 28일.
119 『홍재일기』 1904년 11월 12일.
120 『홍재일기』 1904년 11월 14일.
121 『홍재일기』 1905년 3월 23일.
122 『홍재일기』 1905년 1월 19일. 원문에는 '일진회'라고 하였지만 동학 세력이라고 하여도 무방
    할 것으로 판단된다.
123 『홍재일기』 1905년 2월 13일; 2월 26일; 6월 23일; 7월 8일; 1906년 2월 30일.
124 『홍재일기』 1905년 8월 27일.

와(長谷川好道)의 오기로 보인다. 이 시기 하세가와는 육군대장으로 러일전쟁에 참전 중이었는데, 이와 같은 와전된 소식은 일진회가 러일전쟁에서 일본을 돕는 등 부일활동을 하였기 때문으로 보인다. 이로 볼 때 진보회가 일진회와 통합된 후 동학세력도 부일세력으로 인식되었다고 할 수 있다.

동학농민혁명 이후 일본에서 있던 손병희는 근대적 종교로 출범하기로 함에 따라 그동안 불리던 동학을 1905년 12월 1일 천도교로 개칭하였다.[125] 1906년 2월 한국에 돌아온 손병희는 천도교중앙총부를 서울에 설립하고 지방에는 교구를 설치하여 조직의 안정화를 꾀하였다. 부안지역은 1906년 3월 6일자로 제5대교구가 설치되었으며 대교구장 대리에 김낙철이 선임되었다.[126] 이에 부안에서는 공식적으로 천도교라는 이름으로 삼거리에서 대회를 개최하고 단발하였으며 일부에서는 통곡하였다.[127] 교구장 김낙철은 부안 관내를 순회하면서 포교를 하였지만[128] 천도교에 입교하기를 꺼렸다.[129] 이는 여전히 지역사회에서는 동학에 대한 부정적인 인식이 남아있었기 때문이다.

이러한 가운데 이용구가 이끄는 일진회가 부일활동을 지속함에 따라 동학의 최고 책임자 손병희는 '퇴회신교'를 내세우고 이용구 등 일진회 주요 인물 60여 명은 출교하고 부일세력 일진회와 단절하였다.[130] 출교된 이용구는 시천교를 세워 천도교와 별립하였다. 김낙철과 김낙봉 등은 이용구를 따라 시천교로 감에 따라 부안지역의 천도교 세력 중 김낙철을 추종하

---

125 이를 천도교단에서는 '大告天下'라고 한다.
126 「공함」10호; 이동초 편, 『천도교회 종령존안』, 모시는사람들, 2005, 38쪽.
127 『홍재일기』1906년 3월 15일. 천도교인이 통곡을 한 것은 단발에 대한 아쉬움이 아니라 그동안 동학이라고 하여 정부의 탄압과 사회적 비난으로부터 근대적 종교와 사회적으로 드러내 놓고 신앙을 할 수 있다는 점으로 이해할 수 있다.
128 『홍재일기』1906년 10월 21일.
129 『홍재일기』1906년 6월 4일; 1907년 10월 17일.
130 『만세보』1907년 9월 23일. 이용구 등 출교 처분은 1907년 9월 17일에 하였다.

는 교인들은 시천교에 합류하여 활동하였다.[131]

5. 맺음말

이상으로 부안 유생 기행현이 남긴 『홍재일기』를 통해 부안지역 동학과 동학농민혁명, 그리고 그 이후 동향에 대하여 살펴보았다. 이를 정리하면 서 맺음말을 대신하고자 한다.

첫째, 부안지역에 동학이 포교된 것은 1890년 초반이었다. 『홍재일기』 1890년 7월 29일조에 의하면, "동학의 설이 크게 일어났다"라고 기록한 바 있다. 이는 이 시기 부안 일대에 상당한 동학 세력이 형성되었음을 알 수 있다. 『홍재일기』에는 동학의 포교 상황이 없지만 당시 동학에 입도한 인물은 봉덕리 쟁갈마을 김낙철과 김낙봉 형제였다. 이들을 통해 부안의 동학 세력은 크게 성장하였으며, 공주와 삼례에서 개최한 교조신원운동에 는 참여하지는 않았지만 광화문 교조신원운동과 원평에서 개최한 척왜양 창의운동에 참여하였다.

둘째, 부안지역의 동학 세력도 동학농민혁명 당시 백산대회 이후 적극 적으로 참여하였다. 그동안 부안지역 동학 세력은 이른바 1차 동학농민 혁명에는 적극적으로 참여하지 않았으며, 일찍부터 관민상화를 한 것으로 알려졌지만, 『홍재일기』에 의하면 백산대회 이후 부안지역 동학 세력은 동 학농민혁명 대열에 적극 가담하여 부안관아를 점령하였으며, 전봉준 부대 에 합류하여 장성 황룡천 전투와 전주성 점령에 참여하였다.

---

131 김낙철은 시천교에서 활동하다가 1915년 천도교에 다시 귀의하였다. 1910년대부터 1914년 7 월까지 천도교 부안교구에서 활동한 주요 천도교인은 최길홍(이문원, 강도원), 이춘근(교구 장), 최우홍(금융원, 교구장, 공선원), 최규상(강도원), 유상권(금융원), 서상기(금융원) 등이 있다. 1914년 7월경 부안교구는 고부교구에 통합되었다.(『천도교회월보』 48, 1914.8, 39쪽)

셋째, 부안지역의 집강소 시기 동학농민군의 활동이 관내 전역에 미쳤으며, 그동안 유림이 주도하였던 향촌사회를 장악하였다. 이 과정에서 관과 유림 세력, 그리고 부민들과 적지 않은 피해를 입기도 하였다. 기행현 역시 동학농민군으로부터 동학 입도 권유를 받았으며, 아들이 구타를 당하는 피해를 입었다.

넷째, 동학농민혁명 이후 동학 세력은 관과 유림 세력으로부터 지목과 탄압 등 보복을 당하였다. 부안지역에서 활동하던 박문표 등 지도자 대부분이 체포, 총살당하였다. 이로 인해 부안지역 동학 세력은 크게 위축되었다. 1904년 8월 갑진개화운동으로 부활하여 흑의단발을 하면서 근대문명 수용에 적극 참여하였다. 1904년 11월 초 동학 세력의 진보회와 일진회가 통합함에 따라 부안에 일진회 지회가 조직되었다. 그러나 1905년 12월 동학을 천도교로 전환됨에 따라 부안의 동학 세력도 천도교로 전환하였다. 일진회를 이끌던 이용구는 친일활동을 지속함에 천도교로부터 출교를 당하였고, 시천교를 설립하였다. 부안 천도교 지도자 김낙철 형제가 시천교에 합류하자 그를 따르던 세력은 시천교에 합류하였다. 1910년대 초반까지 천도교 부안교구가 유지되었지만, 김낙철 형제의 시천교에 합류하자 천도교는 교세는 점차 위축되어 1914년 7월경 천도교 고부교구에 통합되었다.

『홍재일기』에 나타난 부안지역 동학과 동학농민혁명에서 새롭게 확인된 것은 크게 두 가지가 있다. 하나는 그동안 부인되었던 백산대회의 개최 사실과 다른 하나는 이른바 동학농민혁명 시기 동학농민군이 관아를 점령하였다는 점이다. 특히 1차 동학농민혁명 시기에 대해서는 김낙철 형제의 기록과 비교 분석할 필요가 있다. 이에 대해서는 후일을 기약해본다.

참고문헌

『홍재일기』
『김낙철 역사』
『김낙봉 이력』
『구악종보』
『만세보』
『천도교회월보』
『동학농민혁명국역총서』

박맹수, 『사료로 본 동학과 동학농민혁명』, 모시는사람들, 2009.
오지영, 『동학사』, 영창서관, 1938.
윤석산 역주, 『초기 동학의 역사 도원기서』, 신서원, 2000.
이돈화, 『천도교창건사』, 천도교중앙종리원, 1933.
이동초 편, 『천도교회 종령존안』, 모시는사람들, 2005.

「부안에서의 동학」, 『부안독립신문』 2009년 5월 5일.
김철배, 「전라도 부안 士族 奇幸鉉의 『鴻齋日記』와 19세기 후반기 부안의 경제사정」,
　　『전북사학』 46, 전북사학회, 2015.
성주현, 「1904년 진보회의 조직과 정부 및 일본의 대응」, 『경기사학』 8, 경기사학회,
　　2004.
성주현, 「동학농민혁명과 백산의 의의」, 『동학농민혁명과 부안』, 부안문화원, 2011.
성주현, 「용암 김낙철과 부안지역 동학」, 『동학농민혁명과 부안』, 부안문화원, 2011.
이선아, 「19세기 부안 儒生 奇幸鉉의 『鴻齋日記』와 동학농민혁명의 실상」, 『동학학보』
　　50, 동학학회, 2019.
이용창, 「동학교단의 민회설립운동과 진보회」, 『중앙사론』 21, 한국중앙사학회, 2005.
이진우, 「기해농민봉기의 주요 인물 분석」, 기해농민봉기 120주년 기념학술대회 기해농
　　민봉기에 대한 재조명 발표문, 2019.
허철희, 「동학대접주 용암 김낙철」, 『부안21』, 2003. 1.

백산대회의
역사적 의미

성강현(동의대 역사인문교양학부)

백산대회의 역사적 의미

1. 머리말

백산(白山)은 전라남도 부안군 백산면의 해발 47m 높이의 작은 산이다. 여기에 축성된 백산성(白山城)은 백제가 멸망한 후 부흥운동이 일으킨 왕자 풍(豊)이 왜의 구원군을 맞았던 곳으로 비정되는 곳이다. 이후 천삼백 년 을 흐르는 동안 백제부흥운동을 전개했던 이야기마저도 희미해진 백산은 주변에서 흔히 볼 수 있는 평범한 작은 동산에 불과했다. 이렇게 잊혀지다 시피했던 백산은 1894년 동학농민혁명으로 역사의 중심에 우뚝 서게 되 었다. 이 동산을 가득 덮었던 동학농민군을 "앉으면 죽산, 서면 백산"이라 고 이야기했다. 동학농민군들로 하얗게 덮힌 장관으로 인해 이 산의 이름 도 백성들로 상징되는 백산으로 명명되었다.

이렇게 동학농민운동의 상징적 장소로 알려진 백산에서의 동학농민군의 활동, 즉 백산대회에 관해 의문을 제기하는 연구가 있었다. 백산대회의 살 재에 관해 의문을 제기한 대표적 연구자로 배항섭[1], 이이화[2], 노용필[3], 김 태웅[4], 유영익[5] 등이 있다. 이들의 연구 성과를 종합하면 첫째, 백산대회

1 배항섭, 『『동학사』의 제1차 동학농민전쟁 전개과정에 대한 서술 내용 분석』, 『한국사연구』170, 2015.
2 이이화, 「오지영 『동학사』의 내용 검토-주로 1894년 동학농민전쟁과 관련하여-」, 『민족문화』 12, 민족문화추진회, 1989.
3 노용필, 「오지영의 인물과 저작물」, 『동아연구』19, 서강대 동아연구소, 1989.
4 김태웅, 「1920 30년대 오지영의 활동과 『동학사』 간행」, 『역사연구』2, 거름, 1993.
5 유영익, 「전봉준 의거론-갑오농민봉기에 대한 통설적 비판」, 『이기백선생고희기념한국사학논

를 기록한 오지영이 저술한 『동학사』의 사료적 가치 미흡을 들었다. 오지영은 『동학사』를 '소설(小說)'이라고 성격지었다는 점에서 사료로써의 가치를 인정할 수 없다는 것이었다. 둘째, 백산대회를 기록한 관변 사료가 없다는 점을 들었다. 동학농민혁명을 기록한 관변사료에 백산대회에 관한 기록이 없기 백산대회를 인정할 수 없다는 것이다. 셋째, 『동학사』를 제외한 개인문집류 등에 백산대회의 실재를 파악할 수 있는 내용이 부재하다는 등의 이유로 백산대회의 존재 자체를 부정하였다.

이러한 백산대회의 실재에 의문을 제기하는 연구에 대한 반론도 만만치 않았다. 윤석산은 오지영이 『동학사』를 '소설'이라고 한 것은 허구를 바탕으로 저술했다는 일반적 의미가 아니라 오지영이 자신을 스스로 낮추어 글자의 의미 그대로 '하찮은 글'이라는 특수한 표현이라며 『동학사』의 사료적 가치를 인정하며 백산대회의 실재를 주장하였다.[6] 가지무라 히데키(梶村秀樹)는 일제강점기하에서 검열을 피하기 위한 출판사의 잔꾀나 자신의 기억만을 가지고 썼기 때문에 혹시 사실과 합치하지 않은 것이 있을지도 모른다는 의미에서 겸사(謙辭)로서 '소설'이라는 표현을 썼다고 보았다.[7] 가지무리의 견해를 따른 왕현종[8]은 '역사소설'이라는 표현은 중일전쟁 발발 이후 전시체제기에 불온서적에 대한 검열을 피하기 위한 것이라 주장하였다. 즉, 오지영의 『동학사』는 역사적 사료로서의 가치를 인정할 수 있는 문헌으로 백산대회의 실재를 주장하였다. 성주현[9]은 장봉선의 『전봉준실기』를

사(하)』, 일조각, 1994. 유영익은 이 논문에서 『동학사』 속표지의 '역사소설 동학사'라 표기를 근거로 『동학사』의 역사서로서의 가치를 부정하고 허구적인 소설이라고 주장하였다.

6 윤석산, 「오지영의 동학사는 과연 역사소설인가?」, 『신인간』 692, 신인간사, 2008, 60~70쪽.
7 梶村秀樹, 『東學史』, 平凡社, 1970, 362~363쪽.
8 왕현종, 「해방 이후 동학사의 비판적 수용과 농민전쟁연구」, 『역사교육』 133, 역사교육연구회, 2015, 162~3쪽.
9 성주현, 「사발통문의 재검토와 '고부기포'」, 『한국민족운동연구』 77, 한국민족운동사학회, 2013, 25~6쪽에서 장봉선, 『전봉준실기』, 1936; 『동학농민전쟁연구자료집』(1), 여강출판사,

근거로 백산대회의 실재를 이러한 기왕의 연구 성과를 바탕으로 조성운[10]
과 임형진[11]은 백산대회의 실재에 관해 정리하였다.

기왕의 연구를 종합하면 백산대회의 실재에 관한 유무에 관한 다양한 논
쟁의 근거는 1차 사료의 부실에서 기인하였다. 즉, 오지영의 『동학사』에
만 국한된 기록과 『동학사』 서술상의 문제점이 제기되었기 때문이었다.[12]
그런데 동학농민혁명 당시 고부군 주산면에 거주하던 기행현(奇行鉉)이 쓴
『홍재일기(鴻齋日記)』는 이러한 백산대회의 존재 유무에 대한 논쟁에 종지부
를 찍었고 해도 과언이 아니다. 또한 『홍재일기(鴻齋日記)』는 사료로서 의심
받던 오지영의 『동학사』를 역사서로 인정받을 수 있게 만들었다. 황의돈이
『동학사』의 서문에서 "오지영씨의 50년간 당적 생활 중에 체험하여 오든
바를 遺漏없이 써낸 '최초 유일의 東學史'"라는 견해는 오지영 저술의 사료적
가치를 인정하는 것임을 알 수 있다.

따라서 본 연구는 기존의 연구 성과를 바탕으로 부안의 동학 유입과 확
산, 동학농민혁명의 초기 전개 과정을 중심으로 백산대회의 내용과 의미
를 조명하는 데 그 연구의 목적을 둔다. 이를 통해 백산대회가 동학농민혁
명에서 차지하는 역사적 의의를 살펴보고자 한다.

2. 동학의 호남 포교와 부안의 동학

동학(東學)은 경주 출신의 몰락한 양반인 수운(水雲) 최제우(崔濟愚)가 창도

1991, 353쪽을 근거로 백산대회를 주장하였다.
10 조성운, 「부안지역의 동학농민운동과 백산대회」, 『역사와 실학』 61, 역사실학회, 2016, 324~5쪽.
11 임형진, 「백산대회와 동학농민혁명 –논쟁점을 중심으로」, 『동학학보』 25, 2012, 128~139쪽.
12 백산대회가 실재하였다 하더라도 오지영이 기록한 대로 동학농민군이 '고부읍에 유진한 지 3
일 후에 대군을 몰아 고부 백산에 진을 옮겨 치고'의 '3일 후'에 대해 의문점이 제기되었다.

한 신종교(新宗教)이다. 수운은 1860년 4월 5일 신비한 종교체험을 바탕
으로 동학을 창도하였지만 포교를 시작한 것은 그 이듬해인 1861년이었
다. 동학이 포교되자 많은 민중들이 동학에 입교하였다. 경주를 시작으로
동학 교문이 교세를 확장하자 영남의 유생들은 동학을 '이단'으로 규정하
고 탄압을 가했다. 수운은 유생들의 탄압을 피해 경주를 떠나 전라도 남원
으로 잠행하였다.

수운은 남원의 교룡산성 덕밀암(德密庵)의 방 한 칸을 빌려 은적암(隱寂庵)
이라 명명하고 한 겨울을 보내고 경주로 돌아갔는데 이때 호남지역에 첫
포교가 이루어졌다.[13] 하지만 이때 포교한 호남의 동학 세력은 미미하였
다. 이는 동학의 첫 조직인 1862년 12월의 접주제 시행에서 확인할 수
있다. 수운은 접주제를 시행하면서 16명의 접주를 임명하였는데 그 지역
은 경주를 비롯하여 영해, 울산 등 영남 동부지역, 대구 등 영남 북부지역,
그리고 충청도 단양지역이었다. 즉, 수운의 접주제 시행에서 호남지역의
접주가 임명되지 않았다는 것은 호남에 교단의 조직이 형성될 수준의 포교
는 이루어지지 않았음을 의미한다. 남원의 동학도들이 경주까지 가서 수운
을 가르침을 받았다는 기록이 있지만 수운의 사후 이들도 동학을 떠났다.[14]

수운 사후 쇠퇴했던 호남지역에 다시 동학이 전래된 것은 2세 교조 해월
최시형에 의해서였다. 수운으로부터 동학의 종통(宗統)을 이은 해월 최시
형은 1871년 영해교조신원운동 이후 강원도 영월과 정선, 그리고 충청도
단양 등지에서 은신하면서 동학 교단을 재건하였다. 1874년 해월은 단양

---

13 『남원군종리원사』에 의하면 다음과 같이 기록하고 있다.
  "포덕 2년(1861-필자) 신유 6월에 대신사(수운 최제우-필자) 호남으로 향하사 산천풍토 인심
  풍속을 관하시고 본군에 到하사, 광한루下 오작교邊 서형칠가에 留하시고 주인 생질 공창윤가
  에 숙침하사 유수 십일에 서형칠, 공창윤, 양형숙, 양국삼, 서공서, 이경구, 양득삼, 제현의 동
  정으로 포덕하시다."
14 박래홍, 「전라행」, 『천도교회월보』 167, 1926.8, 37~38쪽.

의 사동과 송두둑에 은거하였는데 교도들의 왕래가 늘어나면서 단양관아에서는 장정리를 해월의 은거지로 지목하였다. 1884년 6월 단양 관졸들이 장정리로 들이닥치자 해월은 가족을 남긴 채 황급히 전라북도 익산군 금마면 사자암(獅子庵)으로 몸을 숨겼다.

이때 해월에게 사자암을 소개한 인물이 박치경(朴致卿)이었다. 박치경은 전라남도 완주읍 고산면의 접주로 해월이 최초로 포덕한 호남인으로 알려져 있다. 익산 출신의 박치경이 언제 동학에 입도했는지는 정확하게 알려지지 않지만 당시 해월의 피신을 그가 지원했던 것으로 볼 때 1880년대 초에 입도한 것으로 보인다. 완주군은 익산에 접해 있어 박치경은 이 지역의 지리를 잘 알고 있어 해월에게 사자암을 소개하였다. 해월은 4개월 동안 사자암에 머물면서 박치경의 안내로 익산(益山), 전주(全州), 여산(礪山), 고산(高山), 삼례(參禮) 등지에 동학을 전파하였다. 본격적인 전라도 지역의 동학 확산은 이때부터 시작되었다. 1887년 해월의 전라도 북부 지방 순회[15] 이후 1890년에 들어와서 호남의 동학 확산이 급증하였다.

부안의 동학 유입은 호남으로의 동학 확산이 이루어진 1890년대 들어와서 본격적으로 이루어졌다. 부안지역에서 처음으로 동학에 입도한 인물로는 1890년에 입도한 김낙철(金洛喆)과 김낙봉(金洛鳳) 형제였다. 김낙철은 1858년 지금의 전북 부안군 부안읍 봉덕리 쟁갈마을의 새멀에서 태어났다. 그의 본관은 부안이며, 자는 여중(汝仲), 도호[16]는 용암(龍菴)이었다. 부안에서 1천여 년을 넘게 터를 잡은 김낙철 집안은 명문고족이었으며, 자손이 귀한 김낙철 집안은 5대째 독자로 내려오다가 김낙철 부친 대에 이르러서야 형제를 두었다.[17] 그의 집안은 '하인이 수십 명이었다'하고 할 정

---

15 「여산종리원연혁」, 『천도교회월보』 203, 1927.11, 31쪽.
16 '道號'는 동학교단에서 사용하는 호이다.
17 「김낙봉 이력」, 『동학동민혁명국역총서』 5, 동학농민혁명참가자명예회복심의위원회, 2009,

도로 부유한 천석군이었다.[18] 삼 형제 중 장남인 김낙철은 동생 김낙봉과
함께 1890년 6월 7일 동학에 입도하였다. 입도 10일 후인 6월 17일 그
의 막내 동생 김낙주, 그리고 종제 김낙정과 김낙용도 동학에 입도해 일가
친족이 모두 동학도가 되었다.[19]

　양반 지주였던 김낙철 형제의 동학 입도 동기는 동학이 가진 진취적인
측면이었다. 이 시기에는 양반 지주 가운데 동학에 입도하는 경우가 있었
는데 이들은 대부분 성리학에 한계를 느끼고 있어 새로운 사상을 찾고 있
었다. 이들에게 동학이 추구하는 시천주(侍天主)의 만민평등(萬民平等), 보국
안민(輔國安民), 척왜양(斥倭洋), 그리고 유무상자(有無相資)의 경제적 평등에
공감하였다. 특히 척왜양의 민족의식은 양반층의 동학 입도에 큰 명분을
제공하였다.

　김낙철 형제의 적극적인 포교로 1891년 3월에 이르자 부안 일대에
서 그를 교인이 수천 명이 되었다.[20] 그러나 동학을 포교하는 과정에서 가
산을 제대로 돌보지 않고 집안에 빈객이 가득하자 재산이 점차 줄어들었
다.[21] 이처럼 부안지역에 동학의 교세가 크게 형성될 즈음 해월 최시형은
공주 동막(현 공주시 청안면 평정리) 윤상오(尹相五)의 집으로 이주하였다.[22] 이
때 김낙철은 동생 김낙봉, 김영조, 손화중과 함께 윤상오의 집을 찾아 여

220쪽.
18 허철희, 「동학대접주 용암 김낙철」, 『부안21』, 2003.1; 「부안에서의 동학」, 『부안독립신문』
2009년 5월 5일자; 박맹수, 『사료로 본 동학과 동학농민혁명』, 모시는사람들, 2009, 174쪽.
「김낙봉 이력」에는 "아버지 대에서 형제분이 나와 맨손으로 집안을 이루어 몸소 수만 환(圜)의
재산을 이루었다"라고 하였다.
19 『天宗列賢錄』, 『구악종보』 2, 1914.7, 61쪽; 「용암성도사역사약초」; 「김낙철역사」, 『동학농민혁
명국역총서』5, 167쪽.
20 「김낙철 역사」, 『동학농민혁명국역총서』 5, 167쪽; 박맹수, 『사료로 보는 동학과 동학농민혁
명』, 174쪽.
21 「김낙봉 이력」, 『동학동민혁명국역총서』5, 220쪽.
22 『해월선생문집』, 신묘(辛卯)년조.

러 번 가르침을 받았다.[23] 당시 해월 최시형은 "천심(天心)을 잃지 않고 식도(食道)를 미리 갖추고 기(氣)를 바르게 하는 것이 가장 어렵다. 또한 먹는 것이 한울님이다"라고 하여 '수심정기(守心正氣)'와 '식고(食告)'의 중요성을 강조하는 법설을 하였다.[24]

호남의 동학도가 급증하자 동학도 사이에 분규가 발생하였다. 해월은 윤상오와 남계천을 각각 전라좌도와 우도의 편의장으로 삼았는데 호남의 동학도들은 남계천의 낮은 신분을 이유로 그의 편의장 임명을 수용할 수 없다고 반발하였다. 남계천의 문제를 해결하기 위해 1891년 7월 해월이 직접 호남으로 내려갔다. 해월이 부안 신리에 머물 때 김낙철은 교인 수백 명을 이끌고 남계천의 편의장 임명의 재고를 요청하였다. 해월은 교조 수운의 여노비 처리를 예로 들어 동학은 신분보다 능력을 중시한다고 김낙철 등을 타일러 돌려보냈다. 신분이 낮은 남계천은 능력을 인정하는 해월의 모습은 평등을 염원하는 호남 백성들의 마음을 사로잡았다. 옹정의 부안 접주 김영조의 집에서 하루를 머문 후 이튿날 태인 동곡 김낙삼의 집으로 떠나면서 해월은 "부안에 꽃이 피고 부안에 열매가 맺힐 것이다"[25]라고 하였다. 이를 계기로 김낙철 형제는 더욱 동학을 포교하였는데, 1892년과 1893년에는 관할하는 교인이 수만 명에 이르렀다.[26]

1892년과 1893년에 동학교단은 교조신원운동을 전개하였다. 1892년

23 『천도교회사초고』, 포덕32년(신묘)조. 이때 김낙철 등의 해월 방문은 남계천의 편의장 임명 때문이었다. 천민인 남계천에게 편의장이라는 교단의 중책을 맡기자 양반출신이었던 김낙철 등이 반대하여 해월에게 임명을 취소해달라고 요청하였다. 『시천교종역사』, 신묘년조.
24 「김낙철 역사」, 『동학농민혁명국역총서』 5, 167쪽.
25 「김낙철 역사」, 『동학농민혁명국역총서』 5, 167-168쪽; 「김낙봉 이력」, 『동학농민혁명국역총서』 5, 220-221쪽. 그런데 이 기록 역시 차이를 보이고 있다. 김낙철은 1891년 7월 김영조의 집에서 김낙삼으로 떠날 때이고, 김낙봉은 같은 해 5월 금구 김덕명의 집에서 한 것으로 각각 기록하였다.
26 「김낙철역사」, 『동학농민혁명국역총서』5, 168쪽.

5월 들어 호서지역과 호남지역의 동학교인들이 관헌과 지역 토호들의 탄압에 견디지 못하고 길거리로 내쫓기기 시작하였다. 이들은 갈 곳이 없자 동학지도부가 있는 보은 장내리와 금구 원평으로 모여들었다. 이와 같이 도인들이 피해를 당하자 이를 해결하기 위한 교조신원, 즉 동학의 공인을 통한 신앙의 자유를 획득을 하자는 주장이 제기되었다. 서병학과 서인주는 이해 7월 처음으로 교조신원운동을 추진하였다.[27] 서병학과 서인주는 해월 최시형을 찾아가 교조신원운동을 전개할 것을 요청하였지만 해월 최시형은 "때를 기다림만 못하다"고 하여 신중하게 접근하였다.[28]

그러나 서인주와 서병학뿐만 아니라 일반 교인들도 교조신원운동의 필요성을 제기함에 따라 해월 최시형은 추수가 끝난 10월 공주에서 충청감사를 대상으로 교조신원운동을 전개하였다. 이어 11월에는 전라도 삼례에서 전라감사를 대상으로 교조신원운동을 재차 전개하였다.[29] 서인주와 서병학이 주도한 두 차례의 교조신원운동에 김낙철은 해월이 승인하지 않았다는 이유로 참가하지 않았다.[30] 그렇지만 이듬해 광화문에서 전개한 교조신원운동에는 김낙철은 적극적으로 참여하였다. 1893년 3월 29일 왕세자 탄신일을 맞아 전개된 광화문교조신원운동은 소두 박광호를 비롯하여 김연국, 손병희, 손천민, 박인호, 김낙철 형제 등이 참여하였다.[31] 김낙철과 김낙봉은 광화문교조신원운동에 대해 다음과 같이 기록하였다.

계사년(1893년) 3월에 대선생님(수운 최제우-필자)의 신원을 하러 동생 낙봉이 김

27 『천도교서』, 포덕 33년조; 『해월선생문집』 임신년조.
28 표영삼, 『동학』2, 통나무, 2005, 196쪽. 해월 최시형의 신중함은 1871년 영해교조신원운동에서 많은 교인들이 희생당하였기 때문이었다. 더욱이 영해교조신원운동은 병란적 성격을 가지고 있었기 때문에 서인주와 서병학의 요청 또한 병란적으로 전환될 것을 염려하였다.
29 오지영, 『동학사』, 영창서관, 1940, 70쪽.
30 「김낙봉 이력」, 『동학농민혁명국역총서』 5, 221쪽.
31 『동학도종역사』 계사년조; 『해월선생문집』 계사년조; 『천도교회사초고』 계사년조.

영조와 교도 몇 백 명과 함께 서울에 갔으나 대선생님의 억울함을 풀어드리지 못하
고 돌아왔다. 그때 나는 도내의 도도집을 맡고 있었다.[32]
그러다가 다음해 계사년 봄 대궐 문 앞에서 복합 상소를 할 때에 참여하였다.[33]

광화문교조신원운동에 얼마나 많은 동학교인들이 참여하였는지 확인할
수 없으나 김낙철 형제는 부안지역 동학교인 수백 명을 이끌고 참여하였
다고 밝히고 있다. 그리고 김낙철은 당시 도도집(都都執)으로 호남지역 동
학교단의 중책을 맡고 있었다. 광화문교조신원운동 결과 왕으로부터 집으
로 돌아가 생업에 종사하면 소원에 따라 베풀어 준다고 하였지만[34] 실제적
으로는 동학교인에 대한 탄압은 더욱 심하였다. 김낙철은 광화문교조신원
운동 이후 상황을 "이때부터 각도와 각 읍에서 지목이 크게 일어나 붙잡힌
자와 죽음을 당한 자가 이루 헤아릴 수가 없었다"[35]라고 하였다. 이와 같은
관의 탄압에도 불구하고에 김낙철은 선약으로 병을 구제하는 일등 종교적
인 측면에 치중하며 포교 활동에 집중하였다.[36]

광화문교조신원운동에서도 동학 공인이라는 목적을 달성하지 못한 교단
은 충북 보은 장내리에서 실력행사를 감행키로 하였다. 동학교단 지도부
는 3월 10일 충북 청성군 거포리 김연국의 집에서 수운의 순도향례를 마
친 후 전국의 도인은 장내로 모이라는 통유문을 발송하였다.[37] 그런데 이
통유문에는 교조신원과 함께 척왜양창의라는 대 사회적 메시지가 강조되
었다. 동학교도들은 서울에서 서구열강의 존재와 침략성을 확인하였고 백
성들도 이에 대한 두려움을 갖고 있었기에 강력하게 척왜양창의 저항, 즉

32 「김낙철 역사」, 『동학농민혁명국역총서』 5, 168쪽.
33 「김낙봉 이력」, 『동학농민혁명국역총서』 5, 221쪽.
34 『시천교종역사』 제2편 계사년조.
35 「김낙철 역사」, 『동학농민혁명국역총서』 5, 168쪽.
36 「김낙철 역사」, 『동학농민혁명국역총서』 5, 168쪽.
37 『천도교회사초고』 계사년조; 『동학도종역사』 계사년조.

반침략의 내용을 포함하였다.[38]

해월로부터 통유문을 받은 김낙철은 동생 김낙봉과 함께 부안지역 동학교인들을 이끌고 보은 장내로 향하였다. 보은 장내에는 각지의 동학교인들이 집결하여 2만3천에서 2만 8천 명에 달하였다. 해월 최시형은 보은에 집결한 각 포의 조직에 포명을 부여하는 한편 대접주를 임명하였다. 『동학사』에 김낙철이 부안대접주로 임명되었다고 하였다.[39] 김낙철은 부안대접주로 임명은 되었지만 보은 장내에 직접 참여하지는 않은 듯하다. 왜냐하면 김낙철의 기록에는 보은에서의 척왜양창의운동에 대한 언급이 없으며, 김낙봉은 보은으로 향하였지만 고산(高山)에서 되돌아왔다고 하였다.[40]

3. 고부기포와 백산성 주둔

동학농민혁명의 첫 기포는 1894년 1월 10일 고부에서 시작되었다.[41] 고부기포의 원인은 고부군수 조병갑과 전운사 조필영의 동학교도와 농민에 대한 수탈이었다. 전봉준은 조병갑의 수탈에 대해 다음과 같이 지적하

---

38 외세에 대한 반침략적 내용은 다음과 같다.
"(전략) 밖으로는 침략세력이 더욱 떨치게 되었다. (중략) 생각다 못해 다시 큰 소리로 원통한 일을 진정하고자 이제 포유하니 각 포 도인들은 기한에 맞추어 일제히 모여라. 하나는 도를 지키고 스승님을 받들자는데 있고, 하나는 나라를 바로 도와 백성을 편안하게 하는 계책을 마련하는데 있다."
39 오지영, 『동학사』, 영창서관, 1940, 83-84쪽.
40 「김낙봉 이력」, 『동학농민혁명국역총서』 5, 221쪽. "연이어 계사년 3월 보은 장내에 입회가 있어 고산 등지로 올라갔다가 해산하라는 명령을 듣고 집에 돌아왔고, 나중에 올라가 뵈었다."
41 기존의 연구성과에서는 고부기포와 동학농민혁명을 분리해보고자 하는 경향이 강하였다. 그래서 고부에서 일어난 동학농민군의 활동을 '고부민란'으로 인식하였다. 그러나 고부기포와 동학농민혁명의 상관관계에 대해서는 보다 구체적인 연구가 필요하다고 본다. 본고에서 '고부기포'라고 명명한 것은 고부기포의 핵심적인 주체세력이 동학 조직인 포를 통해서 전개되었기 때문이다.

고 있다.

> 하나, 민보 아래에 보를 새로 쌓고는 가혹하게 민간에게 명령하여 상등 논에는 1두
> 락(斗落)에 2말을 거두고 하등 논에는 1두락에 1말을 거두니 도합 세금이 700여
> 석이었고, 백성들에게 황무지를 주어 경작해 먹는 것을 허락하면서 관에서 문서로
> 증빙하여 징세하지 않겠다고 하더니 정작 가을 추수기가 되자 강제로 거두었다. 하
> 나, 부민(富民)에게 강제로 빼앗은 돈이 엽전 2만여 냥이다. 하나, 그 아비가 일찍
> 이 태인 군수를 한 적이 있으므로 그 아비를 위하여 비각(碑閣)을 세운다 말하고 강
> 제로 거둔 돈은 1천여 냥이다. 하나, 대동미(大同米)를 민간에서 징수할 때는 고운
> 백미(白米)로 16말에 해당하는 값을 정하여 거두어들이고 상납할 때는 거친 쌀로
> 바꾸어 그 차액을 착복한 일이다. 그 외에도 허다한 내용은 이루 다 적을 수 없다.[42]

공초에서 전봉준은 조병갑의 수탈은 "허다하여 기록할 수 없다고"고 할
정도로 많다고 진술하였다. 또한 전운사 조필영은 세미의 이중징수 및 운
송비용, 운송선박 수리비 등 각종 명목으로 부당하게 수탈을 자행하였다
고 하였다.[43]

특히 동학교도들에게 이들의 수탈은 가옥했다.[44] 극심한 수탈로 어려움
을 겪은 동학교도와 농민들은 접주 전봉준을 찾아가 하소연하였고 이에
전봉준은 장두로 군수 조병갑과 전라감사 김문현에게 진정서를 제출하였
다. 그러나 동학도와 농민들의 진정은 전혀 받아들여지지 않았고, 수탈
과 탄압은 가중되었다. 그러자 전봉준은 송두호, 송대화와 더불어 조병갑
을 징치하기 위해 기병을 할 것을 도모하였다. 그리고 기병의 이유를 적어
송주성으로 하여금 해월이 있는 도소에 알렸다. 이와 동시에 태인의 최경
선, 금구의 김덕명, 남원의 김개남, 무장의 손화중, 부안의 김낙철 등 인

---

42 「전봉준공초」(初招問目).
43 오지영, 『동학사』, 영창서관, 1940, 102-103쪽.
44 송재섭, 「고부교구실기」, 『천도교회월보』 83호, 언문부 16-17면.

근의 동학접에 격문을 띄웠다.[45]

전봉준이 각 접에 띄운 격문은 다음과 같다.

今之爲臣은 不思報國하고 도적녹위하며 掩蔽聰明하고 가意도容이라. 충간지목을
謂之妖言하고 正直之人을 위之비도하여 내無포圍지재하고 外多확民之官이라.
人民之心은 日益유變하여 入無학생之業하고 出無保구之策이라. 학政이 日사에
怨聲이 相續이로다.
自公卿以下로 以至方伯守令에 不念國家之危殆하고 도절비기윤家之計와 전選之
門은 視作生화之路요 응試之場은 舉作交역之市라.
許多화뢰가 不納王庫하고 反充사장이라. 國有累積之債라도 不念國報요 교사음
이가 無所위기라. 八路魚肉에 萬民도탄이라.
民爲國本이니 削則國殘이라. 吾道은 유초야유민이나 食君之土하고 服君之義하며
不可坐視 國家之危亡이라. 以報公 補國安民으로 爲死生之誓라.[46]

이 격문은 1893년 중동(仲冬) 하순에 전봉준이 작성한 것이다. 격문의
내용은 간신들의 날뛰는 모습, 민심이 이탈된 것, 관기의 문란, 행정의 부
패, 도탄 중에 빠진 민생의 구원하기 위한 보국안민의 맹세, 즉 고부기포
의 당위성을 밝히고 있다.

이어서 전봉준 등은 사발통문을 작성하여 각 면과 각 리의 집강에게 포
고하였다.[47] 이때 작성한 사발통문의 내용은 다음과 같다.

---

45 송재섭, 『갑오동학농민혁명난과 전봉준장군실기』(필사본), 1954. 이 자료는 이미 오래 전에 공
   개되었지만 그동안 학계에서 별로 활용되지는 못하였다. 처음으로 공개된 것은 김용섭, 『한국
   근대농업사연구』Ⅲ(2001, 지식산업사)이라는 책이다. 이 책에 의하면, 이 자료에 대해 다음과
   같이 설명하고 있다.
   "이 책자는 進菴 宋在燮(1889-1955) 씨가 단기 4287년(1954)에 펜으로 쓴 필사본인데, 책의
   마지막 부분에 저술연기가 씌여져 있다. 필자는 이를 朴英宰 교수를 통해 朴明道 선생(父 朴來
   源, 祖父 朴寅浩) 댁에 소장되어 있는 원고본의 복사본을 기증받아 보고 있다. 앞뒤가 많이 훼
   손되었으나 이 檄文과 通文이 씌여진 부분은 온전하다."
46 송재섭, 『갑오동학농민혁명난과 전봉준장군실기』(필사본), 1954. 이 격문에 대해 김용섭은 그후
   계속 보완되고 다듬어져서 갑오년 정월에는 고부민란 시에 창의문으로 완성되며, 그후 무장봉기
   시에는 한문으로 작성된다고 하였다.(김용섭, 『한국근대농업사연구』Ⅲ, 194쪽 각주 108)
47 당시 전봉준 등 동학교인이 고부기포를 준비하면서 통문을 포고하였다는 것을 뒷받침하는 자

右文爲通諭事는 無他라. 大廈將傾에 此將奈何오. 坐而待之可乎아. 扶而求之可
乎아. 奈若何오. 當此時期하야 海內同胞의 總力으로 以하야 撑而擊之코저하와
血淚를 灑하며 滿天下 同胞에게 衷心으로서 訴하노라.
吾儕飮恨忍痛이 已爲歲積에 悲塞哽咽함은 必無贅論이어니와 今不可忍일새. 玆
敢烽火를 擧하야 其衷痛切迫之情을 天下에 大告하는 同時에 義旗를 揮하야 蒼
生을 濁浪之中에서 救濟하고 鼓를 鳴하야써 滿朝의 奸臣賊子를 驅除하며 貪官汚
吏를 擊懲하고 進하야써 倭를 逐하고 洋을 斥하야 國家를 萬年盤石의 上에 確立
코자 하오니 惟我道人은 勿論이요 一般同胞兄弟도 本年 11月 20日를 期하야 古
阜 馬項市로 無漏內應하라. 若-不應者-有하면 梟首하리라.

癸巳 仲冬 月 日

全琫準 宋斗浩 鄭鍾赫 宋大和 金道三 宋柱玉 宋柱晟 黃洪模 黃贊五 宋仁浩 崔
興烈 李成夏 崔景善 金應七 黃彩五[48]

各里 里執綱 座下[49]

사발통문은, 첫째 봉화를 들어 그동안 애통하고 절박한 사정을 천하에
알리고, 둘째 의로운 깃발을 들어 창생을 구하고, 셋째 북을 울려 조정의
간신과 탐관오리들을 물리치고, 넷째 척왜척양으로 국가를 튼튼히 하고,
다섯째 동학교인 뿐만 아니라 일반동포형제의 참여를 촉구하였다. 그리고
기포의 시기와 장소를 명시하였는데 1893년 11월 20일까지 마항시 즉

료는 『東學推考』이다. 이 자료는 동학농민혁명 당시 고부에 살았던 유생 柳暘川이 필사해 남긴
것으로 고부기포의 전후 상황을 파악하는데 유용하다.(박맹수, 「1894년 1월 고부농민봉기 관
련 신자료」, 『한국근현대사연구』2, 한국근현대대사연구회, 1995 참조)
48 이 통문에 서명한 인물은 모두 15명이다. 한편 1968년에 공개된 사발통문에는 전봉준 등 20명
이 서명하였는데, 5명의 차이가 있다. 이 통문에 참여한 인물의 활동에 대해서는 성주현, 「동
학농민혁명 이후 동학군의 활동과 동향」, 『동학과 동학농민혁명의 재인식』, 국학자료원, 2010
을 참조할 것.
49 송재섭, 「갑오동학농민혁명난과 전봉준장군실기」(필사본), 1954. 이 사발통문에 대해서는 조
광환, 「사발통문에 대한 제 고찰」, 『동학농민혁명 신 발굴자료 학술대회 논문』, 동학농민혁명기
념관리사업소, 2006을 참조할 것.

말목장터에서 기포할 것을 밝혔다. 이 통문에서는 그동안 동학교단에서 1892년부터 전개하였던 교조신원운동과 척왜양창의운동의 주장을 그대로 답습하였음을 볼 수 있다. 또한 이러한 의식은 이후 무장포고문과 백산창의문에도 그대로 이어졌다. 즉 동학농민혁명은 교조신원운동의 연장선상에 있었음을 밝혀주고 있다. 전봉준을 비롯한 동학접주들의 기포에 백성들도 호응하였다. 이는 동학도들의 주장이 백성들의 원성을 풀고자 하는 염원을 담고 있음을 알 수 있다.

전봉준 등은 고부기포를 지휘하기 위해 송두호[50]의 집에 도소(都所)를 설치하였다. 그리고 도소에서 연일 모여 기포 이후 전개할 선후책으로 다음의 4개 조항을 정하였다.

一. 古阜城을 擊破하고 郡守 趙秉甲을 梟首할 事
一. 軍器倉과 火藥庫를 占領할 事
一. 郡守에게 阿諛하야 人民를 侵魚한 吏屬를 擊懲할 事
一. 全州營을 陷落하고 京師로 直向할 事[51]

나아가 전봉준 등은 고부기포를 이끌어 갈 지도부를 다음과 같이 구성하였다.

一. 一狀頭에 全琫準
一. 二狀頭에 鄭鍾赫

<hr>

50 송재섭은 송두호에 대해 다음과 같이 기록하였다. "송두호는 一郡에 명망이 높은 사람이요, 일찍부터 동학에 입도하여 그의 장자 송대화와 함께 대접주의 책임으로 있음으로 일군 내에 토호 양반배가 거사할 시에 방해하거나 또는 장애가 됨을 제지하고 道衆을 동원시키는 역할에 적의한 인물이었다."(송재섭, 『실기』, 48쪽)
51 송재섭, 『갑오동학농민혁명난과 전봉준장군실기』(필사본), 1954. 이 4개 조항은 기존의 사발통문에 있는 4개 조항과 거의 동일하다. 一. 古阜城을 擊破하고 郡守 趙秉甲을 梟首할 事, 一. 軍器倉과 火藥庫를 占領할 事, 一. 郡守에게 阿諛하여 人民을 侵魚한 貪吏를 擊懲할 事, 一. 全州營을 陷落하고 京師로 直向할 事.

一. 三狀頭에 金道三
一. 參謀에 宋大和
一. 中軍에 黃洪模
一. 火砲將에 金應七[52]

　기포의 지도부는 사발통문에 서명하였던 인물인 전봉준, 정종혁, 김도삼, 송대화, 황홍모, 김응칠 등을 중심으로 구성하였다. 이들 지도부는 동학의 접주들이었다.

　전봉준 등은 고부기포를 일으키기 위한 사전 준비를 치밀하게 진행하였다. 격문과 사발통문을 작성해 기포의 명분을 세웠으며, 기포 이후의 행동 절차를 제시하였다. 그리고 동학접주 중심의 지도부를 조직하였다. 또한 고부 인근의 손화중, 김개남, 최경선 등과의 연대도 계획하였다. 따라서 고부기포는 단순한 고부라는 지역적 농민봉기의 차원을 뛰어넘어 보다 높은 차원의 목표를 추구하는 전국적인 규모의 성격을 지니고 있다.

　치밀하게 준비되었던 고부기포는 곧바로 실행되지는 못했다. 그 이유는 군수 조병갑이 이해 11월 30일자로 익산군수로 발령되었기 때문이었다. 그런데 조병갑의 후임으로 고부군수로 임명된 이은용이 12월 24일 황해도 안악군수로 전임되었다.[53] 그리고 이날 신좌묵이 고부군수로 임명되었으나 다음날 신병으로 사직하였고, 그 이튿날인 26일 이규백이 고부군수로 임명되었으나 그도 역시 신병으로 이유로 다음날 27일 사직하였다. 이후 하긍일, 박희성, 강인철 등이 고부군수로 임명되었지만 신병을 이류로 모두 사직하였다.[54] 이처럼 조병갑 이후 한 달 동안 5명이 고부군수로 발령났지만 전임 내지는 신병을 핑계로 부임하지 않았다.

52 송재섭, 『갑오동학농민혁명난과 전봉준장군실기』(필사본), 1954.
53 『승정원일기』, 고종 30년 12월 24일조.
54 『승정원일기』, 고종 30년 12월 27일, 28일, 29일 및 고종 31년 1월 2일조.

고부군수가 연이어 공석이 되자 전라감사 김문현의 강력한 추천으로 1894년 1월 9일 다시 조병갑이 고부군수로 잉임(仍任)되었다.[55] 조병갑의 이임으로 기포는 철회되었으나 전봉준 등은 12월 중에 전라감사 김문현을 찾아가 등소하였다. 그러나 김문현은 이를 받아들이지 않고 전봉준 등 등소인을 모두 내쫓았다.[56] 고부의 문제가 해결되지 않고 잠재되어 있던 상황에서 조병갑이 다시 고부군수로 임명되자 전봉준은 곧바로 고부기포를 실행에 옮겼다.

이에 앞서 전봉준은 1984년 1월 초 말목장터 부근 영원면 예동에 농악대를 조직하는 한편 기포를 위해 군사력을 갖추었다. 1894년 1월 10일 새벽 전봉준의 동원령을 받은 동학교인과 이에 동참한 농민 등 1천여 명은 말목장터로 집결하였다. 이곳에서 동학교도와 농민들은 장두였던 전봉준을 대표로 추대하고 고부관아를 습격하였다. 당시의 상황을 『갑오동학농민혁명난과 전봉준장군실기』에는 다음과 같이 밝히고 있다.

> 이때에 探報軍이 報告하되 古阜郡守 趙秉甲이 各處로 官軍을 招募하야 對抗할 準備를 한다 하였다.
> 全琫準은 探報軍의 傳達을 듣고 忿心이 衝天하야 軍隊를 二路로 分하야 古阜邑을 向하니 秉甲이 官軍으로 天峙 齋嶺 上에 埋伏하였거늘, 全琫準이 꾸지러 가로대, 너희 等도 貪官의 놈의게 無常한 苦楚를 받았거늘 도로혀 너희 웬수되는 秉甲를 爲하야 우리 東學軍을 對抗코자 하니 當場에 降服을 하면 殘命을 容恕하려니와 萬一 不應하면 創頭孤魂를 免치 못하니라 號令하니 官軍놈들은 驚惶罔措하야 或은 降服하고 或은 四散逃走하였다. 이에 서발막대 거칠 것 없이 古阜城에 突入하야 東軒를 直擣하니 趙秉甲은 魂飛魄散하야 抱頭鼠竄하였다. 곳곳이 搜査하였으나 蹤迹이 杳然함으로 興奮된 群衆은 秉甲의게 阿附하야 民財奪取한 惡

55 『고종실록』 31권, 갑오 1월 9일조 ; 『승정원일기』, 고종 31년 1월 9일 및 3월 11일조 ; 황현, 『오하기문』, 수필(김종익 역, 『번역 오하기문』), 역사비평사, 1994, 69~70쪽.
56 정창렬, 『갑오농민전쟁』, 선인, 2014, 95~96쪽.

質傲吏輩를 ──이 搜查하였으나 亦是 避身하였으므로 家屋만 顚覆하고 刑獄을 毁破하야 罪囚를 釋放하며 倉穀를 發하야 貧民救恤하는 등 軍器倉과 火藥庫를 擊破하야 武器와 火藥를 收拾하야 翌日에 馬項市場으로 退屯하였다. ─方으로 萬石洑를 斷切하고 收稅로 積置한 穀物를 充用하며 <u>白山城의 築造를 始作하였다.</u>(밑줄 – 필자)[57]

위의 자료에 의하면, 전봉준이 기포를 하자 조병갑은 이에 대응하기 위해 관군을 동원하였다. 전봉준은 시위대를 두 부대로 나누어 고부로 진군시켰다. 전봉준이 이끄는 시위대는 천치의 재령에서 매복한 관군을 만났다. 전봉준은 관군을 효유하자 이들은 항복하거나 흩어져 고부를 손쉽게 점령하였다. 조병갑은 놀라 도주하여 흔적을 찾을 수 없었다. 전봉준은 형옥을 부수어 죄인을 풀어주는 한편 창곡을 풀어 빈민을 구휼하였다. 또한 군기창과 화약고를 격파하고 무기를 확보하는 한편 마항장터에 다시 집결하였다. 이어 만석보를 파괴하고 군사적 요충지인 백산성을 축조하였다.[58]

고부에서 기포한 동학농민군은 일정한 조직력과 군율을 갖고 있었다. 기포 이후 3, 4일 동안에 전체 군사는 1만여 명에 이르렀다고 하였지만 3천 명 내외로 보이며, 이를 통할하는 하는 사람으로 각촌에서 5명씩 선발하였다.[59] 그리고 지휘소를 출입할 때는 왼쪽 손목에 노끈을 매고 이를 확인하기도 하였다.[60] 여기에서 주목할 만한 내용이 백산성의 축성이었다. 전봉준은 고부관아를 나와 말목장터에 주둔하였지만 말목장터는 사방이 탁 트인 곳이어서 관군의 습격에 대비하기에는 어려움이 많았다. 전봉준

---

57 송재섭, 『갑오동학농민혁명난과 전봉준장군실기』(필사본), 1954.
58 장봉선, 『전봉준실기』, 1936; 『동학농민전쟁연구자료집』(1), 여강출판사, 1991, 353쪽. 백산은 군사적 요충지로 삼한시대부터 축성을 하였는데, 그 토성을 쌓은 흔적이 남아 있다.
59 파계생, 「전라도고부민요일기」. 그러나 다른 기록에는 5백 명, 수천 명 등 다양하게 기록하고 있다.
60 박문규, 『석남역사』, 갑오년 정월조.

은 말목장터의 문제점을 파악하고 장기간의 시위대 주둔을 위해 태인접주 최경선을 보내 백산성을 축성시켰다.

전봉준이 최경선을 보내 백산성을 축성하기로 하였다는 것을 통해 우선 동학지도부가 백산의 전략적 중요성은 인지하고 있었음을 알 수 있다. 또한 고부기포의 장기화에 대비하였음도 확인할 수 있다. 전봉준은 말목장터에서 백성들과 함께 호흡하며 고부기포가 민란이 아님을 알리고 백성들에게 동참할 것을 호소하였다. 한편으로 백산성을 축성하여 관군의 내습에 대비하고자 하였다.

한편 전주감영으로 피신하였던 조병갑은 전라감사 김문현에게 고부기포를 진압하기 위해 병사 1천 명을 빌려줄 것을 요청하였지만 받아들여지지 않았다.[61] 오히려 김문현은 동학농민군을 해산시키기 위해 정석진을 파견하는 한편 별도로 암살대를 보내기도 하였다. 정석진이 부하 수삼 인을 대동하고 전봉준을 면회한 후 해산을 종용하였다. 이와 때를 같이 하여 암살대는 담배장사를 가장하고 말목장터로 들어오다가 동학농민군에게 체포되어 오히려 희생되었다.[62] 더욱이 전주감영에서는 병정 3백 명을 정읍에 매복하고 근방에 있는 7개 군의 병정을 소집하여 정읍으로 집결한다는 소문도 뒤따랐다.

이 사건 이후 말목장터에 설영하였던 전봉준 등 동학농민군 지도부는 관군의 공격을 대비하여 2월 25일 백산으로 이동해 유진하였다.[63] 동학농민군은 고부에서 기포하면서 지휘소를 말목장터에 두었다. 그러나 최경선이 백산에 축성을 완성한 후 전봉준은 지휘소를 백산으로 옮겼다. 지휘소를 말목장터에서 백산으로 이동한 상황을 다음과 같다.

61 파계생, 「전라도고부민요일기」.
62 장봉선, 『전봉준실기』; 『동학농민전쟁연구자료집』(1), 여강출판사, 1991, 353쪽.
63 박문규, 『석남역사』, 갑오년 정월조; 파계생, 「전라도고부민요일기」.

先是에 古阜를 陷落하고 貪官을 攘逐하며 傲吏輩를 懲治하니 各地로부터 和應하는 者−風前에 漸水와 같이 大混雜을 이루더라. 全將軍은 모든 將領과 相議하여 曰, 우리가 民瘼郡弊를 肅淸하고 政治를 革新코자 함이어늘, 한 곳에 오래 머무르면 自然 弊瘼이 民間에 없지 못할 것이요. 또한 不久에 官軍이 全州로부터 襲來할 것이니, 만일 이곳에서 戰鬪가 되면 人家가 稠密한 關係로 人民의 死傷者가 많을 테이니, 人家가 稀闊한 白山으로 移陣함이 어떠 하뇨. 모든 將領이 그와 같이 함이 可라 하는지라. 이에 古阜 北距 20리 許 白山에 移陣하니(밑줄−필자), 사람의 발자취와 말굽에서 일어나는 티끌이 濛濛히 일어나서 天空을 가리우고 旗幟와 劍戟이 서로 錯雜하여 萬山遍野에 人山人海를 이루었다.[64]

위의 글을 보면, 고부기포 이후 동학농민군이 말목장터를 거쳐 백산성에 주둔한 것은 첫째 관군의 습격에 대비, 둘째, 동학농민군의 효율적인 운영, 셋째, 민폐의 방지와 인가의 보호를 위해서였다. 백산으로 진주한 동학농민군은 장막을 설치하고 진지를 축조하여 관군의 공격을 대비하였다. 백산 주둔은 동학농민군으로써 전략적으로 매우 중요한 선택이었다. 백산은 해발 47미터에 불과하였지만 동진강이 백산을 3면으로 두르고 있는 배들평에서 가장 높은 곳이었다. 따라서 백산은 관군의 내습과 동향을 파악할 수 있는 가장 유리한 곳이기도 하였다. 뿐만 아니라 백산에는 해창(海倉)이 있어 세곡 4천여 석을 저장해 놓았다.[65]

낮지만 들판에 우뚝 솟아 있는 백산은 집결과 감시가 용이한 전략상 거점이었다. 백산에 주둔한 동학농민군은 '전운영을 파괴하고 나아가 폐정을 이혁(釐革)하자는 내용의 격문을 비밀리에 58개 지역 동학지도자에게 띄웠다.[66] 전봉준은 함열 조창에 나아가 전운영을 격파하고 전운사 조필영을 징치하고자 하였으나 일부에서는 이에 응하지 않았다. 이는 고부를 벗어

64 송재섭,『갑오동학농민혁명난과 전봉준장군실기』.
65 김광래,「전봉준의 고부 백산기병」,『나라사랑』15호, 외솔회, 1974, 87쪽.
66 파계생,『전라도고부민요실기』.

나 월경하면 반란으로 받아들일 수 있다는 이유 때문이었다.[67]

조정에서는 고부기포에 대해 이중적으로 대응하였다. 용현현감 박원명을 고부군수로 새로 임명하여 민심을 수습하게 하였고, 다른 한편으로는 장흥부사 이용태를 안핵사로 임명하여 동학농민군을 해산시키는 한편 주동자를 엄중 조사하였다.[68] 2월 15일 고부군수로 임명받은 박원명은 2월 18일 고부로 내려와 동학농민군의 해산과 기포 책임 면죄 등을 내걸고 민심을 수습하였다. 그러자 동학농민군과 고부관아 사이에는 비교적 원만한 협력관계가 형성되었다. 그러나 안핵사 이용태는 8백 명의 병졸을 동원하여 기포 주동자와 동학교인들의 집을 불태우거나 부녀자를 능욕하는 등 온갖 만행을 저질렀다.[69]

고부를 벗어나 기포를 확산하려는 움직임이 유보되었지만 전봉준의 본격적인 농민혁명화의 동기는 안핵사 이용태가 제공하였다. 안핵사로 파견된 이용태는 고부기포의 진상 규명보다는 기포를 일으킨 동학도와 농민에 대한 탄압하는 만행을 저질렀다. 이용태의 만행으로 고부군에서의 활동이 어려운 동학농민군은 3월 1일에는 부안 줄포로 진출하여 세곡창고를 습격하여 고부를 벗어났다. 그러나 이용태의 만행으로 군민들이 어려움을 겪자 전봉준은 백산에 유진하였던 동학농민군은 3월 13일에 이르러 일단 해산하였다.[70]

이처럼 상황이 급변하자 백산에 유진하고 있던 동학농민군은 3월 13일 잠정적으로 해산을 하였다. 동학농민군은 해산하였지만 전봉준은 핵심 인

67 장봉선, 『전봉준실기』, 1936; 『동학농민전쟁연구자료집』(1), 353쪽; 송재섭, 『실기』, 62쪽.
68 『고종실록』 고종 31년 2월 15일조 및 『일성록』 갑오년 2월 15일조; 『고종시대사』 3, 1969, 탐구당, 410쪽.
69 오지영, 『동학사』, 영창서관, 1940, 106-107쪽.
70 파계생, 「전라도고부민요일기」, 황현의 『오하기문』에는 3월 3일에 해산된 것으로 기록하고 있다.

물 수십 명과 함께 무장으로 건너갔다.[71] 고부기포가 알려지면서 금산에서
도 기포가 있었다. 금산의 동학농민군은 3월 12일 짧은 몽둥이를 들고 관
리들의 집을 습격하여 불태우기도 하였다.[72] 이렇듯 고부기포는 인근의 동
학조직의 기포로 이어졌다.

4. 3월 기포와 백산 대회

전봉준이 무장으로 간 이유는 크게 세 가지로 볼 수 있다. 첫째, 고부접
주 전봉준은 무장대접주 손화중의 관내였기 때문이었다. 둘째, 무장대접
주로 있는 손화중의 동학 세력이 호남 일대에서 가장 규모가 컸기 때문이
었다. 셋째, 무장이 지리적으로 고부와 가까웠기 때문이었다.[73] 특히 전
봉준과 손화중은 단순한 연비의 관계뿐만 아니라 동지적 결합 관계였다.[74]
이러한 이유로 해서 전봉준은 무장으로 달려갔다.

무장에서 전봉준은 손화중과 고부기포의 상황과 관의 동향, 그리고 사
후 대책 등을 논의하였다. 우선 손화중의 집에 도소를 설치하였다. 당시
동학교단은 해월 최시형이 머물고 있던 충청도 보은에 대도소를 두었는
데, 전봉준과 손화중이 도소를 설치한 것은 대도소와 긴밀한 관계를 유지
하면서 유사시 호남지역의 동학 조직을 통괄하기 위함이었다. 그러나 손
화중은 전봉준의 기포에 대해 시기상조라 하여 적극적으로 받아들이지 않
았다.[75] 이는 특히 호남 최대의 접주인 손화중이 차지하는 동학교단내에서

71 신용하, 『동학농민혁명의 사회사』, 지식산업사, 2005, 99쪽.
72 황현, 『오하기문』, 수필(『번역 오하기문』), 75쪽.
73 성주현, 『동학과 동학혁명의 재인식』, 국학자료원, 2010, 294쪽.
74 신용하, 앞의 책, 143–144쪽.
75 장봉선, 앞의 글, 354쪽; 조광환, 『소통하는 우리 역사』, 살림터, 2008, 103쪽.

의 비중 때문에 섣불리 움직일 수 없는 이유 때문이었다. 그러나 분명한 사실은 손화중이 거절한 것이 아니라 시기상조임을 말했다는 것이다.

이는 다시금 언제든 그 시기가 도래하면 거사할 수 있음의 다른 표현이었다고 볼 수 있다. 실제로 전봉준이 고부기포를 해산한 3월 13일부터 무장기포가 성립된 3월 20일까지의 사이에는 손화중에 의한 동학교단과의 긴밀한 논의가 있었을 것으로 보인다.[76] 손화중은 전봉준, 김개남, 김덕명 등 호남의 대접주들과 함께 3월 20일 "동학이 하늘을 대신하여 세상을 다스려 나라를 보호하고 백성을 편안케 할 것이다. 우리는 살상과 약탈을 하지 않을 것이나 오직 탐관오리만은 처벌할 것"[77]을 기치로 하여 무장포고문을 발표했다. 포고문의 내용은 다분히 유교적인 내용으로 되어 있지만 '보국안민'과 '제세안민'할 것을 표방함으로써 동학적 가치를 전면에 내세우고 있어 이 기포가 동학사상을 바탕으로 한 혁명임을 천명하였다.

무장포고문이 발표된 이후 전라도 각지에서 동학농민군이 기포하기 시작했다. 3월 21일 고창을 점령한 동학농민군은 23일 12시경에 줄포에 도착했고 고부에 이른 것은 이날 오후 8시경이었다. 23일 늦은 저녁에 고부에 도착한 동학농민군은 우선 향교와 관아를 차지하고 읍내의 서리와 민가에서 저녁을 조달하였다.[78] 24일의 동향에 대해서는 보고가 없어 자세한 활동은 정확하게 확인할 수 없지만, 억울하게 투옥되었던 동학교인 등을 석방하는 한편 군량미를 비축하였을 것으로 보인다. 또한 안핵사 이용태에게 부화뇌동한 관리들을 색출해 처리하고, 폐정개혁을 단행하였다. 동학농민군은 25일까지 3일간 고부에 머무르며 탐관오리의 색출과 폐정의 혁파하는 군민 위무에 주력하였다.

---

76 성주현, 앞의 책, 295쪽 참조.
77 황현, 『오하기문』(김종익 역, 『번역 오하기문』), 역사비평사, 1994, 72쪽.
78 『수록』, 1894년 3월 27일 계초, 『동학농민혁명국역총서』 3, 7쪽.

동학농민군은 3월 25일 무장을 강화하기 위해 무기고를 열다가 실수로
화약고에 불이 붙어 수십 명의 희생자가 발생하였다.[79] 희생자를 장례지낸
후 이날 오후 2시경 동학농민군은 고부의 서북쪽으로 빠져나갔다. 당시
고부에 머물렀던 동학농민군은 3천여 명으로 대부분 동학교인들이었다.[80]
태인에서 점심을 먹고 원평에서 하루를 유숙한 후 3월 26일 동학농민군은
백산에 당도하였다. 그리고 이날 화호의 신덕정에서 총을 쏘고 함성을 지
르는 등 훈련을 하면서 동학농민군의 군세를 보여주기도 하였다.[81]

동학농민군의 백산 집결에 관해서는 『홍재일기(鴻齋日記)』에 잘 기록되어
있다. 김철배에 의해 알려진 『홍재일기』는 부안군 주산면에 거주하였던 기
행현(奇幸鉉)이 23살 때인 1866년부터 1911년까지 약 45년간 일상과 견
문을 기록한 일기로서 1책은 『道海齋日記(1866~1867)』, 2책부터 7책까지는
『홍재일기(鴻齋日記,1868~1911)』라는 제목을 붙였다.[82] 그가 거주하였던 주안
면은 북으로는 부안읍, 남으로는 보안면과 줄포면, 동으로는 고부면과 용
안면, 서로는 상서면과 접하였고, 백산대회가 열린 백산과는 인접한 곳이
었다. 따라서 그의 백산대회에 관한 기록은 백산대회의 실재를 증명하는
결정적 사료이다.

『홍재일기』의 백산대회와 관련한 내용은 다음과 같다.

〈갑오 3월〉
23일 날씨는 어제와 같다. …… 동학교도(동학지인) 4천여 명이 남으로부터 다시
<u>고부 백산에서 모인다고 한다.</u>
24일 새벽에 비가 흩날리다가 아침에 개었다. …… 수령 유흥열의 서찰이 왔다. 동

79 파계생, 전라도고부민요일기, 『주한일본공사관기록』 1, 58쪽.
80 『수록』, 1894년 3월 27일 계초, 『동학농민혁명국역총서』 3, 7쪽.
81 황현, 『오하기문』, 수필(김종익 역, 『번역 오하기문』), 역사비평사, 1994, 75~76쪽.
82 김철배, 부안의 선비 奇幸鉉의 『鴻齋日記』(1), 『기록인』 30, 국가기록원, 2015, 69쪽.

학교도들이 크게 일어났는데 우리 마을 朴文表와 姜一承이 길을 나섰다고 한다.

25일 날이 화청하다가 서풍이 크게 일어났다. ……동학교도들이 어제 고부읍에 들어와서 軍器를 탈취하였다. 화약고에 불이 났는데 세 사람이 피해를 입었다고 한다.

26일 날씨가 화청하다. …… 동학교도들이 무장, 고창, 흥덕, 고부의 네 고을의 군기를 탈취하여 고부 말목(馬項)에 모였다고 한다.

27일 날씨는 어제와 같더니 오후에는 남풍이 불었다. 東學軍이 어제 백산으로 진을 옮겼는데 오늘 우리 고을에 들어온다고 한다. 그래서 道所峰에 올라 바라다 보았지만 어디로 갔는지 알 수 없어서 이내 내려왔다. 벗 최수겸이 운운과 같이 왔는데 동학군이 전주를 향해 갔다고 한다.

29일 화청하였다. …… 동학군이 우리 고을에 들어왔다고 한다.

기행현의 『홍재일기(鴻齋日記)』에서 백산과 관련해 1894년 3월 23일과 3월 27일 두 차례 거론되었다. 3월 23일에는 "동학교도 4천여 명이 남으로부터 다시 고부 백산에서 모인다고 한다."라고 하여 동학농민군이 이전에 주둔하였던 백산으로 향한다는 소식을 들었다고 기록하였다. 『홍재일기』를 통해 고부기포 직후에 백산에 주둔하였다는 사실을 확인할 수 있다. 기행현은 동학농민군의 수를 4천 명이라고 해 동학농민군의 규모까지 기록하였다. 3월 27일에는 "어제 東學軍이 어제 백산으로 진을 옮겼는데"라고 기술해 3월 26일에 동학군이 백산에 재주둔하였음을 밝혔다. 『홍재일기(鴻齋日記)』의 백산 주둔에 대한 기록과 오지영의 『동학사』에는 3월 25일 동학군이 백산에 주둔하였다고 기록하고 있어 기행현의 기록과 하루밖에 차이가 나지 않는다. 오지영의 『동학사』가 늦게 쓰여졌기 때문에 『홍재일기』의 기록이 더 정확하다고 판단된다. 따라서 동학농민군의 백산 주둔은 3월 26일이었다.

동학농민군이 3월 기포 후 백산에 군영를 설치한 이유는 다음과 같다. 첫째, 1월 기포시에 백산성을 축조하여 수천 명에 달하는 동학농민군이 주둔할 수 있는 여건이 마련되어 있었다. 전봉준의 동학농민군은 2월 25일부터 3월 13일 해산 때까지 약 보름간 백산에 주둔했었기 때문에 익숙하였다. 둘째, 백산이 지닌 민중적 자산을 활용하기 위해서였다. 고부지역에는 당시 이 일대 민중들 사이에는 "고부의 백산이야말로 만 백성을 살릴 수 있는 땅"이라는 비결이 퍼져 있었다. 이 때문에 농민군들은 백산으로 가면 좋은 일이 생길 것이라는 일종의 종교적인 신념을 갖고 있었다. 동학농민군 지도부는 혁명에 참여하는 동학농민군들의 정신적 안정과 단결을 위해 백산성에 군영을 설치하였다. 셋째, 백산 일대의 곡창지대를 선점하기 위해서였다. 백산성 주변은 배들평야로 이어진 곡창지대를 이루고 있었다. 이런 까닭에 백산성 근처에는 가을이 되면 생산된 벼를 세금으로 거두어 보관하던 작은 창고들이 여러 곳이 있었고, 백산에 주둔해 식량 조달이 용이한 점을 활용하였다. 넷째, 백산성의 지정학적 위치였다. 백산성은 근처에서 홀로 높아 사방을 조망할 수 있었고 또한 모여들기 쉬운 교통의 요지에 자리하고 있었다. 바로 이런 지정학적 이점을 환하게 꿰뚫고 있던 전봉준은 농민군을 백산성에 집결시켜 군영을 설치하였다.

백산에 군영을 설치한 동학농민군은 혁명 대오를 갖추기 위해 대회를 열었다. 이 백산대회에서 동학농민군은 새로운 지휘체계를 갖추고 격문을 띄워 호남 뿐만 아니라 호서 지역의 동학농민군까지의 연합 전선을 형성하고자 하였다. 오지영의 『동학사』에는 당시의 상황이 다음과 같이 기록하였다.

고부읍에서 유숙한 지 3일 후에 대군을 몰아 고부 백산에 진을 옮겨 치고 다시 군을 조성할 때, 중망에 의하여 전봉준이 대장이 되고 손화중 김개남이 총관령이 되고, 김덕명 오시영이 총참모가 되고 최경선이 영솔장이 되고, 송희옥 정백현 등이 비서가 되었고, 대장기폭에는 보국안민 4자를 대서로 특서하였고 이에 재도의 격문을

지어 사방에 전하였다.[83]

위의 글로 보면, "다시 군을 조성할 때"라고 하여 본격적으로 혁명을 이끌어갈 지휘체제를 갖추기 위한 대회를 개최했음을 알 수 있다. 또한 "중망(衆望)에 의해서"라는 문구로 보아 백산에 모인 모든 동학농민군들의 열망을 모아서 혁명군 지휘부가 결성되었음을 확인할 수 있다. 즉, 동학농민군은 백산에서 대회를 열어 동학농민혁명을 이끌 지휘부를 다시 결성하였다. 이날 전봉준을 대장(大將)에 선임하고 총관령(摠管領)에 당시 호남지역의 최대세력을 갖고 있던 대접주 손화중과 김개남이 선출되었다. 김덕명(金德明)과 오시영(吳時泳)은 총참모(摠參謀), 최경선은 영솔장(嶺率將), 송희옥과 정백현이 비서(秘書)에 임명되었다. 백산대회가 열린 날자는 동학농민군이 백산에 집결한 3월 26일로 보는 것이 타당하다.[84]

백산대회에 참여한 동학농민군의 지도급 인물은 다음과 같다.

\<표 1\> 백산대회에 참여한 동학농민군 군장[85]

지역	군장명	인원(명)
대장소	전봉준 손화중 김개남 김덕명 최경선 오하영 오시영 임천서 강경중 송경찬 고영숙 김봉년 김사엽 김봉득 유한필 손여옥 차치구	17
고 창	홍낙관 홍계관 손여옥	3
무 장	송문수 송진호 장두일 곽창욱	4
영 광	최시철 오정운	2
고 부	정일서 김도삼 홍경삼 정종혁 송대화 송주옥 정덕원 정윤집 전동팔 홍광표 주관일 주문상 윤상홍	13
정 읍	임정학	1
태 인	김영하 김한술 김연구 김지풍 최영찬	5

83 오지영, 『동학사』, 영창서관, 1940, 111-112쪽.
84 조성운, 앞의 글, 338쪽.
85 오지영, 『동학사』, 영창서관, 1940, 113-114쪽.

지역	군장명	인원(명)
금 구	송태섭 조원집 이동근 유공만 유한술 최광찬 김응화 김윤옥 김인배 김가경	10
김 제	조익재 황경삼 하영운 한경선 이치권 임예욱 한진열 허성의	8
옥 구	허진	1
만 경	진우범	1
무 안	배규인 배규찬 송관호 박기운 정경택 박연교 노영학 노윤하 박인화 송두옥 김행로 이민홍 임춘경 이동근 김응문	15
임 실	최승우 최유하 임덕필 최우필 조석걸 이만화 김병옥 문길현 한영태 이용학 이병용 곽사회 허선 박경무 한군정	15
남 원	김홍기 이기동 한진학 김태옥 김종학 이기면 이창수 김우칙 김연호 김시찬 박선주 정동훈 이교춘	13
순 창	이용술 양회일 오동호 김치성 방진교 최기환 지동섭 오두선	8
진 안	이사명 전화삼 김택선	3
장 수	김숙여 김홍두 황학주	3
무 주	이응백 윤민갈 성순	3
부 안	신명언 백이구	2
장 흥	이방언 이인환 강봉수	3
담 양	남주송 김중화 이경섭 황정욱 윤용수 김희안	6
창 평	백학 유형로	2
장 성	김주환 기수선 기동도 박진동 강계중 강서중	6
능 주	문장렬 조종순	2
광 주	강대열 박성동 김우현	3
나 주	오중문 김유	2
보 성	문장형 이치의	2
영 암	신성 신란 최영기	3
강 진	김병태 남도균 윤시환 장의운 안병수 윤세현	5
흥 양	유희도 구기서 송년호	3
해 남	김도일 김춘두	2
곡 성	조석하 조재영 강일수 김현기	4
구 례	임춘봉	1
순 천	박낙양	1
전 주	최대봉 강문숙 강수한 송창렬 박기준 오두병	6
34	합 계	178

〈표 1〉을 보면, 3월 26일의 백산대회에 전라도 34개 군현의 군장 178명이 참여하였다. 군장의 대부분은 동학접주였다. 특히 고부, 금구. 무안, 임실, 남원, 등에서는 10명 이상의 지도급 인물들이 참여해 동학농민혁명을 주도하였음을 알 수 있다. 1월의 고부기포가 조병갑의 학정에 대한 전봉준 고부접주 등 동학도와 농민들의 지역 문제 해결을 위한 기포였다면 3월의 기포는 이용태의 만행으로 인한 조선의 봉건적 구조에 대한 전면적인 저항이었다. 전봉준은 3월 기포 후 고부기포시에 만들어 놓은 백산으로 집결해 대회를 개최해 동학농민군을 조직화하고 제세안민을 위한 혁명의 장도에 나섰다. 호남의 34개 군현에서 178명의 지도자급 인물들이 참여해 열린 백산 대회는 동학농민혁명의 본격화를 위한 출정식의 성격을 갖고 있다. 백산 대회에 참여한 사람들의 여망을 모아 전봉준을 대장으로 선출하고 혁명군의 조직을 갖추었다. 이후 격문과 명의, 기율을 갖추어 혁명군의 기강을 세웠다. 따라서 백산 대회는 전라도 군현의 동학도와 농민들의 염원을 모아 본격적인 농민혁명의 체제를 구축한 집회라고 할 수 있다.

5. 동학농민혁명의 전개

이렇게 백산 대회를 통해 동학농민군들은 중앙의 지휘소가 설치되고 본격적인 군대의 대오를 형성했다. 백산에 모인 동학농민군은 본격적인 군대로서의 강령과 군율이 필요해졌다. 이때 동학농민군의 강령인 4대 명의(名義)와 군율격인 12조의 기율(紀律)를 정하였다.

먼저 4대 명의를 보면,

1. 不殺人 不殺物(사람을 죽이지 않고 재물을 손상시키지 않는다)
2. 忠孝雙全 濟世安民(충효를 함께 갖추어 세상을 구제하고 백성을 편안하게 한다)
3. 逐滅倭夷 澄淸聖道(일본 오랑캐를 구축하고 성인의 도리를 맑고 깨끗하게 한다)
4. 驅兵入京 盡滅權貴 大振紀綱 立定名分 以從聖訓(군사를 이끌고 서울로 가서 권귀를 없애며, 기강 을 크게 떨치고 명분을 바로 세워 성인의 가르침을 따른다)[86]

   4대 명의는 일종의 행동 강령으로서 이는 동학농민군의 기포가 보국안민뿐 아니라 외세의 축출은 물론 인류적 보편의 의미를 담고 있는 생물의 존중과 충효, 그리고 격문에서 이미 밝힌 바 있는 반봉건적, 반제국주의적 요소를 담고 있다. 즉 첫 번째 항목의 사람을 죽이지 않고 물건을 함부로 없애지 않는 것은 동학 사상의 핵심인 삼경(三敬) 사상을 내포하고 있다. 이는 고대로부터 내려오는 인본주의의 요소를 가지고 있지만, 특히 '不殺物'은 해월 최시형의 '물물천사사천(物物天事事天)'과 '경천(敬天), 경인(敬人), 경물(敬物)'의 삼경 사상 중 경물사상까지 확대한 것으로 볼수 있다. 두 번째 항목의 충과 효는 유교적 윤리를 대표하는 덕목이지만 이 역시 고대로부터 유지되고 있었던 인간의 기본적 덕목이기도 하였다. 때문에 계서(繼序)의 질서가 필요하였던 성리학에 기초한 조선사회에서 보다 강조되었지만 동학에서도 여전히 강조되었던 덕목이었다.[87] 세 번째 항목은 반외세의 요소를 담고 있다. 즉 격문에 나오는 "밖으로는 횡포한 강적의 무리를 내쫓고자 함"을 행동강령으로 나타낸 것으로 이는 일제의 침략적 야욕을 배격한다는 의미이다. 네 번째 항목은 반봉건적 요소를 담고 있으니 격문에서 "안으로는 탐학한 관리의 머리를 베고"라고 한 바와 같이, 서울의 부패한 권세가들을 제거하고 도탄에 빠져있는 창생을 구하고자 하는 의미였

86 鄭喬, 『大韓季年史』(동학농민운동 종합지식정보시스템에서 인용).
87 성주현, 앞의 책, 307-308쪽 참조.

다.

4대 명의는 동학농민군의 강령으로 동학의 생명존중 사상과 인간본연의 윤리, 그리고 반봉건 반외세의 뜻을 담은 동학농민혁명의 당위성을 밝힌 것이었다. 또한 동학농민군은 백성들이 동학농민혁명에 참여하기를 권고하는 「격문」을 돌렸다. 그 내용은 다음과 같다.[88]

> 우리가 義를 들어 此에 至함은 그 本意가 斷斷他에 있지 아니하고 蒼生을 塗炭의 中에서 건지고 國家를 磐石의 우에다 두자 함이다. 안으로는 貪虐한 관리의 머리를 베고 밖으로는 橫暴한 强敵의 무리들을 驅逐하자 함이다. 兩班과 富豪의 앞에 苦痛을 받는 民衆들과 方伯과 守令의 밑에 굴욕을 받는 小吏들은 우리와 같이 寃恨이 깊은 者라. 조금도 躊躇치 말고 이 時刻으로 일어서라. 萬一機會를잃으면 後悔하여도 미치지 못하리라.
>
> 甲午正月　日
>
> 湖南倡儀大將所在白山[89]

격문에서 동학농민군들은 기포의 목적을 분명히 했다. "안으로는 탐학한 관리의 머리를 베고 밖으로는 횡포한 강적의 무리들을 구축하자"를 통해 반봉건과 반외세를 내세웠다. 이는 무장포고문이 가진 한계를 극복한 것이었다. 무장포고문[90]에서는 관리들의 부정부패와 학정, 사회적 문란상을 해결하기 위해 봉기하지만 대칙은 임금의 덕화만 기다린다는 유교적 한

---

88 배항섭과 조경달은 오지영의 『동학사』에만 격문이 실려 있어 오지영의 착각이나 잘못된 기억의 기록이라고 보았다. 조경달, 『이단의 민중반란』, 역사비평사, 2008, 174~175쪽.

89 오지영, 앞의 책, 123쪽.

90 "우리들이 비록 초야의 유민이나 임금의 흙을 갈아먹고 살고, 임금의 옷을 입으니, 국가의 위망을 좌시할 수가 없도다. 8도 전국이 마음을 같이하고 억조창생이 의리에 순절(殉節)하여 지금 의로운 깃발을 들어 보국안민으로 생사의 맹세를 삼는다. 오늘날의 상황이 비록 놀랄 만하겠으나, 결코 두려워 말고 각자 생업에 편안히 종사하고 함께 태평의 세월을 즐기고 임금의 덕화를 기린다면 천만다행이겠노라." 「무장동학도포고문」, 『나암수록』(동학농민운동 종합지식정보시스템에서 인용)

계를 벗어나지 못했다.[91] 백산대회를 통해 동학농민군은 진정한 혁명군으로 거듭났다. 그리고 혁명군이 갖추어야 할 군율도 만들었다. 또한 「격문」에서 호남의창대장소를 백산에 두었다는 점에서 전봉준은 기포 초기부터 백산을 중시하였음을 알 수 있다.

동학농민군의 12개조의 기율은 다음과 같다.

1. 항복하는 자는 따뜻하게 대한다.
2. 곤궁한 자는 구제한다.
3. 탐학한 자는 추방한다.
4. 순종하는 자에게는 경복한다.
5. 도주하는 자는 쫓지 않는다.
6. 굶주린 자는 먹인다.
7. 간사하고 교활한 자는 없앤다.
8. 가난한 자는 진휼한다.
9. 불충한 자는 제거한다.
10. 거역하는 자는 효유한다.
11. 병든 자에게는 약을 준다.
12. 불효자는 형벌한다.

이 12개조 기율은 4대 명의 중에서 첫째 항목과 둘째 항목을 좀 더 구체적으로 세분화한 것이었다. 즉 생명 존중의 인본주의적 요소와 충효의 사회적 윤리를 보다 강조한 것으로, 동학농민군이 실천해야할 덕목이라고 할수 있다. 이는 전봉준이 각 부대장에게 당부한 약속과도 같다. 즉 전봉준은 "언제나 적을 대할 때는 칼날에 피를 묻히지 않고 이기는 것을 가장 큰 공으로 삼겠다. 비록 부득이 싸우더라도 절대 인명을 상하지 않는 것이 가장 귀한 일이다. 그러므로 행군할 때는 절대 사람을 해쳐서는 안된다.

---

91 조성운, 앞의 글, 341쪽.

그리고 효제충신한 사람이 사는 마을이 있으면그 주위 10리안에는 주둔하
지 말기 바란다."[92]고 당부하였다. 이처럼 12개조의 기율은 당시 부패한
관군과는 명확히 차별성을 들어내고 있다.

동학농민군은 백산에 군영을 설치하고 각지에 통문과 전령을 보내 군량
미를 확보에 나섰다. 군량미 확보는 백산에 도착한 3월 26일부터 시작되
었다. 김제군 보고에 의하면 "읍에서 거두어 들이는 돈과 곡식이 얼마쯤인
지 내용을 아는 아전이 장부를 가지고 길가 역참에서 기다리라."는 전령을
보내 군자금과 군량미를 마련하고자 하였음을 보여주는 기록이 나타난다.

또한 동학농민군들은 각 지역을 장악하고 있었다. 3월 29일에는 태인현
으로 "포수와 창수를 각 1백명을 거느리고 북과 나팔징과 바라를 일제히
울리며 기다리라."는 서찰을 보내기도 하였다.[93] 이처럼 동학농민군이 진
영을 갖추는 동안에도 각 지역의 동학농민군들은 지역의 관아를 점령하고
있었다. 이에 따라 군현의 군수나 현령은 도망을 가고 호장과 이방 등이
동학농민군의 동향을 감영으로 보고하였다.[94]

백산에서 군량미를 확보하고 군세의 전열을 정비한 동학농민군은 일부
를 백산에 남겨두고 3월 말경 전주를 점령하기 위해 출발하였다. 대오에
는 죽창으로 무장한 군열과 함께 붉은 기에는 '보국안민(輔國安民)'이라고 쓴
깃발을 앞세웠다. 이들 동학농민군은 4월 1일 부안을 점령하고 장청에서
대기하고 있던 순영문의 포군들을 추방하였다. 뿐만 아니라 시장에서 분
전하여 세금을 거두는 폐정 등을 개혁하기도 하였다.[95] 이제 동학농민군의

---

92 『주한일본공사관기록』1, 19쪽
93 황현, 『오하기문』, 수필(「번역 오하기문」), 76쪽.
94 황현, 『오하기문』, 수필(「번역 오하기문」), 76쪽. "이 무렵 여러 고을이 함락되었다는 보고가 계
   속되었는데, 수령들은 죄다 도망하고 다만 각 고을의 戶長 吏房 首刑吏들이 문서를 올렸을 따
   름이다."
95 『수록』, 갑오년 4월 초5일조(동학농민혁명국역총서 3, 9-10쪽).

혁명 대열은 전라감영이 있는 전주를 목표로 향했다. 백산대회를 계기로 본격적인 동학농민혁명의 불길이 타올랐다. 백산대회를 통해 혁명군으로 거듭난 동학농민군은 혁명의 깃발을 들고 새로운 세상을 만들기 위한 출정에 나섰다.

6. 맺음말

최근까지도 백산 대회의 실재에 관해 많은 논란과 논쟁이 있었다. 그 근거는 백산 대회의 실재가 오지영의 『동학사』에만 기록이 나타난다는 것이 가장 큰 이유였다. 관과 일본의 기록 그리고 기타의 기록에 백산 대회에 관한 기록이 없어 신빙성을 가질 수 없다고 하였다. 그러나 동학농민군 초기의 활동에 대한 관의 기록이 부족할 수밖에 없음에도 학자들은 동학농민혁명에 직접 참가하였던 오지영의 기록을 신뢰하지 않았다. 백산 대회의 실재가 논쟁이 되자 백산 대회의 정확한 일자, 동학농민군의 구성과 실체도 논쟁의 대상이 되었다. 즉, 고부기포 시의 지휘부와 3월 기포 시의 지휘부 그리고 백산 대회의 지휘부의 연계성 논란, 심지어 격문의 존재 유무까지도 논란의 대상이 되었다.

그간의 백산 대회에 관한 논쟁은 기행현이 저술한 『홍재일기』의 등장으로 일단락되었다. 백산의 인근에서 살았던 기행현은 자신의 일기에 정확하게 3월 23일 동학군이 백산으로 이동하고 있으며 3월 26일 동학군이 백산에 진을 쳤다고 기록하였다. 『동학사』에만 기록되어 인정할 수 없다던 백산 대회의 존재가 기행현의 일기를 통해 명확한 사실로 확인되었다. 이는 역사학자들이 관변 자료를 중심으로 동학농민혁명을 연구하고 있었음을 입증한 것과 다름이 없다. 비록 일부 기록에 문제가 있지만 동학농민혁명에 직접 참여한 인물의 기록을 믿지 못하는 연구 태도에 문제가 있음을 확인할 수 있었다. 역설적으로 『홍재일기』를 통해 『동학사』의 사료적 가치를 입증할 수 있게 되었다.

『동학사』와 『홍재일기』를 통해 동학농민군은 백산에서 고부기포 이후 2월 25일부터 3월 13일까지의 20여 일 동안 집결하였고, 3월 기포 이후 3월 26일부터 29일까지 4일간 두 차례 주둔하였음을 확인할 수 있다. 특히 3월 기포시 백산 집결은 기포에 동의한 전라도 각 지역의 접주들이 모여서 대오를 정비하고 혁명군의 지휘체계를 확립한 대회를 열었다. 대회에서 전봉준, 김개남, 손화중 등 지휘부를 선출하였다. 지휘부는 대외적으로 「격문」을 작성해 동학농민혁명의 의의와 동참을 호소하였고, 내부적으로는 동학농민군의 강령과 군율인 4대 명의와 12개조 기율을 만들어 동학농민군의 기강을 잡았다. 따라서 백산 대회를 통해 동학농민군의 혁명성이 정립되었다고 할 수 있다.

백산 대회의 역사적 의의를 정리하면 다음과 같다. 첫째, 백산 대회를 통해 동학농민혁명의 혁명성이 정립되었는 점이다. 고부기포가 사발통문을 통한 모의에서 출발하였지만, 고부 인군의 몇몇 동학접이 참여한 기포였다면, 3월 기포의 백산 대회는 전라도 34개 군현의 동학 지도자들이 참여해 보국안민과 제폭구민을 기치로 한 동학농민혁명의 정당성을 대내외에 선포하였다.

둘째, 동학농민군의 조직이 체계화되었다. 동학농민군의 조직을 재편성하여 전봉준을 대장으로 삼고, 전라도 동학 조직의 최대 세력인 손화중과 김개남, 김덕명을 아우르면서 혁명군의 대오와 지휘체제를 정립했다는 점에서 본격적인 혁명군의 위상을 갖추었다.

셋째, 동학농민군의 규율을 갖추었다. 동학농민군이 규율을 갖추지 않은 일반 농민봉기가 아니라 동학의 평등과 생명 사상을 바탕으로 한 4대 명의와 12개조 기율을 마련하여 동학농민군이 쓸데없이 백성을 괴롭히지 않도록 하였다.

넷째, 보국안민을 위한 민중들의 참여를 이끌어냈다. 백산 대회를 통해 혁명의 대의를 밝히는 「격문」을 반포하여 혁명이 동학도와 일부 뜻있는 사람들의 기포가 아니고 창생을 도탄에서 건지고 국가를 반석 위에 세우는 보국안민과 광제창생의 새 세상의 건설을 제시해 민중들의 동참을 호소하였다. 이러한 동학농민군의 호소에 당시 탄압받던 많은 민중들이 동참해 동학을 이념으로 하는 새 세상 건설의 장도에 나섰다.

동학혁명의 본격화가 이루어진 3월 기포에서 동학도와 농민은 동학농민군으로 편제되었다. 백산 대회 이전에는 동학도라고 지칭했던 양반들은 백산 대회 이후 동학군으로 불렀는데 이는 백산 대회를 통해 전라도 일대의 동학도와 농민들이 동학농민군이라는 제세안민의 혁명군으로 탈바꿈하였음을 의미한다. 동학농민군은 그 여세를 몰아 황토현전투에서 승리할 수 있었다. 따라서 백산 대회는 동학농민혁명 전 과정에서 분기점으로서의 중요한 역사적 의의를 갖는다고 하겠다.

참고문헌

「김낙봉 이력」, 『동학동민혁명국역총서』 5

「김낙철 역사」, 『동학농민혁명국역총서』 5

「여산종리원연혁」, 『천도교회월보』 203, 1927.11.

「전봉준공초」

「天宗列賢錄」, 『구악종보』 2, 1914.7.

「남원군종리원사」

『東學推考』

『승정원일기』

『용암성도사역사약초』

『천도교서』

박문규, 『석남역사』

장봉선, 『전봉준실기』, 1936.

鄭喬, 『大韓季年史』

파계생, 「전라도고부민요일기」

황현, 『오하기문』

『고종실록』

『수록』

『시천교종역사』

『주한일본공사관기록』 1

『천도교회사초고』

『해월선생문집』

김광래, 「전봉준의 고부 백산기병」, 『나라사랑』 15호, 외솔회, 1974.

김철배, 「부안의 선비 奇幸鉉의 『鴻齋日記』(1)」, 『기록인』 30, 국가기록원, 2015.

김태웅, 「1920 30년대 오지영의 활동과 『동학사』 간행」, 『역사연구』 2, 거름, 1993.

노용필, 「오지영의 인물과 저작물」, 『동아연구』 19, 서강대 동아연구소, 1989.

梶村秀樹, 『東學史』, 平凡社, 1970.

박맹수, 「1894년 1월 고부농민봉기 관련 신자료」, 『한국근현대사연구』 2, 한국근현대대
       사연구회, 1995.

박맹수, 『사료로 본 동학과 동학농민혁명』, 모시는사람들, 2009.

배항섭, 「『동학사』의 제1차 동학농민전쟁 전개과정에 대한 서술 내용 분석」, 『한국사연
       구』 170, 2015.

성주현, 「사발통문의 재검토와 '고부기포'」, 『한국민족운동연구』 77, 한국민족운동사학
       회, 2013.

송재섭, 「고부교구실기」, 『천도교회월보』 83호.

송재섭, 『갑오동학농민혁명난과 전봉준장군실기』(필사본), 1954..

신용하, 『동학농민혁명의 사회사』, 지식산업사, 2005.

오지영, 『동학사』, 영창서관, 1940.

왕현종, 「해방 이후 동학사의 비판적 수용과 농민전쟁연구」, 『역사교육』 133, 역사교육
　　　연구회, 2015.

유영익, 「전봉준 의거론–갑오농민봉기에 대한 통설적 비판」, 『이기백선생고희기념한국
　　　사학논총(하)』, 일조각, 1994.

윤석산, 「오지영의 동학사는 과연 역사소설인가?」, 『신인간』 692, 신인간사, 2008.

이이화, 「오지영 『동학사』의 내용 검토–주로 1894년 동학농민전쟁과 관련하여–」, 『민족
　　　문화』 12, 민족문화추진회, 1989.

임형진, 「백산대회와 동학농민혁명 – 논쟁점을 중심으로」, 『동학학보』 25, 2012.

정창렬, 『갑오농민전쟁』, 선인, 2014.

조경달, 『이단의 민중반란』, 역사비평사, 2008.

조성운, 「부안지역의 동학농민운동과 백산대회」, 『역사와 실학』 61, 역사실학회, 2016.

표영삼, 『동학』 2, 통나무, 2005.

허철희, 「동학대접주 용암 김낙철」, 『부안21』, 2003.1.